Hindi Tutor

Grammar and Vocabulary Workbook

Hindi Tutor

Grammar and Vocabulary Workbook

Naresh Sharma

First published in Great Britain in 2018 by Hodder and Stoughton. An Hachette UK company.

9781473617452

2

Typeset by Cenveo® Publisher Services.

Printed and bound in Great Britain by CPI Group (UK) Ltd., Croydon, CR0 4YY.

John Murray Learning policy is to use papers that are natural, renewable and recyclable products and made from wood grown in sustainable forests. The logging and manufacturing processes are expected to conform to the environmental regulations of the country of origin.

Carmelite House
50 Victoria Embankment
London EC4Y 0DZ
www.hodder.co.uk

CONTENTS

SCOPE AND SEQUENCE OF UNITS

UNIT	CEFR	TOPIC	LEARNING OUTCOME
UNIT 1 नमस्ते, आपका नाम क्या है? pages 2–10	A2	*Greetings and introductions*	• Describe self and provide background information • Use appropriate greetings
UNIT 2 कितने आदमी थे? pages 11–22	A2	*A day trip*	• Understand descriptions of a journey • Write an email describing an outing
UNIT 3 किराये के लिए फ़्लैट। pages 23–34	B1	*House and home*	• Describe surroundings and immediate environment • Design a short advert
UNIT 4 हमारा परिवार। pages 35–46	B1	*Family*	• Write about families and family members • Use different expressions for 'having' and 'possessing'
UNIT 5 मैं शहर में रहता हूँ। मैं गाँव में रहता था। pages 47–55	B1	*Village and countryside*	• Understand descriptions of past and present events in someone's life • Recall events in the past, and describe current daily routine
UNIT 6 तुम क्या कर रहे हो? pages 56–65	B1	*Hobbies and pastimes*	• Understand the main elements of a phone conversation • Talk about leisure activities
UNIT 7 छुट्टियों में आप कहाँ जाएँगे? pages 66–76	B1	*Holidays and travel*	• Send an email outlining future plans • Understand how to express desire, possibility and uncertainty

LANGUAGE		SKILLS	
GRAMMAR	**VOCABULARY**	**READING**	**WRITING**
• Personal pronouns • Possessive pronouns • The possessive-reflexive pronoun अपना	• Greetings • Personal and background information	Read a completed survey related to a visit to India	Fill in a survey for a travel agent
• The verb होना (*to be*) • Conjunct verbs	• Travel • Around town	Read the email about a day trip to Agra	Write an email to a friend describing a recent day trip
• Masculine and feminine nouns • Plurals of nouns • Adjectives • Making comparisons	• Adjectives for describing the home • Colours • Household items	Read an advert for a house for rent	Write an advert describing your house/room for a prospective new flatmate
• Postpositions • The oblique case • Expressing possession using का (*of*) • Expressions for 'having'	• Members of the family	Read the description of someone's family	Describe your own or someone else's family
• The present and past imperfective tenses	• Daily routine • Days of the week • Time expressions • Village life	Read the account of life in a village and in a town in the past and present	Respond to a social networking friendship request from a childhood friend in which you recall old memories and describe your current routine
• The present and past continuous tenses	• Free-time activities	Read the conversation about going to a music concert	Write a conversation about an outing or free-time activity
• The future tense • The presumptive • The subjunctive mood	• Travel • Transport • Destinations	Read the email exchange about travel plans	Write an email describing plans for a forthcoming journey

LANGUAGE		SKILLS	
GRAMMAR	VOCABULARY	READING	WRITING
• Perfective tenses • Transitivity and intransitivity	• Traditions • Religions	Read the article describing Holi, the festival of colours	Write a passage describing a cultural festival that you have celebrated
• Expressions with वाला • Telling the time and date Numbers	• Modes of transport • Professions • Ordinal numbers and aggregates • Days of the week	Read the information about a railway station and a train timetable	Write an email explaining the schedule for a forthcoming journey
• Indirect verb constructions using मुझको • Expressions for liking, knowing and wanting	• Food and drink • Tastes and flavours	Read the restaurant advert and reviews	Write a review of a restaurant you have visited
• Adverbs and adverbial phrases • The adverbs कभी and कहीं कोई and कुछ	• Adverbs • Shops and businesses • Market trading	Read the magazine article comparing traditional markets with modern shopping malls	Write a brief article about the shops in your local area
• Word order • Emphatic particles भी, ही and तो • Question words	• Languages • Linguistics	Read the passage discussing linguistic diversity and language change in India	Summarize the reading passages and add your own point of view on the issue
• Relative clauses with relative-correlative constructions	• Weather • Seasons • Geography	Read the weather reports	Write a weather report
• Expressions of obligation and compulsion	• (Un)healthy living • Fitness	Read the blog extract about yoga and International Yoga Day, and a comment on the blog	Write a blog comment offering advice about staying healthy

LANGUAGE		SKILLS	
GRAMMAR	**VOCABULARY**	**READING**	**WRITING**
• The imperative • The conjunctive participle	• Cooking-related items and activities • Foodstuff and spices	A recipe: read the ingredients and method	Write a recipe of a dish that you have enjoyed
• Modal verbs सकना, पाना and चुकना • Compound verbs with जाना, लेना and देना	• Film • Film production • Genre	Read the film review	Write a film review
• The passive • Transitive and intransitive verbs • Causative verbs	• Trades and professions • Manufacturing	Read an information leaflet about a handicrafts bazaar in Delhi, and read a passage about an artisan based there	Write a promotional leaflet about products manufactured in your region
• The verb लगना • The oblique infinitive + देना • The verb मिलना	• Sports • Cricket	Read the magazine interview of a famous sportswoman	Write a report for a magazine about an imaginary interview you have conducted of a sportsperson
• Adjectival and adverbial participles • Expressing continuity with रहना and जाना • Expressing past habitual actions	• Arts • Literature	Read the obituary of an Indian artist	Write an obituary or biography of an artist, writer or poet
• Conditional sentences • Compound verbs	• Politics • Current affairs	Read an election manifesto for a forthcoming general election	Write a manifesto or statement about what you would do if you were Prime Minister

I have always had an interest in language learning. Being able to speak and understand other languages opens a door to other peoples and cultures and helps to break down divides.

Born in Uganda, I grew up in a Punjabi-speaking household. My first real exposure to Hindi was through Bollywood films. Later, when I was a teenager, I became interested in the epic Hindi poem, *Ramcharitmanas*. This inspired me to want to learn classical Hindi and led me to study at SOAS, University of London, where I completed a BA and MA in Hindi. After university, I started working in the IT sector, but I continued to maintain a keen interest in languages and eventually decided to qualify as a language teacher, completing a PGCE from the Institute of Education and an MA in Language Teaching at Birkbeck College. I returned to SOAS in 2008, where I now work as a Senior Lector teaching Hindi, Urdu and Punjabi.

As well as teaching, I also have a passion for learning languages. I find this not only rewarding and fulfilling in itself, but it gives me helpful insights into what it's like being a language student. I have studied a number of languages, the most recent being Swahili, a language spoken by my parents as children in East Africa. Learning Swahili has helped me connect with my roots, and also driven me to travel to East Africa (where part of this book was written!).

My students at SOAS come from a wide variety of backgrounds and have different motivations for wanting to learn South Asian languages, but, like me, they all have a common desire to understand and communicate effectively in another language. I hope that this book helps you to progress on your path to learning Hindi.

Naresh Sharma

ACKNOWLEDGEMENTS

I am very grateful to the editorial and production team including Frances Amrani, Emma Green, Karyn Bailey and Sarah Jane Lewis for their comments, suggestions and enduring patience. I would also like to convey my thanks to Andy Cook and Sabrina Osborne.

In addition, I am indebted to Meenal Dhawan, Rakesh Nautiyal, Pallavee Kumar, Dolly Barey and John McInnes for their input and invaluable contributions at various stages of the development of this book.

Finally, I would like to thank all my Hindi students who have trialled chapters and provided feedback, and to whom this book is dedicated.

If you have studied Hindi before but would like to brush up on or improve your grammar, vocabulary, reading and writing skills, this is the book for you. The *Hindi Tutor* is a grammar workbook which contains a comprehensive grammar syllabus from advanced beginner to upper intermediate level and combines grammar and vocabulary presentations with over 200 practice exercises.

The language you will learn is presented through concise explanations, engaging exercises, simple infographics and personal tutor tips. The infographics present grammar points in an accessible format while the personal tutor tips offer advice on correct usage, colloquial alternatives, exceptions to rules, cultural insights, etc. Each unit contains reading comprehension activities incorporating the grammar and vocabulary taught as well as freer writing practice and real-life tasks. The focus is on building up your skills while reinforcing the target language. The reading stimuli include emails, blogs, social media posts, reviews and reports using real language so you can be sure you're learning vocabulary and grammar that will be useful for you.

You can work through the workbook by itself or you can use it alongside our *Complete Hindi* course or any other language course. This workbook has been written to reflect and expand upon the content of *Complete Hindi* and is a good place to go if you would like to practise your reading and writing skills on similar topics. Hindi accepts variant spellings of the same words depending on factors such as regional variation and dialect and this workbook uses the most common forms of spellings.

Icons

 Discovery

 Vocabulary

 Writing

 Reading

 Personal tutor

THE DISCOVERY METHOD

There are lots of philosophies and approaches to language learning, some practical, some quite unconventional, and far too many to list here. Perhaps you know of a few, or even have some techniques of your own. In this book we have incorporated the Discovery Method of learning, a sort of awareness-raising approach to language learning. This means that you will be encouraged throughout to engage your mind and figure out the language for yourself, through identifying patterns, understanding grammar concepts, noticing word patterns, and more. This method promotes language awareness, a critical skill in acquiring a new language. As a result of your own efforts, you will be able to better retain what you have learnt, use it with confidence, and, even better, apply those same skills to continuing to learn the language (or, indeed, another one) on your own after you've finished this book.

Everyone can succeed in learning a language – the key is to know how to learn it. Learning is more than just reading or memorizing grammar and vocabulary. It's about being an active learner, learning in real contexts, and, most importantly, using what you've learnt in different situations. Simply put, if you figure something out for yourself, you're more likely to understand it. And when you use what you've learnt, you're more likely to remember it.

As some of the essential but (let's admit it!) challenging details, such as grammar rules, are introduced through the Discovery Method, you'll have more fun while learning. Soon, the language will start to make sense and you'll be relying on your own intuition to construct original sentences independently, not just reading and copying.

Enjoy yourself!

BECOME A SUCCESSFUL LANGUAGE LEARNER

1 **Make a habit out of learning**
   ▶ Study a little every day, between 20 and 30 minutes is ideal.
   ▶ Give yourself **short-term goals**, e.g. work out how long you'll spend on a particular unit and work within this time limit, and **create a study habit**.
   ▶ Try to **create an environment conducive to learning** which is calm and quiet and free from distractions. As you study, do not worry about your mistakes or the things you can't remember or understand. Languages settle gradually in the brain. Just **give yourself enough time** and you will succeed.

2 **Maximize your exposure to the language**
   ▶ As well as using this book, you can listen to radio, watch television or read online articles and blogs.
   ▶ Do you have a personal passion or hobby? Does a news story interest you? Try to access Hindi information about them. It's entertaining and you'll become used to a range of writing and speaking styles.

3 **Vocabulary**
   ▶ Group new words under **generic categories**, e.g. *food, furniture*, **situations** in which they occur, e.g. under restaurant you can write *waiter, table, menu, bill*, and **functions**, e.g. *greetings, parting, thanks, apologizing*.
   ▶ Write the words over and over again. Keep lists on your smartphone or tablet, but remember to switch the keyboard language.
   ▶ Cover up the English side of the vocabulary list and see if you remember the meaning of the word. Do the same for the Hindi.
   ▶ Create flash cards, drawings and mind maps.
   ▶ Write Hindi words on sticky notes and attach them to objects around your house.
   ▶ **Experiment with words**. Look for patterns in words.

4 **Grammar**
   ▶ **Experiment with grammar rules**. Sit back and reflect on how the rules of Hindi compare with your own language or other languages you may already speak.
   ▶ Use known vocabulary to practise new grammar structures.
   ▶ When you learn a new verb form, write the conjugation of several different verbs you know in that form.

5 **Reading**
The passages in this book include questions to help guide you in your understanding. But you can do more:

   ▶ **Imagine the situation**. Think about what is happening in the extract/passage and make educated guesses, e.g. a film review is likely to mention something about the plot and who's in the film.
   ▶ **Guess the meaning of key words before you look them up.** When there are key words you don't understand, try to guess what they mean from the context.

If you're reading a Hindi text and cannot get the gist of a whole passage because of one word or phrase, try to look at the words around that word and see if you can work out the meaning from context.

6 Writing

▶ Practice makes perfect. The most successful language learners know how to overcome their inhibitions and keep going.

▶ When you write an email to a friend or colleague, or you post something on social media, pretend that you have to do it in Hindi.

▶ When completing writing exercises, see how many different ways you can write them, imagine yourself in different situations and try answering as if you were someone else.

▶ Try writing longer passages such as articles, reviews or essays in Hindi, it will help you to formulate arguments and convey your opinion as well as helping you to think about how the language works.

▶ Try writing a diary in Hindi every day, this will give context to your learning and help you progress in areas which are relevant to you.

7 Visual learning

▶ Have a look at the infographics in this book. Do they help you to visualize a useful grammar point? You can keep a copy of those you find particularly useful to hand to help you in your studies, or put them on your wall until you remember them. You can also look up infographics on the internet for topics you are finding particularly tricky to grasp, or even create your own.

8 Learn from your errors

▶ Making errors is part of any learning process, so don't be so worried about making mistakes that you won't write anything unless you are sure it is correct. This leads to a vicious circle: the less you write, the less practice you get and the more mistakes you make.

▶ Note the seriousness of errors. Many errors are not serious as they do not affect the meaning.

9 Learn to cope with uncertainty

▶ Don't over-use your dictionary.
Resist the temptation to look up every word you don't know. Read the same passage several times, concentrating on trying to get the gist of it. If after the third time, some words still prevent you from making sense of the passage, look them up in the dictionary.

INTRODUCTION TO THE HINDI SCRIPT

1 Hindi is written in the *Devanagari* (देवनागरी) script, which is inherited from Sanskrit. Also known as *Nagari* (नागरी), it is written left to right, and is used to write Nepali and Marathi as well.

2 There are eleven vowels and thirty-three consonants in Hindi. Traditionally, the arrangement of the characters categorizes the letters phonetically according to ancient Sanskrit classification.

Consonants

1 The table presents the first twenty-five consonants in alphabetical order. These are given with an approximate Roman script equivalent based on the transliteration system from the books *Complete Hindi* and *Read and Write Hindi Script,* which broadly corresponds to the International Alphabet of Sanskrit Transliteration (IAST).

क *ka*	ख *kha*	ग *ga*	घ *gha*	ङ *ṅ*
च *cha*	छ *chha*	ज *ja*	झ *jha*	ञ *ñ*
ट *ṭa*	ठ *ṭha*	ड *ḍa*	ढ *ḍha*	ण *ṇa*
त *ta*	थ *tha*	द *da*	ध *dha*	न *na*
प *pa*	फ *pha*	ब *ba*	भ *bha*	म *ma*

2 In addition to the first twenty-five consonants, there are the semi-vowels, the sibilants, and one final stand-alone aspirate.

Semi-vowels			
य *ya*	र *ra*	ल *la*	व *va*

Sibilants		
श *śa* Sha	ष *ṣa* Kha	स *sa*

Aspirate
ह *ha*

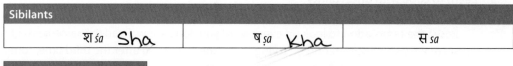

क्ष त्र ज्ञ
Ksha Tea Gya

3 A number of consonants can be written with a subscript dot to represent additional sounds.

Flapped consonants	
ड़ *ṛa*	ढ़ *ṛha*

Borrowed sounds occurring in loanwords				
क़ *qa*	ख़ *k͟ha*	ग़ *g̱a*	ज़ *za*	फ़ *fa*

4 Loanwords containing the borrowed sounds frequently appear with the subscript dot omitted. Indeed, many Hindi speakers pronounce such loanwords according to the sound of the character without the subscript dot, e.g. मेज़ (*table*) as मेज i.e. *mez* as *mej.*

Vowels

1 Hindi has eleven vowels. Ten of the vowels have a dependent vowel *mātrā*, which is used when the vowel is combined with a consonant. For example, when क is combined with the vowel आ to produce *kā* it takes the form का. In other words, क् + आ → क + ा → का.

Independent Form	Dependent Vowel *Mātrā*	क + Vowel *Mātrā*
अ *a*	No vowel *mātrā*	क *ka*
आ *ā*	ा	का *kā*
इ *i*	ि	कि *ki*
ई *ī*	ी	की *kī*
उ *u*	ु	कु *ku*
ऊ *ū*	ू	कू *kū*
ऋ *ṛ*	ृ	कृ *kṛ*
ए *e*	े	के *ke*
ऐ *ai*	ै	कै *kai*
ओ *o*	ो	को *ko*
औ *au*	ौ	कौ *kau*

2 All consonants combine with *mātrā* symbols in the same way as क does as shown in the chart, i.e. some *mātrā* symbols are written after, before, above or below the consonant. However, in the case of र in combination with the vowels उ and ऊ, the *mātrā* symbols do not go below the र as they do with other consonants, but instead they attach to the side, र् + उ → रु and र् + ऊ → रू.

3 English loanwords containing the English vowel 'o' are spelt with an आ vowel and a चंद्र ('moon') above the vowel, ऑ as in ऑनलाइन (*online*) and कॉलेज (*college*). However, it is not uncommon to see these words written without the चंद्र, and indeed pronounced as आ by many speakers.

4 If a word begins with a vowel, it is written using the independent form of the vowel, and if two vowels are sounded next to each other, the second one is always written in its independent form, e.g. आओ (*come*) and जाओ (*go*).

Conjunct consonants

1 When there are two successive consonants, and the first one has a हलन्त or ् symbol, i.e. there is no 'a' sound (or *schwa*) between the consonants, then the two consonants combine to form a conjunct consonant.

2 Most conjuncts are formed by joining a 'half' form of the first consonant in the combination to a full form of the second consonant in the combination.

3 Most consonants that contain a vertical line in their formation lose the vertical line when forming a conjunct with the second consonant, e.g. स् + त → स्त as in नमस्ते. (s + ta → sta as in *namaste*).

4 Consonants that end in a 'hook', such as क and फ, form conjuncts by 'hooking into' the second consonant, e.g. क् + य → क्य as in क्या (*what*) (*k* + *ya* → *kya* as in *kyā*).
5 Consonants with a 'rounded' shape form conjuncts with other 'rounded' consonants by placing the second consonant below the first, as with ट् + ट → ट्ट and ट् + ठ → ट्ठ.
6 Conjuncts involving र as the first consonant in a conjunct involve the 'र्' or 'flying र' form of र which is placed above the consonant that it is pronounced before, or if the consonant that it is pronounced before is combined with a vowel *mātrā* then the 'flying र' is placed above the vowel *mātrā:*

   श + र् + म → शर्म (*shame*) i.e. *śa* + *r* + *ma* → *śarm*

   श + र् + मा → शर्मा (*Sharmā*) i.e. *śa* + *r* + *mā* → *śarmā*

7 Conjuncts involving र as the second consonant involve the ˏ or ˄ form of र. Common examples include: क्र, ग्र, ट्र, ड्र, द्र and प्र.
8 Some conjuncts follow other principles. Common ones include:

क् + त → क्त	द् + द → द्द	श् + न → श्न
क् + ष → क्ष	द् + ध → द्ध	श् + र → श्र
ज् + ञ → ज्ञ	द् + भ → द्भ	श् + व → श्व
त् + त → त्त	द् + य → द्य	ष् + ट् + र → ष्ट्र
त् + न → त्न	द् + व → द्व	ष् + ठ → ष्ठ
त् + र → त्र	श् + च → श्च	

Nasalization

1 All vowels apart from ऋ can be nasalized by placing a चंद्रबिंदु (or 'moon-dot') above the vowel. If, however, any part of the vowel extends above the upper horizontal line, then only a बिंदु ('dot') is written.

अँ	आँ	इँ	ईं	उँ	ऊँ	एँ	ऐं	ओं	औं
कँ	काँ	किं	कीं	कुँ	कूँ	कें	कैं	कों	कौं

It is not uncommon to see just a बिंदु where you would expect to see a चंद्रबिंदु, especially in more recent printing and online, for example हूं instead of हूँ.

2 A dot can replace a nasal consonant when the nasal consonant is the first member of a conjunct. This gives an alternative spelling, as in the two forms of the word *Hindi* हिन्दी and हिंदी, which are both correct and both commonly used. Although the dot in the alternative spelling looks exactly like a बिंदु, it is known as an अनुस्वार.

Numbers

1 The chart illustrates Hindi numbers, although English numbers are very commonly used in written Hindi.

०	१	२	३	४	५	६	७	८	९
0	1	2	3	4	5	6	7	8	9

Dictionary Order

The dictionary order of Devanagari is based on the following principles:

1 Vowels precede consonants, starting with अ and ending at औ.
2 Nasalized vowels precede their non-nasalized counterparts, i.e. अँ (or अं) comes before अ.
3 Consonants follow the vowels, starting with क and ending at ह.
4 Subscript dots are ignored, i.e. क and क़ are considered the same in dictionary order.
5 Syllables with चंद्रबिंदु or अनुस्वार precede their counterparts that are without चंद्रबिंदु or अनुस्वार i.e. काँ (or कां) comes before का.
6 Syllables formed by vowel combinations precede syllables formed by a consonant combined with a vowel symbol, i.e. यह comes before या.
7 Consonants combined with a vowel symbol precede conjunct forms of the consonant, i.e. का comes before क्या.
8 The Sanskrit letters क्ष, त्र and ज्ञ follow क्, त् and ज् respectively.

1 नमस्ते, आपका नाम क्या है?

Hello, what's your name?

In this unit you will learn how to:

- Use personal pronouns
- Describe ownership using possessive pronouns
- Use the possessive-reflexive pronoun अपना

CEFR: Can understand sentences related to personal information (CEFR A2); Can write sentences conveying information of personal relevance (CEFR A2).

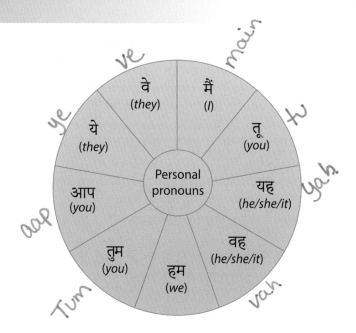

Meaning and usage

Personal pronouns

1 Personal pronouns in English include words like *I*, *you*, *he*, *she*, *they*, etc. Personal pronouns are used in place of nouns:

रवि मेरा दोस्त है। वह हरिद्वार से है। (*Ravi is my friend. He is from Haridwar.*)

दादा जी और दादी जी पंजाब में पैदा हुए थे। आजकल वे अमरीका में रहते हैं। (*Grandad and Grandma were born in Punjab. Nowadays they live in America.*)

> *Other types of pronouns include possessive pronouns, which are words like* my, your, his, hers *and* its.

2   The personal pronouns in Hindi are:

मैं *I*	The pronoun मैं means *I* as in the sentence: मैं सीमा हूँ। (*I am Seema.*)
आप / तुम / तू *you*	Hindi has three words for *you*, आप, तुम and तू, depending on how familiar or formal you are with the person you are addressing. The choice of which *you* to use depends on factors such as age, relationship, social status, degree of formality or level of intimacy.
आप *you*	आप can be used to address one or more than one person. It is considered respectful and formal, and used to address elders and seniors and new people you might meet in a formal situation: आप कहाँ काम करते हैं? (*Where do you work?*)
तुम *you*	तुम can be used to address one or more than one person. It indicates less formality and greater familiarity than आप, and therefore you could use it when addressing close friends, close family members and peers in informal contexts. Some speakers use it when addressing someone they consider lower in social status than themselves, e.g. domestic servants or rickshaw drivers: तुम क्या करते हो? (*What do you do?*)
तू *you*	तू is singular and therefore only used to address one person. Hindi speakers use तू when speaking to very close friends, small children or in prayers when addressing God. If तू is used to address someone who shouldn't have been addressed as तू, it may come across as rude or impolite: तू मुझे कब फ़ोन करेगा? (*When will you phone me?*)
यह / वह *he/she/it*	यह and वह both mean *he*, *she* and *it*. यह is generally used to refer to a person or thing relatively near to the speaker. वह is used for someone or something further away or somewhere else: यह मेरा दोस्त है। (*He (over here) is my friend.*) वह मेरा भाई है। (*He (over there) is my brother.*) When the distance is not mentioned or not relevant then वह is used.
ये / वे *they*	ये and वे are the plural forms of यह and वह respectively, and as with यह and वह they are used to refer to people or things relatively near to the speaker or for people or things further away: ये भारतीय हैं। (*They (over here) are Indian.*) वे अंग्रेज़ हैं। (*They (over there) are English.*) The plural pronouns ये and वे can also be used to refer to just one person as a sign of respect. Sometimes referred to as 'the honorific plural' or 'plural of respect', it could potentially lead to an ambiguous statement: वे गुजराती हैं। (*They are Gujarati.*) OR (*He/she is Gujarati.*) However, context is likely to make matters clear.

main

aap

tum

tu

yah
vah

ye
ve

हम *we*	हम means *we*. However, in colloquial speech, हम is used by some Hindi speakers instead of मैं (*I*): हम ठीक हैं। (*We are fine.*) or (*I am fine.*) Using हम instead of मैं is not a sign of affectation similar to the *royal we* in English, but is a dialectical influence from languages such as Bhojpuri, and also a recent trend amongst educated middle-class Hindi speakers.

3 यह, वह, ये and वे can also mean *this, that, these* and *those* respectively.

यह मेरी माँ है। (*This/She is my mother.*) yah meri ma hai

वह लड़की मेरी बहिन है। (*That girl is my sister.*) Vah ladkee meri bahan hai

In colloquial Hindi, the pronouns यह and ये are both pronounced as 'ये', and the pronouns वह and वे are both pronounced as 'वो'. Occasionally the forms 'ये' and 'वो' can be seen in the written language.

4 The word लोग (log) *people* can be added after the plural pronouns (हम, तुम, आप, ये and वे) to specify that they are indeed referring to plural subjects:

तुम कहाँ से आए हो? (*Where have you come from?*) Referring to a singular or plural subject.

तुम लोग कहाँ से आए हो? (*Where have you (people) come from?*) Referring to a plural subject only.

वे राजस्थानी हैं। (*They are Rajasthani.*) OR (*He/she is Rajasthani.*) Honorific plural.

वे लोग राजस्थानी हैं। (*They are Rajasthani.*) OR (*Those people are Rajasthani.*)

A Read the text and complete the table.

मेरा नाम राजीव है, और मैं शिमला में रहता हूँ। रवि और गीता मेरे दोस्त हैं, और वे लोग मेरे घर के नज़दीक ही रहते हैं। कभी कभी हम सब एक साथ पहाड़ियों पर घूमने जाते हैं। शिमला की पहाड़ियाँ बहुत बड़ी नहीं हैं, लेकिन वे बहुत सुन्दर हैं। गर्मियों में काफ़ी टूरिस्ट शिमला आते हैं, और वे भी अक्सर पहाड़ियों पर घूमने जाते हैं।

	Personal pronoun	The noun(s) it replaces
1	*मैं*	*राजीव*
2	वे	
3		
4		
5		

B Complete the sentences with the correct personal pronoun.

1 यह लड़की लन्दन में रहती है। ________ मेरी बहिन की सहेली है।

2 वह लड़का कौन है? क्या ________ आपका दोस्त है?

3 मैं और मेरी पत्नी राजस्थान में रहते हैं। ________ दोनों वहाँ बहुत ख़ुश हैं।

4 दादा जी और दादी जी की शादी गाँव में हुई थी, लेकिन आजकल ________ शहर में रहते हैं।

5 आज ________ क्या कर रहे हो? क्या ________ घर जा रहे हो?

6 ________ हिंदुस्तानी हूँ लेकिन मेरे पति का जन्म अमेरिका में हुआ था। यानी ________ अमरीकन है।

Possessive pronouns

1   Possessive pronouns in English are words such as *my, mine, your, yours, her, hers,* etc. Whilst English has two sets of possessive pronouns, Hindi only has one set. For example, both *my* and *mine* can be expressed by मेरा:

आपका नाम क्या है? (*What's your name?*)

मेरा नाम अरुण है। (*My name is Arun.*)

और मेरा सिमरन है। (*And mine is Simran.*)

2   Depending on whether the possessive pronoun comes before the word that it refers to (attributive position) or after the word that it refers to (predicative position), it can affect the way you translate it:

यह मेरा घर है। (*This is my house.*)

यह घर मेरा है। (*This house is mine.*)

Forms of the possessive pronoun

1   The possessive pronouns that correspond to the personal pronouns are shown in the chart:

Personal pronoun		Possessive pronoun			
		Masculine singular	Masculine plural	Feminine singular and plural	
मैं	*I*	मेरा	मेरे	मेरी	*my, mine*
तू	*you*	तेरा	तेरे	तेरी	*your, yours*
यह	*he/she/it/(this)*	इसका	इसके	इसकी	*his, hers, its*
वह	*he/she/it/(that)*	उसका	उसके	उसकी	*his, hers, its*
हम	*we*	हमारा	हमारे	हमारी	*our, ours*
तुम	*you*	तुम्हारा	तुम्हारे	तुम्हारी	*your, yours*
आप	*you*	आपका	आपके	आपकी	*your, yours*
ये	*they/(these)*	इनका	इनके	इनकी	*their, theirs*
वे	*they/(those)*	उनका	उनके	उनकी	*their, theirs*

 Bear in mind that the form of the feminine singular and plural possessive pronouns is the same.

2   The ending of the possessive pronoun changes according to the gender (masculine or feminine), number (singular or plural) and case (direct or oblique) of the noun that it refers to. In other words, the pronoun 'agrees' with the noun:

आप<u>का</u> नाम क्या है? (*What's your name?*) नाम is a masculine noun

आप<u>की</u> उम्र क्या है? (*What's your age?*) उम्र is a feminine noun

<u>मेरे</u> दोनों भाई कनाडा में काम करते हैं। (*Both of my brothers work in Canada.*)

<u>मेरी</u> दोनों बहिनें वकील हैं। (*Both of my sisters are lawyers.*)

3   A plural possessive pronoun, i.e. 'the honorific plural' can be used to refer to a singular person when showing respect towards that person:

<u>मेरे</u> अध्यापक बहुत अच्छे आदमी हैं। (*My teacher is a very good man.*)

C   **Complete the sentences with the correct option.**

1   आज _____ (मेरा/मेरी/मेरे) बहिन बहुत ख़ुश है।

2   यह छोटा घर _____ (हमारा/हमारी/हमारे) है।

3   क्या _____ (तुम्हारा/तुम्हारी/तुम्हारे) माँ और _____ (उसका/उसकी/उसके) माँ दोनों बहिनें हैं?

4   वह आदमी _____ (हमारा/हमारी/हमारे) भाई नहीं है, _____ (हमारा/हमारी/हमारे) पिता जी हैं।

5   क्या ये दोनों _____ (आपका/आपकी/आपके) छोटे भाई हैं? _____ (इनका/इनकी/इनके) नाम क्या क्या हैं?

The possessive-reflexive pronoun अपना

1   अपना can mean *my, your, his, her, our,* etc. depending on the subject of the sentence. Like other possessive pronouns, it agrees in number, gender and case with the noun that it refers to:

मैं <u>अपना</u> नाश्ता खा रही थी। (*I was eating <u>my</u> breakfast.*)

आप <u>अपने</u> बच्चों के साथ कहाँ गए? (*Where did you go with <u>your</u> children?*)

वह <u>अपनी</u> गाड़ी कभी नहीं चलाता। (*He never drives <u>his</u> car.*)

2   The choice of whether to use अपना or not depends on who is the subject of the sentence and who is the 'owner' or 'possessor' of the object or person referred to in the sentence. The general rule is that if the subject and the 'owner' or 'possessor' are the same, then use अपना:

कोमल <u>अपनी</u> किताब पढ़ रही है। (*Komal is reading <u>her</u> book.*) i.e. her own book Subject = Komal, Owner of the book = Komal. Therefore use अपना. subject = owner.
कोमल <u>उसकी</u> किताब पढ़ रही है। (*Komal is reading <u>her</u> book.*) i.e. someone else's book Subject = Komal, Owner of the book = someone else. Therefore do not use अपना.
राज <u>अपने</u> कुत्ते के साथ पार्क जा रहा है। (*Raj is going to the park with <u>his</u> dog.*) Subject = Raj, Owner of the dog = Raj. Therefore use अपना. subject = owner.
राज और <u>उसका</u> कुत्ता पार्क जा रहे हैं। (*Raj and <u>his</u> dog are going to the park.*) Subject = Raj and his dog, Owner of the dog = Raj. Therefore do not use अपना.

When to use अपना can be summed up in an 'equation': If subject = owner, then use अपना

3 अपना can be combined with other possessive pronouns to give greater emphasis:

यह <u>मेरा अपना</u> घर है। (*This is <u>my very own</u> house.*)

D Match the sentences with the correct meanings.

1 मैं अपनी बहिन से मिल रही हूँ।   a *She is meeting her (i.e. someone else's) sister.*
2 वह मेरी बहिन से मिल रही है।   b *She is meeting her (own) sister.*
3 वह अपनी बहिन से मिल रही है।   c *I am meeting my sister.*
4 वह उसकी बहिन से मिल रही है।   d *I am meeting her sister.*
5 मैं उसकी बहिन से मिल रही हूँ।   e *She is meeting my sister.*

E Complete the sentences with the correct possessive pronoun.

1 मैं _____ (अपने/मेरे) भाई के साथ काम करता हूँ।
2 मैं और _____ (अपना/मेरा) भाई एक ही दफ़्तर में काम करते हैं।
3 आज शाम को _____ (अपने/आपके) दोस्त कहाँ जा रहे हैं?
4 आप _____ (अपने/आपके) परिवार के साथ भारत कब गए?
5 _____ (अपनी/आपकी) गाड़ी हमारे घर के सामने खड़ी है।
6 तुम _____ (अपने/तुम्हारे) पिता जी के साथ _____ (अपने/हमारे) घर क्यों नहीं आए?

📖 Reading

F Read the first part of the answers to a survey for a travel agent and decide if the statements are **सही या ग़लत** (*true or false*). Correct the false statements.

1 राहुल कपूर पंजाब में रहता है।   सही / ग़लत   _____
2 राहुल के माता-पिता का घर दिल्ली में है।   सही / ग़लत   _____
3 इस समय राहुल अपने परिवार के साथ दिल्ली में है।   सही / ग़लत   _____

पूरा नाम :	राहुल कपूर
उम्र :	पच्चीस साल
मूल देश :	मैं पंजाब में पैदा हुआ था, यानी मैं हिंदुस्तानी हूँ, लेकिन बचपन से मैं लन्दन में रह रहा हूँ।
भारत आने का उद्देश्य :	इस समय मैं दिल्ली में हूँ। मैं यहाँ कुछ दिन रुकना चाहता हूँ क्योंकि मुझे यह शहर बहुत पसंद है। मेरे माता-पिता का घर चंडीगढ़ में है, इसलिए मैं वहाँ भी जाना चाहता हूँ, उनसे मिलने के लिए। मैं अकेले भारत आया हूँ। मेरा बाक़ी परिवार लन्दन में है।

G Now, read the statement giving further reasons for travelling to India.

Then, answer the questions in Hindi.

जैसे कि आप को मालूम है इस समय मैं दिल्ली में हूँ, लेकिन मैं लन्दन में रहता हूँ, और वहाँ काम भी करता हूँ। इसलिए आजकल मैं लन्दन को अपना घर मानता हूँ। मैं भारत अक्सर छुट्टियों में आता हूँ क्योंकि मेरे माता-पिता यहाँ रहते हैं। उनका अपना घर चंडीगढ़ में है। मेरे विचार में वह शहर बहुत अच्छा है क्योंकि काफ़ी साफ़ और शांत जगह है। इसके विपरीत दिल्ली में बहुत भीड़, शोर और प्रदूषण है। फिर भी, मुझे दोनों शहर पसंद हैं। अगले हफ़्ते मैं मुंबई भी जाना चाहता हूँ क्योंकि मेरा दोस्त रवि वहाँ रहता है। वह मेरे बचपन का बहुत अच्छा दोस्त है। वह शादीशुदा है और उसकी पत्नी भी बहुत अच्छी है। मेरी शादी अभी तक नहीं हुई, लेकिन देखते हैं कि आगे क्या होता है।

1   इस समय राहुल कहाँ है?

   _____

2   राहुल किस शहर में काम करता है?

   _____

3   दिल्ली और चंडीगढ़ में ख़ास फ़र्क़ क्या है?

   _____

4   रवि के बारे में बताइए।

   _____

5   क्या रवि और राहुल दोनों शादीशुदा हैं?

   _____

V	मूल देश (m)	country of origin
	पैदा होना (vi)	to be born
	उद्देश्य (m)	purpose
	जैसे कि आप को मालूम है	as you know
	के विपरीत (postp)	in contrast to
	प्रदूषण (m)	pollution
	शोर (m)	noise
	फिर भी (adv)	even so

H For some extra practice, highlight the possessive pronouns in the statement and identify the noun(s) that they are agreeing with.

Vocabulary

I   Find the odd one out.

1   और | या | इसलिए | समय | लेकिन | क्योंकि

2   वह | हम | मेरा | तुम | आप | ये

3   से पहले | के नज़दीक | के सामने | के विपरीत | के बारे में | केवल

4   परिवार | पत्नी | शादीशुदा | भाई | दोस्त | बहिन

5   भारतीय | अंग्रेज़ | अमरीकन | बचपन | जर्मन | हिंदुस्तानी

J   Match the words and phrases with the correct meanings.

1	नमस्ते	**a**	*Hello/goodbye (standard Hindu greeting)*
2	नमस्कार	**b**	*Hello (Islamic greeting)*
3	सत श्री अकाल	**c**	*Hello/goodbye (standard Sikh greeting)*
4	असलाम वालेकुम	**d**	*Goodbye (Islamic greeting)*
5	ख़ुदा हाफ़िज़	**e**	*See you again*
6	फिर मिलेंगे	**f**	*Hello/goodbye (formal Hindu greeting)*

K   Match the expressions on the left with the colloquial phrases on the right.

1	नमस्कार	**a**	आपका नाम क्या है?
2	आप कैसे / कैसी हैं?	**b**	आप कहाँ रहते हैं / रहती हैं?
3	आपका शुभ नाम?	**c**	क्या हाल है?
4	मुझे राहुल कपूर कहते हैं।	**d**	नमस्ते
5	आपका निवास कहाँ है?	**e**	मैं भारत से हूँ।
6	आप कहाँ के रहनेवाले / की रहनेवाली हैं?	**f**	आप कहाँ से हैं?
7	मैं भारत का रहनेवाला / की रहनेवाली हूँ।	**g**	मेरा नाम राहुल कपूर है।

The question आप कहाँ के रहनेवाले हैं? *when speaking to a male, or* आप कहाँ की रहनेवाली हैं? *when speaking to a female, tends to imply* where do you originate from?

 Writing

L Complete a survey for a travel agent, giving brief responses to the points mentioned in the form (write 80–100 words in total).

आपका पूरा नाम: _____

आपकी उम्र: _____

आपका मूल देश: _____

आप भारत क्यों जाना _____
चाहती हैं / चाहते हैं। _____

_____

_____

_____

_____

_____

_____

Self-check

Tick the box which matches your level of confidence.

1 = very confident   2 = need more practice   3 = not confident

कृपया अपने आत्मविश्वास के स्तर के अनुसार निम्न वर्गों में से एक को चिन्हित करें।

1 = पूर्ण आत्मविश्वास   2 = अभ्यास की आवश्यकता   3 = अल्प आत्मविश्वास

	1	2	3
Use personal pronouns.			
Describe ownership using possessive pronouns.			
Use the possessive-reflexive pronoun अपना.			
Can understand sentences related to personal information (CEFR A2).			
Can write sentences conveying information of personal relevance (CEFR A2).			

2 कितने आदमी थे?

How many men were there?

In this unit you will learn how to:

- ✔ Use present and past tense forms of the verb *to be*.
- ✔ Use conjunct verbs.

CEFR: Can understand short emails and letters (CEFR A2); Can write personal emails (CEFR A2).

> कल क्या हुआ?
> (*What happened yesterday?*)

> कल छुट्टी थी।
> (*Yesterday was a holiday?*)

Meaning and usage

The present and past tense of the verb होना *to be*

1   The verb होना in the present tense expresses *to be: am, is* and *are*:

हूँ *am*	है *is*	हैं *are*
मैं विद्यार्थी हूँ। (*I am a student.*)	यह मेरा दोस्त है। (*This is my friend.*)	हम कहाँ हैं? (*Where are we?*)

2   The form of होना that goes with pronoun तुम is हो:

तुम कौन हो? (*Who are you?*)

 A   Read the passage and identify the forms of the verb होना and its corresponding pronouns.

नमस्ते, मैं सीमा हूँ और मैं विद्यार्थी हूँ। यह मेरी बहिन है और वह मेरा भाई है। वे दोनों बहुत अच्छे हैं। हम सब बहुत ख़ुश हैं। आप कौन हैं?

B Complete the chart using the forms of the verb होना in the present tense and the correct personal pronoun.

	Singular		Plural	
1st person	मैं _____	*I am*	हम _____	*we are*
2nd person	तू है	*you are* (informal, close, intimate)	तुम _____	*you are* (informal, familiar)
			_____ हैं	*you are* (respectful, formal)
3rd person	_____ है	*he/she/it/this is*	ये हैं	*they/these are*
	वह है	*he/she/it/that is*	_____ हैं	*they/those are*

C Complete the passage with the correct present tense forms of the verb होना.

आज मैं ठीक नहीं (1) _____ । तुम कैसे (2) _____? क्या वे लोग हिंदुस्तानी (3) _____? मैं तो हिंदुस्तानी (4) _____ । मेरे ख़्याल से यह लड़की बंगाली (5) _____ और वह लड़का अंग्रेज़ (6) _____ । इस आदमी और उस औरत को देखिए। क्या वे दोनों शादीशुदा (7) _____? मैं शादीशुदा नहीं (8) _____ । क्या तुम शादीशुदा (9) _____?

3 The past tense form of the verb होना expresses *was* or *were*. The forms of the verb agree with the subject of the sentence in number and gender:

	Person	Masculine	Feminine
Singular	मैं, तू, यह, वह	था (*was*)	थी (*was*)
Plural	हम, तुम, आप, ये, वे	थे (*were*)	थीं (*were*)

वह आदमी कौन था, और वह औरत कौन थी? (*Who was that man, and who was that woman?*)

मुझे नहीं मालूम वे कौन थे? (*I don't know who they were.*)

> The present tense form of the verb होना doesn't distinguish between genders, whereas the past tense does, e.g. था vs. थी, and थे vs. थीं.

D Complete the sentences with the correct past tense forms of the verb होना (था, थी, थे or थीं).

1 कल मेरा जन्म दिन _____ ।

2 रात को बहुत बारिश हुई और काफ़ी ठंड भी _____ ।

3 पिछले हफ़्ते बच्चों का स्कूल बंद _____ इसलिए वे हफ़्ते भर घर पर _____ ।

4 आज बाज़ार में बहुत लोग _____ और हर तरफ़ भीड़ _____ ।

5 पिताजी घर पर नहीं _____, लेकिन माताजी तो घर पर ही _____ ।

6 मेरा छोटा भाई कॉलेज में _____ और मेरी छोटी बहिन भी वहीं _____ ।

4   Another function of the present and past tense forms of होना is as an auxiliary verb in a number of tenses including the continuous, imperfective and perfective tenses:

तुम क्या कर रहे <u>हो</u>? (*What are you doing?*)

मैं अख़बार पढ़ रहा <u>था</u> । (*I was reading the paper.*)

तुम बहुत पढ़ते <u>हो</u> । (*You read a lot.*)

सुबह से मैंने कई लेख पढ़े <u>हैं</u> । (*Since this morning I've read several articles.*)

> *The English expressions* there is/there are *and* there was/there were *are simply expressed in Hindi using the present or past tense respectively of the verb* होना *and no word for* there. *Compare the examples:* एक लड़की थी । (There was a girl.) *and* वहाँ एक लड़की थी । (There was a girl there.)

The perfective participle of होना

1   The perfective participle of होना is an irregular past participle, which agrees with the subject of the sentence depending on number and gender:

	Masculine	Feminine
Singular	हुआ	हुई
Plural	हुए	हुईं

2   The perfective participle of होना conveys the sense that something became, occurred or happened:

जब बीमार बच्चा ठीक हुआ, वह स्कूल जाने लगा ।

(*When the sick child was (became) better, he went to school.*)

कल क्या हुआ? (*What happened yesterday?*)

एक दुर्घटना हुई । (*There was an accident (an accident occurred).*)

3   The difference in meaning expressed when using the past tense of होना (था, थी, थे and थीं) and the past participle of होना (हुआ, हुई, हुए and हुईं) can be quite subtle, and is not always conveyed when translated into English. The former conveys a state of affairs that existed, whereas the latter expresses something that happened or occurred. For example, the phrase *I was happy* can be expressed in a number of ways:

मैं ख़ुश था / मैं ख़ुश थी । i.e. I was in a happy state of mind.

मैं ख़ुश हुआ / मैं ख़ुश हुई । i.e. Something occurred and I became happy or pleased.

मुझे ख़ुशी हुई । Similar to मैं ख़ुश हुआ / मैं ख़ुश हुई but with a greater sense of an external factor causing the happiness.

Two well-known film quotes illustrate past tense forms of the verb होना: "कितने आदमी थे?" *uttered by the bandit Gabbar Singh in the cult classic film* Sholay, *and* "मोगाम्बो ख़ुश हुआ", *the catchphrase of Mogambo, the arch-villain of the 1980s film* Mr India, *are considered amongst the most famous quotes of Bollywood movies.*

4 हुआ, हुई and हुए are also used as auxiliaries in adjectival and adverbial participle constructions, although their use is optional. When used adjectivally they follow the same rules of agreement as adjectives, and when used adverbially only हुए tends to be used:

भौंकता <u>हुआ</u> कुत्ता सब को तंग कर रहा था। (*The barking dog was annoying everyone.*)

तबला बजाती <u>हुई</u> लड़की कौन है? (*Who is the girl playing the tabla?*)

बैंक में काम करने वाला आदमी नीली क़मीज़ पहने <u>हुए</u> था। (*The man who works in the bank was wearing a blue shirt.*)

E Read the passage and decide which forms of the verb होना are being used. Then complete the table with the correct number.

Past tense	Perfective tense	Past tense auxiliary	Participle construction
		(1)	

कल मैं सोच रही (1) थी कि मैं बाज़ार जाऊँगी लेकिन जब मैं वहाँ पहुँची मैंने देखा कि सब दुकानें बंद (2) थीं। यह देखकर मुझे दुःख (3) हुआ क्योंकि मेरे पिता जी का जन्म दिन (4) था, और मैं उन के लिए कुछ ख़रीदना चाहती (5) थी। मुझे याद है कि पिछले साल जब उन्हें मेरा ख़रीदा (6) हुआ तोहफ़ा मिला (7) था तब उनको कितनी ख़ुशी (8) हुई (9) थी। उनको मुस्कुराते (10) हुए देखकर मैं भी बहुत ख़ुश (11) हुई (12) थी। लेकिन आज दुकानें बंद क्यों (13) थीं? हाँ याद आया! घर से निकलते (14) हुए मैंने रेडियो पर ख़बर सुनी (15) थी कि आज हड़ताल की वजह से सब दुकानें जल्दी बंद हो रही (16) थीं। लेकिन मैंने ध्यान नहीं दिया क्योंकि मैं काफ़ी जल्दी में (17) थी। कोई बात नहीं, अच्छा (18) हुआ कि पिता जी के लिए कार्ड तो मैंने पहले से ख़रीद लिया (19) था।

The past and present imperfective of होना

1 The past imperfective of होना expresses *used to be*. The forms of the past imperfective verb (होता था, होती थी, होते थे and होती थीं) agree with the subject of the sentence in number and gender:

बचपन में जब बारिश <u>होती थी</u>, तो हम काग़ज़ की कश्तियाँ बनाते थे।
(*In childhood, when it used to rain we used to make paper boats.*)

जब भी हम शिमला जाते थे, वहाँ मौसम हमेशा ठंडा होता था । (*Whenever we used to go to Shimla, the weather always used to be cold there.*)

2 The present imperfective form of होना, i.e. होता है, होती है, होते हैं and होती हैं expresses something that 'tends to be' or is 'generally the case':

A specific situation	Generally the case
आज जोधपुर में गर्मी है । (*It's hot in Jodhpur today.*)	रेगिस्तान में अक्सर गर्मी होती है । (*It's often hot in the desert.*)

F   Transform the description of a specific situation to a general statement of fact.

1 आज दिल्ली की सड़कों पर बहुत यातायात है । → *दिल्ली की सड़कों पर बहुत यातायात होता है।*
(*Today there's a lot of traffic on the streets of Delhi.*) → (*There tends to be a lot of traffic on the streets of Delhi.*)

2 आज शाम को गंगोत्री में बहुत सर्दी है । → _____

3 आज बनारस की गलियों में बहुत गायें हैं । → _____

4 आज मदुरई के मंदिर में बहुत लोग हैं । → _____

5 आज इस बाज़ार में सब्ज़ियाँ सस्ती हैं । → _____

6 आज हरिद्वार में गंगा नदी का पानी बहुत ठंडा है । → _____

The verb रहना expressing *was* or *were*

1 Although the verb रहना means *to remain* or *to stay*, the perfective form of रहना (रहा, रही, रहे and रहीं) can be used colloquially to express *was* or *were*, with a subtle nuance of a sense of remaining in a particular state or a sense of something progressing. This can sometimes be translated into English using the past tense of the verb (*to go*):

दो दिन तक बच्चे बीमार रहे । (*The children were (remained) ill for two days.*)

आपका दिन कैसा रहा? (*How was your day?/How did your day go?*)

आज का दिन अच्छा रहा । (*Today was a good day./Today went well.*)

नई फ़िल्म कैसी रही? (*How was the new film?*)

हमारी दुकान में बिक्री अच्छी रही । (*The sales in our shop were good/went well.*)

G   Complete the sentences using the correct perfective form of the verb रहना.

1 आप की छुट्टियाँ कैसी _____?

2 छुट्टियाँ बहुत अच्छी _____ ।

3 वहाँ मौसम कैसा _____?

4 मौसम ज़्यादातर अच्छा _____ ।

5 एक दिन बहुत बारिश हुई । बाक़ी दिन धूप _____ ।

6 यहाँ कैसा _____?

7 यहाँ तो बारिश नहीं हुई और मौसम काफ़ी गरम _____ ।

Meaning and usage

Conjunct verbs

1   Conjunct verbs are made up of a noun or adjective followed by a verb. There are many conjunct verbs in Hindi, and the most common verb used in forming conjunct verbs is करना *to do*. Examples include क्षमा करना *to forgive*, साफ़ करना *to clean*, फ़िक्र करना *to worry* and शादी करना *to get married*.

मुझे क्षमा कीजिए, मेरे पास घर साफ़ करने के लिए समय नहीं है।

(*Forgive me, but I don't have time to clean the house.*)

उसके माता पिता उसकी फ़िक्र करते हैं क्योंकि वह शादी करना नहीं चाहता।

(*His parents worry about him because he doesn't want to get married.*)

 Conjunct verbs in Hindi could be compared to phrasal verbs in English such as those involving to get and to give, e.g. to get up, to get started, to get away, to give up, to give back, *etc.*

2   Conjunct verbs that involve करना are transitive verbs, yet many have intransitive counterparts that are formed with the verb होना instead of करना. English does not always distinguish between transitive and intransitive counterparts therefore the translations of some counterparts may be the same:

Transitive with करना	Intransitive with होना
शुरू करना (*to start*)	शुरू होना (*to start/to be started*)
वह अपना काम दस बजे शुरू करती है। (*She starts her work at 10 o'clock.*)	स्कूल नौ बजे शुरू होता है। (*School starts at nine o'clock.*)
बंद करना (*to close*)	बंद होना (*to close/to be closed*)
उसने दरवाज़ा बंद किया। (*She/He closed the door.*)	हवा से दरवाज़ा बंद हुआ। (*The door closed in the wind.*)
इकट्ठा करना (*to collect*)	इकट्ठा होना (*to gather*)
उसने ग़रीबों के लिए पैसे इकट्ठे किए। (*She/He collected money for the poor.*)	लोग बैंक के बाहर इकट्ठे हुए। (*People gathered outside the bank.*)

 As English doesn't always distinguish between transitive and intransitive counterparts, knowing whether to use करना *or* होना *in a conjunct verb can sometimes be tricky. It might be helpful to think of conjuncts involving* करना *as actions that are <u>done</u> by someone, and conjuncts involving* होना *as actions that <u>happen</u>:*

Transitive with करना	Intransitive with होना
इंतज़ाम करना (*to arrange*)	इंतज़ाम होना (*to be arranged*)
हमारे दोस्त टैक्सी का इंतज़ाम कर रहे हैं। (*Our friends are arranging a taxi.*)	टैक्सी का इंतज़ाम हो रहा है। (*The taxi is being arranged.*)

3 A number of conjunct verbs that are formed with a noun often require the possessive particle का or की in the construction when an object is involved:

माँ ने बहुत देर तक इंतज़ार किया। (*Mum waited a long time.*)

माँ ने बहुत देर तक बस <u>का</u> इंतज़ार किया। (*Mum waited <u>for</u> the bus a long time.*)

4 The choice of whether to use का or की depends on the gender of the noun involved:

Masculine noun	Conjunct verb
इस्तेमाल (*use*), (*usage*)	(का) इस्तेमाल करना (*to use*), (*to make use (of)*)
इंतज़ाम (*arrangement*)	(का) इंतज़ाम करना (*to arrange*), (*to make arrangements (for)*)
इंतज़ार (*waiting*), (*expecting*)	(का) इंतज़ार करना (*to wait (for)*)

Feminine noun	Conjunct verb
कोशिश (*try*), (*attempt*)	(की) कोशिश करना (*to try*), (*to make an attempt (to)*)
मदद (*help*), (*assistance*)	(की) मदद करना (*to help*)
तलाश (*search*)	(की) तलाश करना (*to look (for)*)

Dictionaries list conjunct verbs under the noun or adjective that forms the first part of the conjunct verb.

5 When का or की follows a pronoun, the का or की is omitted and the possessive form of the pronoun is used:

उस ने <u>हमारी</u> मदद नहीं की, और <u>हमारा</u> इंतज़ार भी नहीं किया।

(*She/He didn't help us, and didn't even wait for us.*)

6 In perfective tenses, conjunct verbs involving करना take the ने particle. In this case, if the conjunct is formed with a noun, करना agrees with the noun. If the conjunct is formed with an adjective, करना agrees with the direct object:

तुम ने बच्चों का <u>इंतज़ार</u> नहीं किया। (*You didn't wait for the children.*)

हम ने काम जल्दी करने की <u>कोशिश</u> की। (*We tried to do the work quickly.*)

लड़की ने अपनी मोटर साइकिल <u>साफ़</u> की और उसके भाई ने अपने दांत <u>साफ़</u> किए।

(*The girl cleaned her motor bike and her brother cleaned his teeth.*)

Bear in mind that when you use ने, if the direct object is marked by the postposition को, then the verb defaults to the masculine singular form, e.g. मैंने अपनी गाड़ी को साफ़ किया। (I cleaned my car.).

7   The conjunct verb शुरू करना *to start* is an exception because in perfective tenses करना doesn't agree with the masculine noun शुरू *beginning,* but with the logical direct object, the feminine noun क्लास in this example:

अध्यापक ने क्लास देर से शुरू की । (*The teacher started the class late.*)

H   Match the sentence halves with the correct conjunct verb to form a full sentence.

1	हर सुबह दादी जी मंदिर में बैठकर	a	प्यार करते हैं।
2	फ़िल्म नौ बजे शुरू हुई और बारह बजे के बाद	b	प्रार्थना करती हैं।
3	बच्चे अपने नए कुत्ते से बहुत	c	इकट्ठे होते हैं।
4	हमारे परिवार के सदस्य हर शनिवार चाचा जी के घर पर	d	क्षमा कीजिए।
5	मैंने काफ़ी देर तक बस स्टॉप पर बस की	e	ख़त्म हुई।
6	रास्ते में जाम था इसलिए मुझे देर हो गई। मुझे	f	प्रतीक्षा की।

8   Conjunct verbs can be formed with other verbs apart from करना and होना. Examples involving देना *to give* include दिखाई देना *to be visible, to appear* and सुनाई देना *to be audible.* These conjunct verbs don't take ने in perfective tenses, and the verb देना agrees with the thing being seen or heard.

अंधेरे में मुझे घर का रास्ता बिलकुल दिखाई नहीं दिया । (*In the darkness I couldn't see the way home at all.*)

सड़क पर इतना शोर था लेकिन फिर भी मुझे फ़ोन की घंटी सुनाई दी । (*There was so much noise in the street but I could still hear the phone ring.*)

9   English loanwords can be used as the first element of a conjunct verb, particularly for concepts that involve new technologies, but in other situations too, such as फ़ोन करना *to phone,* स्की करना *to ski,* गूगल करना *to google* and क्लिक करना *to click.*

उस ने ट्रैवल एजेंसी को फ़ोन किया टिकट बुक करने के लिए । (*She/He phoned the travel agency to book a ticket.*)

मैंने फ़ोन नहीं उठाया क्योंकि मैं स्की कर रहा था । (*I didn't answer the phone as I was skiing.*)

मैंने रेस्टोरेंट का नाम गूगल किया, लेकिन जब मैंने लिंक पर क्लिक किया कुछ नहीं हुआ । (*I googled the name of the restaurant, but when I clicked on the link nothing happened.*)

10 Many conjunct verbs have equivalents that are not conjunct verbs, which is somewhat similar to the English *to give back/to return.*

मैंने अब तक लाइब्रेरी को किताबें वापस नहीं कीं / मैंने अब तक लाइब्रेरी को किताबें नहीं लौटाईं।
(*I haven't given the books back to the library yet/haven't returned the books to the library yet.*)

 # Reading

I **Read the first part of the email and answer the question.**

1 आगरा और वाराणसी जाने के ख़ास मक़सद क्या होते हैं?

प्रेषक:	कृष्ण
प्रति:	शिवानी
विषय:	जॉन की यात्रा

प्रिय शिवानी, कैसी हो? मेरा एक अच्छा दोस्त जॉन मुझसे मिलने भारत आया है, और यह उसकी पहली भारत यात्रा है। लेकिन उस के पास केवल एक हफ़्ते का समय है। उस ने मुझसे कहा कि भारत आने से पहले उसके मन में दो जगहें थीं जो वह ज़रूर देखना चाहता था। एक जगह आगरा थी और दूसरी जगह वाराणसी।

शायद तुम जानती हो, गंगा नदी पर स्थित वाराणसी न सिर्फ़ पर्यटकों को आकर्षित करता है, बल्कि बड़ी संख्या में हिन्दू भक्त भी वहाँ मंदिरों में पूजा करने के लिए और गंगा नदी में स्नान करने के लिए जाते हैं। आगरा भी एक नदी पर स्थित है, जिसका नाम यमुना नदी है, और पर्यटक आगरा ख़ासकर मशहूर इमारत ताज महल देखने के लिए जाते हैं।

J **Now, read the rest of the email and then decide if the statements are सही या ग़लत (*true or false*). Correct the false statements.**

प्रेषक:	कृष्ण
प्रति:	शिवानी
विषय:	जॉन की यात्रा

कल हम ने आगरे का डे-ट्रिप किया। हमारा सफ़र सुबह-सुबह दिल्ली के हज़रत निज़ामुद्दीन रेलवे स्टेशन से शुरू हुआ। लगभग दो घंटे के बाद हम आगरे पहुँच गए। आगरे के रेलवे स्टेशन से हम ने टैक्सी का इंतज़ाम किया और हम सीधे ताज महल चले गए। सफ़ेद पत्थर का बना हुआ ताज महल वाक़ई एक ख़ूबसूरत इमारत है। तुम जानती ही होगी कि यह एक मक़बरा है जिसका निर्माण मुग़ल बादशाह शाहजहाँ ने अपनी रानी मुमताज़ की याद में किया था। ताज महल देखकर जॉन बहुत ख़ुश हुआ। मैं तो इसे कई बार देख चुका हूँ, लेकिन मैं हर बार इसकी ख़ूबसूरती को देखता रह जाता हूँ। थोड़ी देर बाद हमें भूख लगने लगी इसलिए हम ने एक पासवाले होटल में भोजन किया। खाने के बाद हम यमुना नदी पार करके महताब बाग़ गए। महताब बाग़ एक छोटा सुन्दर बाग़ है जहाँ कम पर्यटक होते हैं। हम ने सुना था कि यहाँ से ताज महल का नज़ारा अद्भुत होता है, और यह बात वाक़ई सच साबित भी हुई। वापस जाने के लिए हमारी रेल गाड़ी का समय हो रहा था इसलिए हम स्टेशन की तरफ़ चल पड़े, और शाम तक हम दिल्ली पहुँच गए। कुल मिलाकर यह डे-ट्रिप बहुत अच्छा रहा। अच्छा, कल फिर लिखूँगा। तुम्हारा कृष्ण।

1	जॉन और कृष्ण ने दिल्ली में अपना सफ़र शुरू किया।	सही / ग़लत
2	दिल्ली से आगरे तक जाने के लिए कृष्ण ने टैक्सी का इंतज़ाम किया।	सही / ग़लत
3	शाहजहाँ ने अपने ख़ुद के लिए ताज महल का निर्माण किया था।	सही / ग़लत
4	कृष्ण ताज महल को कई बार देख चुका है।	सही / ग़लत
5	भोजन करके इन दोनों ने महताब बाग़ जाने के लिए यमुना नदी को पार किया।	सही / ग़लत

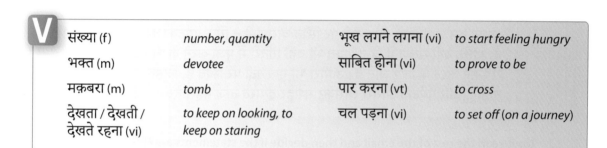

V				
संख्या (f)	number, quantity	भूख लगने लगना (vi)	to start feeling hungry
भक्त (m)	devotee	साबित होना (vi)	to prove to be
मक़बरा (m)	tomb	पार करना (vt)	to cross
देखता / देखती / देखते रहना (vi)	to keep on looking, to keep on staring	चल पड़ना (vi)	to set off (on a journey)

Vocabulary

K Find conjunct verbs from the Reading that correspond to the English.

1 to attract _____

2 to bathe _____

3 to worship _____

4 to construct _____

5 to arrange _____

6 to start _____

7 to cross _____

8 to eat _____

Words containing consonants with sub-script dots, such as क़, ख़, ज़ and फ़ tend to be Perso-Arabic loanwords, and those containing क्ष and ण are of Sanskrit origin. Using Perso-Arabic words lends a more colloquial, informal feel to Hindi, compared to a heavily Sanskrtized register which conveys a very formal tone.

L Complete the table using synonyms from the Reading.

Sanskrit loanwords	Perso-Arabic loanwords	Translation
________	वक़्त	*time*
________	________	*journey*
प्रसन्न	________	*happy*
________	________	*only*
द्रश्य	________	*view, scene*
की ओर	________	*towards*
सुन्दरता	________	*beauty*
________	________	*beautiful*

Writing

M Write an email (80–100 words) to a friend describing a day trip in the past. Points to mention could include:

- आप किस के साथ गए / गईं?
- आप कहाँ गए / गईं?
- आप ने क्या किया?

____

____

____

____

____

____

____

____

____

____

Self-check

Tick the box which matches your level of confidence.

1 = very confident   2 = need more practice   3 = not confident

कृपया अपने आत्मविश्वास के स्तर के अनुसार निम्न वर्गों में से एक को चिन्हित करें।

1 = पूर्ण आत्मविश्वास   2 = अभ्यास की आवश्यकता   3 = अल्प आत्मविश्वास

	1	2	3
Use present and past tense forms of the verb *to be*.			
Use conjunct verbs.			
Can understand short emails and letters (CEFR A2).			
Can write personal emails (CEFR A2).			

3 किराये के लिए फ़्लैट।
Flat for rent

In this unit you will learn how to:

✓ Use masculine, feminine, singular and plural nouns.

✓ Use adjectives in descriptions.

✓ Make comparisons.

CEFR: Can find and understand relevant information in everyday material such as advertisements (CEFR B1); Can describe aspects of the immediate environment (CEFR A2).

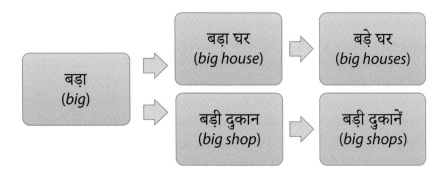

	बड़ा घर (*big house*)	बड़े घर (*big houses*)
बड़ा (*big*)		
	बड़ी दुकान (*big shop*)	बड़ी दुकानें (*big shops*)

Meaning and usage

The definite and indefinite article

1   There is no definite article in Hindi, i.e. there is no word for *the*. For example, बच्चे means *children* or *the children* depending on the context:

बच्चे बग़ीचे में खेल रहे हैं। (*(The) children are playing in the garden.*)

2   There is no indefinite article in Hindi either, i.e. there is no word for *a* or *an*. The word एक *one* can be used to express *a* or *an*:

दुकान में एक औरत है। (*There is a woman in the shop.*)

3   The pronoun कोई can indicate *a* or *some*:

कोई लड़का वहाँ खड़ा था। (*A/some boy was standing there.*)

 A **Translate the passage. Pay particular attention to when you might use *the, a, an* or *some*.**

यह मेरा घर है। घर में दो कमरे हैं। बड़े कमरे के एक कोने में मेज़ है, और उस पर टी.वी. है। छोटे कमरे में खिड़की है। बाहर देखिए। बग़ीचे में कोई आदमी है। आदमी मेरे पिता जी हैं।

Nouns

1   All nouns in Hindi have a gender: masculine (m) or feminine (f). There are no exact rules about which noun has which gender so when a new word is learnt, its gender must also be learnt. General guidelines exist, but there are many exceptions.

Knowing the gender of nouns is important as it affects many features within a sentence, including agreement patterns with verbs and adjectives, as well as how the noun itself might change when it is in the plural form or in the oblique case.

2   The gender of nouns referring to people and animals is generally the same as their physical gender. Hence आदमी *man*, बेटा *son* and शेर *lion* are masculine, and औरत *woman*, बेटी *daughter* and शेरनी *lioness* are feminine. However, in the case of animals there are exceptions, e.g. चीता *cheetah, panther* refers to the animal whether it is male or female.

3   Most nouns ending in -आ are masculine, such as कमरा *room*, दरवाज़ा *door* and कपड़ा *cloth,* yet there are many exceptions which are feminine including माता *mother*, हवा *wind,* भाषा *language* and रक्षा *protection*.

4   Most nouns ending in -ई are feminine, such as कुर्सी *chair*, कहानी *story* and टोपी *hat*. However, common exceptions include आदमी *man*, पानी *water* and पड़ोसी *male neighbour*.

5   Abstract nouns that end in -ता are feminine, e.g. सुन्दरता *beauty*, एकता *unity*, विनम्रता *humility, politeness* and स्वतंत्रता *freedom, independence*.

6   Masculine nouns referring to a male person can be changed into feminine nouns and used for referring to a female person by using an appropriate feminine pronoun or adjective. For example, मेरा अच्छा दोस्त (*my good (male) friend*) and मेरी अच्छी दोस्त (*my good (female) friend*).

When learning new nouns, try attaching an adjective or pronoun to the noun to help you remember the gender of the noun. For example, छोटी किताब small book or मेरी किताब my book to illustrate a feminine noun, and छोटा कमरा small room or मेरा कमरा my room to illustrate a masculine noun.

7   Hindi has two types of masculine nouns and two types of feminine nouns. These can be referred to as Type 1 and Type 2 masculine nouns, and Type 1 and Type 2 feminine nouns. Typically, masculine nouns that end in the -आ vowel are masculine Type 1. Masculine nouns that don't end in -आ are masculine Type 2. Feminine nouns that end in -ई, -इ or -इया are feminine Type 1, and feminine nouns that do not end in -ई, -इ or -इया are feminine Type 2.

Masculine nouns		Feminine nouns	
Type 1	**Type 2**	**Type 1**	**Type 2**
End in the vowel -आ	*Do not* end in the vowel -आ	End in -ई, -इ or -इया	*Do not* end in -ई, -इ or -इया
लड़का (*boy*)	आदमी (*man*)	लड़की (*girl*)	औरत (*woman*)
बेटा (*son*)	घर (*house/home*)	बेटी (*daughter*)	मेज़ (*table*)
कमरा (*room*)	स्कूल (*school*)	कुर्सी (*chair*)	किताब (*book*)

Bear in mind that there are masculine nouns ending in -ई and feminine nouns that end in -आ, i.e. not all nouns that end in -आ are masculine and not all nouns that end in -इ, -ई or -इया are feminine.

B Complete the chart with the nouns in the box. Use a dictionary to check meanings and genders.

कमरा / झोंपड़ी / मकान / सड़क / शहर / दुकान / छत / दफ़्तर / दीवार / पानी / खिड़की / दरवाज़ा

Masculine		Feminine	
Type 1	Type 2	Type 1	Type 2
कमरा (room)		*झोंपड़ी* (hut, shed)	

How to form the plurals of nouns

1 The plural of a noun is formed depending on which type of noun it is, i.e. masculine/feminine or Type 1/ Type 2.

 C Identify the pattern in forming plurals for Type 1 and Type 2 masculine and feminine nouns. Then, complete the missing plural forms.

Masculine Type 1		Masculine Type 2	
कमरा (room)	कमरे (rooms)	घर (home)	घर (homes)
बंगला (bungalow)	बंगले (bungalows)	मकान (house)	मकान (houses)
पर्दा (curtain)	पर्दे (curtains)	पलंग (bed)	पलंग (beds)
दरवाज़ा (door)	1 _____ (doors)	पुल (bridge)	3 _____ (bridges)
बाग़ीचा (garden)	2 _____ (gardens)	मंदिर (temple)	4 _____ (temple)
Feminine Type 1		**Feminine Type 2**	
कुर्सी (chair)	कुर्सियाँ (chairs)	सड़क (street)	सड़कें (streets)
खिड़की (window)	खिड़कियाँ (windows)	दीवार (wall)	दीवारें (walls)
बाल्टी (bucket)	बाल्टियाँ (buckets)	मेज़ (table)	मेज़ें (tables)
चाबी (key)	5 _____ (keys)	चादर (sheet)	7 _____ (sheets)
बत्ती (light)	6 _____ (lights)	बोतल (bottle)	8 _____ (bottles)

In English, the plural of nouns is formed in many different ways. Consider the English plurals of these words: boy, man, child, knife, baby, foot, cactus and sheep. In comparison, Hindi forms plurals in just <u>four</u> *different ways.*

2   The chart summarizes the formation of plurals of nouns in Hindi:

Masculine	Singular	Plural
Type 1	nouns ending in -आ	change to -ए
	एक लड़का (one boy)	दो लड़के (two boys)
	एक कमरा (one room)	दो कमरे (two rooms)
Type 2	nouns that do not end in -आ	no change
	एक आदमी (one man)	दो आदमी (two men)
	एक पेड़ (one tree)	दो पेड़ (two trees)

Feminine	Singular	Plural
Type 1	nouns ending in -ई, -इ or -इया	change to -इयाँ
	एक लड़की (one girl)	दो लड़कियाँ (two girls)
	एक चिड़िया (one bird)	दो चिड़ियाँ (two birds)
Type 2	nouns that do not end in -ई, -इ or -इया	change to -एँ
	एक औरत (one woman)	दो औरतें (two women)
	एक दुकान (one shop)	दो दुकानें (two shops)

3   A few Type 1 masculine nouns do not change in the plural. These include words such as पिता *father*, दादा *grandfather*, चाचा *uncle*, राजा *king* and देवता *god*.

4   Type 2 feminine nouns ending in -ऊ shorten this to -उ before adding the plural ending -एँ as with झाड़ू *broom* / झाड़ुएँ *brooms*, and बहू *daughter-in-law* / बहुएँ *daughters-in-law*.

D   **Complete the correct singular or plural form of the nouns in brackets.**

1   एक _____ (अलमारी) (f) (*one cupboard*)

2   दो _____ (रसोईघर) (m) (*two kitchens*)

3   तीन _____ (खिड़की) (f) (*three windows*)

4   चार _____ (मकान) (m) (*four houses*)

5   पाँच _____ (दरवाज़ा) (m) (*five doors*)

6   छै _____ (तस्वीर) (f) (*six pictures*)

7   सात _____ (दीवार) (f) (*seven walls*)

8   आठ _____ (बिल्ली) (f) (*eight cats*)

9   नौ _____ (दफ़्तर) (m) (*nine offices*)

10 दस _____ (कुत्ता) (m) (*ten dogs*)

Meaning and usage

Adjectives

1   Adjectives are words like बड़ा *big*, ख़ुश *happy* and लाल *red*, which describe a noun or pronoun and, as in English, they are generally used with a noun or as a complement of the verb:

लाल कुर्सी कहाँ है? (*Where is the red chair?*)

हम बहुत ख़ुश हैं। (*We are very happy.*)

2   As in English, adjectives come either before the noun (attributive position) or after the noun (predicative position). This does not affect the meaning, but simply affects the way the information is being presented:

यह बड़ा कमरा है। (*This is a big room.*) vs. यह कमरा बड़ा है। (*This room is big.*)

3   Repeating an adjective can have the effect of intensifying its meaning:

अमीर लोग बड़े-बड़े घरों में रहते हैं। (*Rich people live in great big houses.*)

मुझे गरम-गरम चाय पीना अच्छा लगता है। (*I like drinking piping hot tea.*)

4   Repeating an adjective of quantity or a number gives the sense of an equal distribution:

आप सब थोड़ी-थोड़ी चाय पी लें। (*Each of you have a little tea.*)

हर कमरे में दो-दो पंखे लगे हुए हैं। (*Every room has two fans fitted.*)

Agreement of adjectives

1   There are two types of adjective in Hindi, those that end in -आ (known as *inflecting* adjectives) and those that don't end in -आ (known as *invariable* adjectives):

Inflecting adjectives i.e. ending in -आ	Invariable adjectives i.e. not ending -आ
बड़ा *big*	ठीक *fine*
छोटा *small*	लाल *red*
अच्छा *good*	ख़ुश *happy*

2   Inflecting adjectives have to 'agree' in gender and number with the noun they refer to. In other words, the ending of the adjective changes depending on whether the noun it refers to is masculine, feminine, singular or plural. Invariable adjectives never change.

3   Changes to the endings of inflecting adjectives are summarized in the chart:

	Singular	Plural
Masculine	-आ	-ए
Feminine	-ई	-ई

E Complete the chart to show how the inflecting adjectives बड़ा *big* and छोटा *small* agree with nouns.

	Singular		Plural	
Masculine	_____ दरवाज़ा	*big door*	बड़े दरवाज़े	*big doors*
	छोटा दरवाज़ा	*small door*	_____ दरवाज़े	*small doors*
Feminine	बड़ी खिड़की	*big window*	_____ खिड़कियाँ	*big windows*
	_____ खिड़की	*small window*	_____ खिड़कियाँ	*small windows*

> *As always, there are exceptions. Certain adjectives ending in -आ behave like invariable adjectives, i.e. they do not change their endings to agree with their nouns. Examples include ज़िंदा alive, बढ़िया excellent, शादीशुदा married and ज़्यादा more.*

4 When referring to two or more inanimate objects, an inflecting adjective agrees with the closest noun:

दरवाज़े और खिड़कियाँ <u>खुली</u> हैं । (*The doors and windows are <u>open</u>.*)

5 When referring to two or more people, an adjective will be in the masculine plural form:

राजू और मीना <u>अच्छे</u> हैं । (*Raju and Meena are <u>fine</u>.*)

F Identify whether the adjectives in the phrases are inflecting or invariable. Then, identify the gender and number of the noun they agree with.

		Inflecting or invariable adjective	Gender and number of the noun the adjective agrees with.
1	सस्ता मकान	Inflecting	Masculine singular
2	अच्छी जगह		
3	ये मेजें साफ़ हैं		
4	नयी कुर्सियाँ और पलंग		
5	बढ़िया तस्वीरें		
6	शरारती बच्चे		

6 The suffix -सा can be added to most adjectives. It can have the effect of softening the sense of the adjective, conveying the sense of *-ish*. However, when added to adjectives of size or quantity -सा intensifies the adjective, and conveys a sense of *quite* or *rather*. -सा agrees with the noun, therefore has the same endings as an inflecting adjective, -सा, -सी and -से:

मंदिर के सामने एक लाल-सी गाड़ी खड़ी है । (*There is a reddish car parked opposite the temple.*)

वह एक बड़े-से घर में रहती है । (*She lives in quite a big house.*)

 The suffix -से is not always written with a hyphen, so be careful not to confuse it with the postposition से which can mean than, from, since, by, etc.

G Transform the singular phrases into plural phrases.

Singular	Plural

1 खुला दरवाज़ा (*open door*) खुले दरवाज़े (*open doors*)

2 नया-सा मकान (*new-ish house*) _____ (*new-ish houses*)

3 दूसरी जगह (*the other place*) _____ (*other places*)

4 लाल फूल (*red flower*) _____ (*red flowers*)

5 मेरा सुन्दर बाग़ीचा (*my beautiful garden*) _____ (*my beautiful gardens*)

6 हमारी सस्ती-सी गाड़ी (*our cheap-ish car*) _____ (*our cheap-ish cars*)

7 यह बड़ा ख़ाली कमरा (*this big empty room*) _____ (*these big empty rooms*)

Making comparisons with adjectives

1 In English, we form the comparative and superlative with suffixes *-er* or *-est* as in *smaller* and *smallest*, or with the words *more* or *most*, as in *more difficult* and *most difficult*. Hindi has no suffixes equivalent to *-er* or *-est*, therefore forms the comparative and superlative in other ways.

H Read the sentences and identify the words used to form the comparative and superlative. Then complete the chart.

हमारा घर बड़ा है। आपका घर ज़्यादा बड़ा है। उनका घर सबसे बड़ा है। (*Our house is big. Your house is bigger. Their house is the biggest.*)

यह कमरा छोटा है, वह कमरा ज़्यादा छोटा है, लेकिन मेरा कमरा सबसे छोटा है। (*This room is small, that room is smaller, but my room is the smallest.*)

लोधी गार्डन शहर का सबसे सुन्दर बाग़ है। (*Lodhi Gardens is the city's most beautiful park.*)

यह काम मुश्किल है, लेकिन आपका काम ज़्यादा मुश्किल है। (*This work is difficult, but your work is more difficult.*)

राजू क्लास का सबसे होशियार विद्यार्थी है। (*Raju is the cleverest student of the class.*)

	Adjective	Comparative	Superlative
1	बड़ा *big*	_____ *bigger*	_____ *biggest*
2	छोटा *small*	_____ *smaller*	_____ *smallest*
3	सुन्दर *beautiful*	ज़्यादा सुन्दर *most beautiful*	_____ *most beautiful*
4	मुश्किल *difficult*	_____ *more difficult*	सबसे मुश्किल *most difficult*
5	होशियार *clever*	ज़्यादा होशियार *cleverer*	_____ *cleverest*

2 The words ज़्यादा *more* and सबसे *than all* are used when forming the comparative and superlative in Hindi. In comparative statements और *more* can be used instead of ज़्यादा:

यह इमारत ज़्यादा ऊँची है। or यह इमारत और ऊँची है। (*This building is taller/higher.*)

3 When comparing two things with each other Hindi uses the postposition से *than* after the object or person being compared. Consider the two phrases:

मुम्बई ज़्यादा बड़ा है (*Mumbai is bigger*)

गोवा से (*than Goa*)

Combining the two phrases to form one sentence gives us:

मुम्बई गोवा से ज़्यादा बड़ा है । (*Mumbai is bigger <u>than Goa</u>.*)

In comparison statements, the object being compared is followed by the postposition से, therefore it takes the oblique case.

4 In sentences comparing two things with each other ज़्यादा (or और) can be left out making no difference to the meaning. The chart illustrates the word order:

Subject	Object being compared	से	ज़्यादा (optional)	Adjective	Verb
मुम्बई	गोवा	से	ज़्यादा	बड़ा	है ।
(Mumbai is bigger than Goa.)					
यह गाड़ी	उस गाड़ी	से	ज़्यादा	महँगी	थी ।
(This car was more expensive than that car.)					

5 When comparing quantities or numbers, ज़्यादा *more* or कम *less* can be used after से:

मेरी उम्र आप की उम्र से ज़्यादा है । (*My age is more (greater) than your age.*)

मेरे घर का किराया आपके घर के किराये से कम है । (*My rent is less than your rent.*)

In Hindi, when comparing possessions, it's not possible to make statements like My room is smaller than yours. *The word* room *(or whatever is being compared) has to be mentioned twice in the sentence, i.e.* My room is smaller than your room.

I **Read the paragraph and decide if the statements are सही या ग़लत (*true or false*).**

सीता, गीता और रीटा तीन सहेलियाँ हैं । सीता की उम्र बीस है, गीता की बाईस है, और रीटा की पच्चीस साल है । वे तीनों कोलकत्ता में रहती हैं । सीता का घर गीता के घर से छोटा है, लेकिन रीटा का घर सबसे छोटा है । हालाँकि रीटा के घर का किराया सीता के घर के किराये से ज़्यादा है ।

1	सीता सब से छोटी है ।	सही / ग़लत
2	गीता रीटा से छोटी है ।	सही / ग़लत
3	गीता का घर सब से बड़ा है ।	सही / ग़लत
4	सीता का घर रीटा के घर से बड़ा है ।	सही / ग़लत
5	रीटा के घर का किराया सीता के घर के किराये से कम है ।	सही / ग़लत

Vocabulary

J   Choose the correct opposite adjectives in the box.

ख़ूबसूरत / छोटा / नया / गंदा / ख़ास / शानदार / ख़तरनाक / अच्छा / लंबा / महँगा

1   पुराना   *नया*
2   सस्ता   _____
3   बड़ा   _____
4   साफ़   _____
5   आम   _____
6   बुरा   _____
7   बदसूरत   _____
8   सुरक्षित   _____

K   Match each colour with its correct meaning, and identify whether it is an inflecting or an invariable adjective.

1   सफ़ेद   **a** *green*   (inflecting / invariable)
2   काला   **b** *red*   (inflecting / invariable)
3   नीला   **c** *black*   (inflecting / invariable)
4   पीला   **d** *yellow*   (inflecting / invariable)
5   लाल   **e** *white*   (inflecting / invariable)
6   हरा   **f** *pink*   (inflecting / invariable)
7   गुलाबी   **g** *blue*   (inflecting / invariable)

L   Complete the chart using the house and garden items in the box. Use a dictionary to help.

शीशा / बर्तन / फूल / नल / चाक़ू / चादर / पेड़ / पौधा / कम्बल / चूल्हा / गमला / पलंग / थाली / मच्छरदानी

सोने का कमरा *bedroom*	रसोई *kitchen*	बाग़ीचा *garden*
शीशा (mirror)	*बर्तन* (utensil)	

M   Think of some more house and garden items to add to the chart.

Reading

N Read the first part of an advert for a house for rent and answer the questions.

1 रसोई में क्या-क्या सुविधाएँ उपलब्ध हैं?

____

2 दूसरी मंज़िल पर कितने सोने के कमरे हैं, और उन में विशेष अन्तर क्या है?

____

किराए के लिए उपलब्ध मकान

यमुना कॉलोनी के बी ब्लॉक में दुमंज़िला फ़्लैट किराए के लिए उपलब्ध है। फ़्लैट में एक बड़ी, खुली बैठक, रसोई, और सोने के तीन कमरे हैं । सोने के तीनों कमरों में अटेच बाथरूम और टॉयलेट है। रसोई की दीवारों पर बड़ी अलमारियाँ लगी हुई हैं। इस के साथ ही रसोई में चूल्हा और फ्रिज भी उपलब्ध हैं। पानी के लिए मोटर भी लगी हुई है। नौकर का कमरा अलग है। दूसरी मंज़िल पर तीन सोने के कमरे हैं, जिनमें से दो बड़े हैं और एक छोटा। दोनों बड़े कमरों में दो-दो बड़ी खिड़कियाँ हैं। छोटे कमरे में एक खिड़की है, और सभी कमरों में ए.सी. लगा हुआ है। कमरों की दीवारें सफ़ेद रंग की हैं और सभी खिड़कियों पर पर्दे लगे हुए हैं।

O Read the next part of the advert and then answer the questions.

बाहर, इमारत के पीछे एक सुन्दर बाग़ है। बाग़ में लंबे-लंबे पेड़ हैं और तरह-तरह के फूल लगे हुए हैं। यह बाग़ बच्चों के खेलने के लिए या बड़ों के मॉर्निंग वॉक के लिए उपयुक्त है। पास ही में, केवल पाँच मिनट पैदल जाने पर आम ज़रूरतों की एक छोटी-सी दुकान है। दूसरी बड़ी दुकानें भी ज़्यादा दूर नहीं हैं। बहुत ही नज़दीक एक स्कूल भी है। बाक़ी सुविधाएँ, जैसे कि अस्पताल, सिनेमा और मेट्रो स्टेशन गाड़ी से दस या पंद्रह मिनट की दूरी पर ही स्थित हैं। हमारे विचार में यह एक बढ़िया घर है जो एक छोटे परिवार के लिए उपयुक्त रहेगा। अधिक जानकारी के लिए या तो हमें ९८७९३६२९६ फ़ोन पर संपर्क करें या ई-मेल पर।

1 इमारत के पीछे कैसा बाग़ है और वह किस मक़सद के लिए अच्छा है?

____

2 दुकानें कहाँ-कहाँ मिलेंगी?

____

3 बाक़ी सुविधाओं तक पहुँचने में कितना समय लगेगा?

____

4   फ़्लैट किस के लिए अच्छा रहेगा?

_____

5   ज़्यादा जानकारी कहाँ से मिल सकती है?

_____

V		
उपलब्ध (adj)	*available*	
दुमंज़िला (inv adj)	*two-storey*	
लगा हुआ (adj)	*attached, fitted*	
सुविधा (f)	*convenience, facility*	
उपयुक्त (adv)	*suitable, appropriate*	
ज़रूरत (f)	*need, necessity*	
या तो... या	*either... or*	
संपर्क करना (vt)	*to contact*	

✏ Writing

P **You are looking for a new flatmate or roommate. Write an advert (80–100 words) describing the property and/or room available. Points to mention could include:**

► फ़्लैट या कमरा कहाँ है।

► कितने कमरे और बाथरूम हैं।

► रसोई में कैसी सुविधाएँ हैं।

► पास में कौनसी सुविधाएँ उपलब्ध हैं।

► फ़्लैट किस के लिए अच्छा रहेगा।

► ज़्यादा जानकारी कहाँ से मिल सकती है।

_____

_____

_____

_____

_____

_____

_____

_____

_____

Self-check

Tick the box which matches your level of confidence.

1 = very confident   2 = need more practice   3 = not confident

कृपया अपने आत्मविश्वास के स्तर के अनुसार निम्न वर्गों में से एक को चिन्हित करें।

1 = पूर्ण आत्मविश्वास   2 = अभ्यास की आवश्यकता   3 = अल्प आत्मविश्वास

	1	2	3
Use masculine, feminine, singular and plural nouns.			
Use adjectives in descriptions.			
Make comparisons.			
Can find and understand relevant information in everyday material such as advertisements (CEFR B1).			
Can describe aspects of the immediate environment (CEFR A2).			

4 हमारा परिवार।

Our family

In this unit you will learn how to:

- Use postpositions and the oblique case.
- Express possession using का *of*.
- Express 'having'.

CEFR: Can read factual texts with a satisfactory level of comprehension (CEFR B1); Can describe and write about family (CEFR A2).

Having	Family members	मेरा एक भाई हैं। (*I have a brother.*)
	Parts of the body	मेरे लंबे बाल हैं। (*I have long hair.*)
	Immovable objects	मेरे दो घर हैं। (*I have two homes.*)
	General belongings	मेरे पास नया कम्प्यूटर है। (*I have a new computer.*)
	An illness	मुझे बुखार है। (*I have a fever.*)
	'Containing'	घर में चार कमरे हैं। (*The house has four rooms.*)

Meaning and usage

Postpositions

1 In English, words like *in, on, towards* and *after* are known as prepositions. They relate to nouns (and noun-phrases) and pronouns, and have a number of functions. For example, they can indicate location in the house, direction towards the station, a point in time after lunch, as well as other uses. In Hindi, instead of prepositions, there are postpositions:

कल मेरी दादी लन्दन से पहुँचीं। (*Yesterday my grandmother arrived from London.*)

आज वे मेरे साथ हैं। (*Today she is with me.*)

कुल मिलाकर मेरे परिवार में चार लोग हैं। (*Altogether there are four people in my family.*)

A Find the Hindi phrases in 1 that match the English in the chart.

1		*from London*
2		*with me*
3		*in my family*

Simple postpositions

2 These five postpositions are known as simple postpositions:

में *in* पर *on* से *from, with, by, than, since* तक *until, as far as, by* को *to, at (and other meanings)*

B Match the Hindi with the correct meanings.

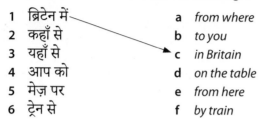

1	ब्रिटेन में → c	a	*from where*
2	कहाँ से	b	*to you*
3	यहाँ से	c	*in Britain*
4	आप को	d	*on the table*
5	मेज़ पर	e	*from here*
6	ट्रेन से	f	*by train*

C Complete the sentences using a postpositional phrase in the box.

माँ से / बहिन को / बस से / दीवार पर / घर में / कल तक

1 आपके __________ कितने लोग रहते हैं?

2 __________ पैसे मत लो।

3 यह किताब अपनी __________ दे दो।

4 __________ मैं आप को ई-मेल भेज दूँगी।

5 बच्चे __________ स्कूल जाते हैं।

6 हमारे परिवार की तस्वीर __________ लगी हुई है।

Compound postpositions

1 Postpositions that are made up of more than one word are known as compound postpositions. They usually begin with के, e.g. के पास *near*, के साथ *with*, के लिए *for* and के बारे में *about, in regards to*:

मैं अपने दोस्तों <u>के साथ</u> बाहर जा रही हूँ। (*I'm going out <u>with</u> my friends.*)

खाने <u>के बाद</u> हम फ़िल्म देखेंगे। (*<u>After</u> dinner, we'll watch a film.*)

2 Several common compound postpositions that don't begin with के include की तरफ़ *towards*, की तरह *like, in the manner of* and से पहले *before*:

आप <u>की तरह</u> मैं भी कुँवारा हूँ। (*<u>Like</u> you, I'm unmarried too.*)

मैं पैंतीस साल की उम्र <u>से पहले</u> शादी नहीं करूँगा। (*I won't get married <u>before</u> the age of thirty-five.*)

D Identify the simple and compound postpositions and complete the chart.

मेरे भाई का जन्म दिन दो दिन के बाद है। मुझे मालूम नहीं कि मैं उस के लिए क्या तोहफ़ा ख़रीदूँ? बाज़ार जाने से पहले मैं भाभी को एक मेसेज भेजूँगी। उनका फ़ोन हमेशा उनके हाथ में रहता है, तो मुझे उम्मीद है कि वे जल्दी ही जवाब देंगी। पिछले साल मैंने अपने पिता को एक घड़ी दी थी। इस साल शायद मैं अपने भाई को भी घड़ी दे सकती हूँ। इस के बारे में आपका क्या विचार है?

Simple postpositions	Compound postpositions
	के बाद (after)

Meaning and usage

The oblique case

1   In Hindi there are two grammatical cases: the oblique case and the direct case.

Oblique case

When a noun or noun-phrase, (a noun along with any pronoun and/or adjective that goes with it) e.g. मेरी छोटी बहिन (*my younger sister*) is followed by a postposition, then the noun or noun-phrase is in the *oblique case*. In the examples, the noun or noun-phrase is <u>underlined</u>, and the postposition is in **bold**.

<u>मेरी छोटी बहिन</u> **के अनुसार** टेनिस सबसे अच्छा खेल है । (*According to my younger sister, tennis is the best sport.*)

वह <u>स्कूल</u> **के बाद** टेनिस खेलने जाती है । (*After school, she goes to play tennis.*)

Direct case

When not followed by a postposition, the oblique case does not take effect so the noun or noun-phrase remains in the *direct case*:

<u>मेरी छोटी बहिन</u> बहुत टेनिस खेलती है । (*My younger sister plays a lot of tennis.*)

वह <u>स्कूल</u> भी बहुत पसंद करती है । (*She likes school a lot too.*)

 E   Find the nouns and noun-phrases in the oblique case, and identify postpositions causing the oblique.

क्या आप मेरे दो भाइयों के बारे में जानते हैं? वे दोनों मुम्बई में काम करते हैं, और वे समंदर के नज़दीक एक छोटे फ़्लैट में रहते हैं। मेरा बड़ा भाई बहुत फ़िल्में देखता है। जब शुक्रवार को नई फ़िल्में रिलीज़ होती हैं, तब वह अपने दोस्तों के साथ सिनेमा जाता है। मेरा छोटा भाई कम फ़िल्में देखता है।

Nouns/noun-phrase in the oblique	Corresponding postposition
1 *मेरे दो भाइयों*	*के बारे में*
2	
3	
4	
5	
6	

How to form the oblique case of nouns, adjectives and possessive pronouns

1   In the oblique case, there are changes to endings of nouns depending on the following:

Singular nouns	Plural nouns
Masculine	
Masculine singular nouns ending in -आ → -ए: कमरा *room* → कमरे में *in the room* Those not ending in -आ do not change in the oblique case, they retain the same form as in the direct case.	All masculine plural nouns → -ओं: कमरे *rooms* → कमरों में *in the rooms* मकान *houses* → मकानों के अंदर *inside the houses* लोग *people* → लोगों के लिए *for the people*
Feminine	
Feminine singular nouns do not change in the oblique case, they retain the same form as in the direct case: कुर्सी *chair* → कुर्सी पर *on the chair*	All feminine plural nouns → -ओं मेज़ें *tables* → मेज़ों के नीचे *under the tables* दीवारें *walls* → दीवारों पर *on the walls*

कुत्ता भूखा है। कुत्ते को कुछ खाना खाने के लिए दो। (*The dog is hungry. Give some food to the dog.*)

बच्चे कहाँ जा रहे हैं? बच्चों के साथ कौन है? (*Where are the children going? Who is with the children?*)

In the oblique plural, nouns that end in the long vowel -ई, shorten the vowel to -इ and add -य, and nouns that end in the long vowel -ऊ, shorten the vowel to -उ:

कुर्सी (chair) → कुर्सियों पर (on the chairs)
हिन्दू (Hindu/Hindus) → हिन्दुओं के लिए (for the Hindus)

2   Masculine singular possessive pronouns and masculine singular inflecting adjectives (i.e. those that end in -आ) change in the oblique case according to the pattern -आ → -ए, e.g. मेरा → मेरे, and छोटा → छोटे:

कल मेरा छोटा भाई आ रहा है। मेरे छोटे भाई के साथ कौन आ रहा है?

(*My younger brother is coming tomorrow. Who's coming with my younger brother?*)

हमारा नया मकान तैयार है। वह हमारे नए मकान में ठहरेगा।

(*Our new house is ready. He'll stay in our new house.*)

3 All other possessive pronouns and adjectives, i.e. masculine plural and both singular and plural feminine possessive pronouns and adjectives retain the same form in the oblique case as in the direct case:

आपके बड़े भाई कहाँ रहते हैं? आपके बड़े भाइयों के साथ कौन रहता है?

(Where do your older brothers live? Who lives with your older brothers?)

वह मेरी छोटी भतीजी है। मेरी छोटी भतीजी की बग़ल में मेरी चाची खड़ी हैं।

(That's my little niece. My aunt is standing next to my little niece.)

In some instances, the direct case plural and oblique case singular may look the same, e.g. बड़े कमरे large rooms *and* बड़े कमरे में in the large room. *The presence of the postposition, in this case* में, *makes the meaning clear and unambiguous. Context may help too. Moreover, any oblique plural noun would end in* -ओं.

F Transform the noun-phrases into the oblique case.

1 मेरा कमरा + में *मेरे कमरे में*
2 ख़ुला दरवाज़ा + के पास ______________
3 आपकी लाल गाड़ी + से ______________
4 छोटा लड़का + के लिए ______________
5 छोटे लड़के + के लिए ______________
6 मेरा होशियार भाई + के लिए ______________

G Match the sentences with the correct meanings.

1 छोटे कमरे में कोई नहीं है।
2 छोटे कमरों में कोई नहीं है।
3 मैंने अपने अज़ीज़ दोस्तों को इ-मेल भेजा।
4 मैंने अपने अज़ीज़ दोस्त को इ-मेल भेजा।
5 आपके बड़े भाई के साथ आपके दादा जी हैं।
6 आपके बड़े भाइयों के साथ आपके दादा जी हैं।

a *Your grandfather is with your older brother.*
b *There's no one in the small rooms.*
c *I sent an email to my dear friend.*
d *There's no one in the small room.*
e *Your grandfather is with your older brothers.*
f *I sent an email to my dear friends.*

H Complete the passage with the correct option.

(1) __________ (हमारा छोटा / हमारे छोटे) परिवार में हम कुल चार लोग हैं, यानी मैं, (2) __________ (मेरा / मेरे) माता-पिता, और मेरा छोटा भाई। कल मेरा एक (3) __________ (पुराना दोस्त / पुराने दोस्त) यहाँ आ रहा है। उसका घर (4) __________ (मेरा घर / मेरे घर) से काफ़ी दूर है। (5) __________ (मेरा दोस्त / मेरे दोस्त) के साथ उसकी पत्नी और दो बच्चे भी होंगे। मैं (6) __________ (उनके दोनों बच्चे / उनके दोनों बच्चों) के लिए कुछ ख़रीदना चाहता हूँ। (7) __________ (मेरा / मेरे) घर के नज़दीक दुकानें हैं, और उन में से दो (8) __________ (दुकानें / दुकानों) में खिलौने मिलते हैं। (9) __________ (मेरा भाई / मेरे भाई) के अनुसार पहली दुकान में चीज़ें ज़्यादा महँगी होती हैं।

Oblique case of personal pronouns

1   When a personal pronoun, मैं, तू, यह and वह, etc. is followed by a simple postposition, में, पर, से, तक or को, the personal pronoun goes into the oblique form:

Direct case form	Oblique case form (when followed by से, को, में, पर or तक)	Example of personal pronoun + से	Example of personal pronoun + को	Alternative form of personal pronoun + को
मैं	मुझ	मुझसे	मुझको	मुझे
तू	तुझ	तुझसे	तुझको	तुझे
यह	इस	इससे	इसको	इसे
वह	उस	उससे	उसको	उसे
हम	हम	हमसे	हमको	हमें
तुम	तुम	तुमसे	तुमको	तुम्हें
आप	आप	आपसे	आपको	No alternative form
ये	इन	इनसे	इनको	इन्हें
वे	उन	उनसे	उनको	उन्हें

You can think of the change from direct case to oblique case to be similar to English pronouns changing after a preposition. After the preposition to, I *changes to* me, *i.e.* to me, *and* he *becomes* him, *i.e.* to him.

2   The alternative forms of the personal pronoun + को are completely interchangeable with the regular form of the personal pronoun + को in all situations, i.e. मुझको = मुझे.

3   There are no alternative forms of the personal pronoun with the other four simple postpositions में, पर, से and तक.

A personal pronoun followed by a simple postposition can be written as one word or separately, e.g. तुझसे *or* तुझ से, मुझको *or* मुझ को.

4   When the pronoun यह, वह, ये or वे is part of a noun-phrase in the oblique, the pronoun will also be in its corresponding oblique form, इस, उस, इन or उन respectively:

यह कमरा + में → इस कमरे में (*In this room.*)

वे लड़के + के लिए → उन लड़कों के लिए (*For those boys.*)

5 When a *personal pronoun*, such as मैं, तू, यह, वह etc., is followed by any compound postposition that starts with के, e.g. के साथ *with*, the masculine plural form of the *possessive pronoun*, मेरे, तेरे, इसके, उसके etc. is used, and the 'के' of the compound postposition is dropped:

Personal pronoun	+ के साथ	Personal pronoun	+ के साथ
मैं	मेरे साथ (*with you*)	हम	हमारे साथ (*with us*)
तू	तेरे साथ (*with me*)	तुम	तुम्हारे साथ (*with you*)
यह	इसके साथ (*with him/her/it*)	आप	आपके साथ (*with you*)
वह	उसके साथ (*with him/her/it*)	ये	इनके साथ (*with them*)
		वे	उनके साथ (*with them*)

चाचा जी हमारे साथ आ रहे हैं। (*Uncle is coming with us.*)

मैं आपके लिए तोहफ़ा लाया हूँ। (*I have brought a gift for you.*)

6 A *personal pronoun* followed by a compound postposition that starts with की, e.g. की तरह *like* or की तरफ़ / की ओर *towards*, uses the feminine form of the relevant *possessive pronoun:*

आपके बच्चे बिलकुल आपकी तरह लगते हैं। (*Your children look exactly like you.*)

पिता जी ने मेरी तरफ़ देखा लेकिन कुछ नहीं बोले। (*Father looked towards me but didn't say anything.*)

The question word कौन who *has the singular oblique form* किस, *which can be useful for forming questions with postpositions, such as* किस को to whom, किस से from whom, किस के लिए for whom *and* किस के साथ with whom. *Bear in mind that* किस *is also the oblique form of* क्या what.

I Answer the questions using the information in brackets.

1 माँ किस के पीछे खड़ी है? (*Behind you*) *वह आपके पीछे खड़ी है।*

2 भाभी जी किस के साथ सिनेमा गईं? (*With us*) ____________________

3 पिता जी किस के बारे में बात कर रहे थे? (*About you*) ____________________

4 मामा जी किस के लिए खाना पका रहे हैं? (*For us*) ____________________

5 बच्चे किस की तरफ़ देख रहे थे? (*Towards me*) ____________________

6 दादा जी कम्प्यूटर का इस्तेमाल कब कर सकते हैं? (*After me*) ____________________

Meaning and usage

Expressing possession using का *of*

1 The possessive particle का can be considered equivalent to apostrophe *-s* or *of* in English:

राम का घर। (*Ram's house/The house of Ram.*)

राम का दोस्त। (*Ram's friend/The friend of Ram.*)

2 का behaves like an inflecting adjective and therefore it has the three forms का, की and के depending on what it is agreeing with:

	Singular	Plural
Masculine	का	के
	लड़की का पिता । (*The girl's father.*)	लड़की के भाई । (*The girl's brothers.*)
Feminine	की	की
	लड़की की माँ । (*The girl's mother.*)	लड़की की बहिनें । (*The girl's sisters.*)

3 का, की and के also act like postpositions, putting the preceding noun or noun-phrase into the oblique case. For example, the noun-phrase यह लड़का *this boy* goes into the masculine singular oblique form इस लड़के when followed by का:

यह लड़का + का पिता → इस लड़के का पिता । (*This boy's father.*)

The particle का has a 'split-personality' in that it behaves like an inflecting adjective, so it will agree with the 'thing possessed', and it behaves like a postposition, therefore the object preceding it will be in the oblique case.

4 Since का behaves like an inflecting adjective, its masculine singular form (का) changes to के when it is in the oblique case, just as the ending of a masculine singular inflecting adjective changes in the oblique case from -आ → -ए, e.g. अच्छा → अच्छे. Therefore, when का is part of a noun-phrase that is followed by a postposition or followed by another का, की or के, it takes the form के:

लड़का + का कमरा → लड़के का कमरा (*The boy's room.*)

लड़का *boy* takes the oblique form लड़के because of का. का is agreeing with कमरा *room*.

लड़के का कमरा + में → लड़के के कमरे में (*In the boy's room.*)

का कमरा takes the oblique form के कमरे because of the postposition में *in*.

J Choose the correct form का, की or के and make any necessary oblique case changes.

1 मेरा दोस्त (का / की / के) बड़ी बेटी डॉक्टर है। *मेरे दोस्त की बड़ी बेटी डॉक्टर है।*

2 माताजी (का / की / के) छोटी दुकान आज बंद है। _____

3 वह औरत (का / की / के) बच्चे कहाँ रहते हैं? _____

4 वे विद्यार्थी (का / की / के) किताबें मेज़ पर पड़ी हैं। _____

5 मेरा बेटा (का / की / के) नया घर (का / की / के) दरवाज़ा लाल है। _____

6 ये छोटे बच्चे (का / की / के) बड़ा भाई (का / की / के) नाम क्या है? _____

K   Match the phrases with the correct meanings.

1   बच्चे का कमरा   a   *In the children's rooms*
2   बच्चों के कमरों में   b   *The child's room*
3   बच्चे के कमरे में   c   *In the children's room*
4   बच्चों के कमरे में   d   *In the child's room*
5   बच्चों का कमरा   e   *The children's rooms*
6   बच्चों के कमरे   f   *The children's room*

Meaning and usage

Expressions for 'having'

1   As there is no verb *to have* in Hindi, when talking about having or 'possessing' siblings or children, or any other family member का, की or के is used along with the verb होना *to be*. का, की or के agrees with the family member, as does the verb होना:

सीमा <u>का</u> एक <u>बेटा</u> है। (*Seema has a son.*)

सीमा <u>की</u> दो <u>बेटियाँ</u> भी <u>हैं</u>। (*Seema has two daughters too.*)

2   In English, in the sentence (*Seema has a brother.*) the proper noun *Seema* can be replaced by the pronoun *she*, giving us the sentence (*She has a brother.*) In Hindi, the noun is replaced by the appropriate possessive pronoun, e.g. मेरा, तेरा, इसका, उसका etc., and then the का, की or के is no longer needed:

उसका एक बेटा है। (*S/he has a son.*)

उसकी दो बेटियाँ भी हैं। (*S/he has two daughters too.*)

3   As well as expressing 'having' siblings or other family members, का, की and के, and the possessive pronouns मेरा, तेरा, इसका, उसका etc., are used when expressing having or possessing large 'immovable' objects such as houses/homes, and also parts of the body:

सीमा के दो घर हैं। (*Seema has two homes.*)

उसकी नीली आँखें हैं। (*S/he has blue eyes.*)

L   Replace the initial noun(s) with the appropriate possessive pronoun.

1   सीमा का एक भाई है।   *उसका एक भाई है।*
2   राजू की दो बहिनें हैं।   _____
3   संगीता के लम्बे बाल हैं।   _____
4   राजू और संगीता का एक बेटा है।   _____
5   राजू और संगीता की एक बेटी भी है। _____
6   बेटी का नाम मीना है।   _____

4 To express possession of items other than family members, houses or body parts, the postposition के पास is used:

मेरी माँ के पास लैपटॉप नहीं है, लेकिन उसके पास टैबलेट है।

(My mother doesn't have a laptop but she has a tablet.)

5 Having an illness can be expressed using a को-construction and the verb होना *to be,* where को follows the person suffering the illness, and the verb agrees with the illness:

बच्चे को ज़ुकाम है। *(The child has a cold.)* उसको बुख़ार भी था। *(S/he also had a fever.)*

6 Certain ailments may involve the use of the postposition में *in:*

मेरे सर/पेट में दर्द हो रहा है। *(I have a head/stomach ache.)*

7 When a place or location has a particular feature the postposition में *in* is used:

शहर में बहुत दुकानें हैं। *(The town has many shops.)*

Having a question is expressed with का, *whereas having an answer uses* के पास.
मेरा एक सवाल है। (I have a question.)
मेरे पास इस सवाल का कोई जवाब नहीं। (I don't have any answer to this question.)

M Complete the sentences with the correct expression for *having*.

1 राजू_____ दो बेटियाँ हैं।
2 राजू_____ दो मोबाइल फ़ोन हैं।
3 राजू_____ दो घर नहीं हैं, सिर्फ़ एक है।
4 राजू के सोने के कमरे _____ दो खिड़कियाँ हैं।
5 राजू_____ लंबी दाढ़ी है।
6 राजू_____ दो दिन से बुख़ार है।

Reading

N Read the first part of the account of Manish's family and answer the questions.

1 क्या मनीष रवि का चाचा है या उसका मामा है?
2 मनीष के परिवार के कौन से सदस्य विदेश में रहते हैं?

मैं मनीष हूँ और मैं आपको अपने परिवार के बारे में कुछ बताना चाहता हूँ। मेरे परिवार में सबसे बड़े मेरे पिता जी और माता जी हैं। पिता जी की उम्र क़रीब साठ साल होगी और उनसे कुछ साल कम माता जी की। हम एक छोटे शहर में रहते हैं। हम तीन भाई और दो बहिनें हैं। एक भाई मुझसे बड़ा है और एक छोटा है। मेरी दोनों बहिनें मुझसे छोटी हैं। एक बहिन अभी पढ़ रही है, और दूसरी शादीशुदा है। वह अपने पति के साथ विदेश में रहती है। उन दोनों का एक छोटा लड़का है जिसका नाम रवि है। रवि बहुत प्यारा है, लेकिन बहुत शरारती भी है। उनका एक पालतू कुत्ता भी है जिसका नाम शेरू है।

O   Now, read the next part of Manish's account and then answer the questions.

पिता जी बड़े दयालु और उदार व्यक्ति हैं। जब मैं छोटा था पिता जी के पास बहुत पैसे नहीं होते थे, लेकिन फिर भी उन्होंने अपने बीवी-बच्चों की सारी ज़रूरतें पूरी करने की कोशिश की। मेरी माता जी बहुत ईमानदार और मेहनती औरत हैं। उन्होंने भी अपने बच्चों की परवरिश में कोई कसर नहीं छोड़ी। पिता जी के दो भाई और तीन बहिनें थीं। उनका सब से बड़ा भाई, यानी मेरे ताऊ जी, का देहांत कई बरस पहले ही हो गया था। मेरी बड़ी बुआ जी भी अब इस दुनिया में नहीं रहीं। लेकिन भगवान की कृपा से मेरे चाचा और दोनों छोटी बुआएँ स्वस्थ और सुखी हैं। हम उनसे ज़्यादा मिल नहीं पाते क्योंकि वे सब अपने-अपने कामों में व्यस्त रहते हैं। जैसे कि आप को मालूम है, मेरा भाँजा रवि अपने माँ बाप के साथ विदेश में रहता है। हम रवि से भी ज़्यादा मिल नहीं पाते और उसके नाना नानी, यानी मेरे माता पिता उसे बहुत याद करते हैं। अब उनके पास कम्प्यूटर है इसलिए वे रवि से अक्सर कम्प्यूटर के माध्यम से बातें करते हैं।

1   मनीष के माता-पिता किस तरह के लोग हैं? _____

2   मनीष के कितने चाचा हैं? _____

3   मनीष की कितनी बुआएँ ज़िंदा हैं? _____

4   कौन-कौन अपने-अपने कामों में व्यस्त रहते हैं? _____

V	व्यक्ति (m)	person
	परवरिश (f)	upbringing, nurturing
	कोई कसर नहीं छोड़ना (vt)	to do everything in one's capacity
	स्वस्थ (adj)	healthy
	याद करना (vt)	to remember, to miss
	के माध्यम से (postp)	by the medium of, by means of

Vocabulary

P   Search Manish's account to find the Hindi equivalents.

1   A phrase for *wife and kids*.

2   Two different phrases for *parents*.

3   Two different expressions for *passing away*.

4   An expression for *thank God*.

5   An expression for *to do everything in one's capacity* or *to leave no stone unturned*.

6   Words that mean *cute, naughty, kind, generous, honest* and *hardworking*.

Writing

Q Write a description (80–100 words) of your own family or a family that you know. Suggested points to mention include:

▶ परिवार के कितने सदस्य हैं, और वे कौन हैं।

▶ उनकी एक दूसरे से क्या रिश्तेदारी है, बड़ा कौन है, छोटा कौन है, आदि।

▶ वे कहाँ रहते हैं, और वे क्या करते हैं।

▶ किसी विशेष पारिवारिक घटना या कार्यक्रम का विवरण।

_____

_____

_____

_____

_____

_____

_____

_____

_____

_____

Self-check

Tick the box which matches your level of confidence.

    1 = very confident   2 = need more practice   3 = not confident

कृपया अपने आत्मविश्वास के स्तर के अनुसार निम्न वर्गों में से एक को चिन्हित करें।

    1 = पूर्ण आत्मविश्वास   2 = अभ्यास की आवश्यकता   3 = अल्प आत्मविश्वास

	1	2	3
Use postpositions and the oblique case.			
Express possession using का _of_.			
Express 'having'.			
Can read factual texts with a satisfactory level of comprehension (CEFR B1).			
Can describe and write about family (CEFR A2).			

5 मैं शहर में रहता हूँ। मैं गाँव में रहता था।

I live in a city. I used to live in a village.

In this unit you will learn how to:

● Use the imperfective tense.

CEFR: Can understand short personal letters and messages (CEFR A2); Can write an account of experiences or events (CEFR B1).

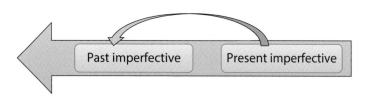

Past imperfective ← Present imperfective

Meaning and usage

The imperfective tense

1 The present imperfective tense is used for expressing regular or routine events and habits in the present, or general situations or a state of affairs in the present. The past imperfective tense corresponds to *used to* in English, and it expresses regular or routine events or habits in the past, or general situations or a state of affairs in the past:

Past imperfective	Present imperfective
मैं सात बजे उठता था।	आजकल मैं नौ बजे उठता हूँ।
(I _used to get up_ at seven o'clock.)	(Nowadays I _get up_ at nine o'clock.)
वह हिंदी बोलता था।	अब वह अंग्रेज़ी भी बोलता है।
(He _used to speak_ Hindi.)	(Now he _speaks_ English too.)
वह दिल्ली में रहती थी।	आजकल वह मुंबई में रहती है।
(She _used to live_ in Delhi.)	(Nowadays she _lives_ in Mumbai.)

How to form the present imperfective

1 The present imperfective is formed by adding the appropriate imperfective ending, -ता, -ती or -ते (depending on gender and number) to the verb stem. This forms the imperfective *participle*, e.g. बोल + -ता → बोलता. Finally, add the *auxiliary* verb, i.e. the relevant present tense form of the verb होना *to be*, (हूँ, है, हैं or हो) depending on the person. The auxiliary is written as a separate word.

Number	Person	Masculine ending	Feminine ending	Masculine and Feminine auxiliary
Singular	मैं	-ता	-ती	हूँ
	तू / यह / वह	-ता	-ती	है
Plural	तुम	-ते	-ती	हो
	हम / आप / ये / वे	-ते	-ती	हैं

A Complete the table using the appropriate participles and auxiliaries.

Masculine	Feminine
मैं बोलता हूँ	मैं _____ हूँ
तू _____ _____	तू बोलती _____
यह / वह _____ है	यह / वह बोलती है
हम बोलते हैं	हम _____ हैं
तुम _____ _____	तुम बोलती _____
आप _____ हैं	आप _____ हैं
ये / वे _____ _____	ये / वे _____ _____

2 It's not uncommon in Hindi to omit the pronoun if it's clear from the verb form and the context who the person it refers to is:

साढ़े सात बजे उठती हूँ और उस के बाद नाश्ता खाती हूँ।

(*I get up at half past seven and after that I eat breakfast.*)

पिताजी देर से सोते हैं। कभी कभी सारी रात टी.वी. देखते हैं।

(*Father sleeps late. Sometimes (he) watches TV all night.*)

The imperfective tense of the verb कहना (to say) *is used idiomatically with the pronoun* वे *omitted to express (called) as in the question–answer pair* इसको क्या कहते हैं? इसको ____ कहते हैं। (What do they call this? They call this ____.). *The blank space is replaced by any noun, e.g.* इसको घड़ी कहते हैं। (They call this a clock.).

3 Negative sentences in the present imperfective are formed by placing नहीं before the verb and optionally dropping the auxiliary. In the case of feminine plural verbs, if the auxiliary is dropped, then the participle is nasalized with a *bindu* dot:

Positive	Negative
वह लड़का यहाँ रहता है। (*That boy lives here.*)	वह लड़का यहाँ नहीं रहता। (*That boy doesn't live here.*)
वह लड़की यहाँ रहती है। (*That girl lives here.*)	वह लड़की यहाँ नहीं रहती। (*That girl doesn't live here.*)
वे लड़के यहाँ रहते हैं। (*Those boys live here.*)	वे लड़के यहाँ नहीं रहते। (*Those boys don't live here.*)
वे लड़कियाँ यहाँ रहती हैं। (*Those girls live here.*)	वे लड़कियाँ यहाँ नहीं रहतीं। (*Those girls don't live here.*)

Hindi speakers don't always drop the auxiliary in negative sentences in the present imperfective. This doesn't change the meaning, but if you keep the auxiliary in the feminine plural, then the participle is not nasalized:

वे औरतें यहाँ नहीं रहतीं। *vs.* वे औरतें यहाँ नहीं रहती हैं। (Those women don't live here.)

How to form the past imperfective

1 The past imperfective is based on the same participle used for the present imperfective, i.e. the verb stem plus -ता, -ती or -ते. However, instead of adding the present tense form of the verb होना *to be*, you add the past tense form of होना: था, थी, थे or थीं, depending on person and gender:

जावेद् लन्दन में पढ़ता था। (*Javed used to study in London.*)

गीता इस दफ़्तर में काम करती थी। (*Gita used to work in this office.*)

Number	Person	Masculine ending	Masculine auxiliary	Feminine ending	Feminine auxiliary
Singular	मैं / तू / यह / वह	-ता	था	-ती	थी
Plural	हम / तुम / आप / ये / वे	-ते	थे	-ती	थीं

2 Negative sentences in the past imperfective are formed in the same way as in the present imperfective, using नहीं, however the auxiliary (था, थी, थे or थीं) is never dropped as it may be in the present imperfective:

Positive	Negative
वह यहाँ पढ़ता था। (*He used to study here.*)	वह यहाँ नहीं पढ़ता था। (*He didn't use to study here.*)
वह यहाँ रहती थी। (*She used to live here.*)	वह यहाँ नहीं रहती थी। (*She didn't use to live here.*)

The plural forms of the verb can be used to refer to just one person as a sign of respect.

माताजी अदालत में काम करती थीं लेकिन आजकल वे काम नहीं करतीं।

(Mother used to work in the court but nowadays she doesn't work.)

B Complete the sentences by choosing the correct form of the verb (a, b or c).

1 मेरा दोस्त दफ़्तर में काम _____ ।
   a करते हो   **b** करता है   **c** करती है

2 गीता की सहेली दुकान से दूध नहीं _____ ।
   a ख़रीदता   **b** ख़रीदते   **c** ख़रीदती

3 माताजी मुझे हमेशा ख़त _____ ।
   a लिखते हैं   **b** लिखते   **c** लिखती थीं

4 पिताजी सिर्फ़ ई-मेल _____ ।
   a भेजते हैं   **b** भेजती हैं   **c** भेजता हूँ

5 किसके बच्चे खिलौनों से नहीं _____ ?
   a खेलता है   **b** खेलती   **c** खेलते

6 मेरा भाई डाक्टर से _____ ।
   a डरती थीं   **b** डरता था   **c** डरते हैं

C Complete the sentences using the correct present imperfective form.

1 मेरे रिश्तेदार विदेश में _____ (रहना) ।
2 मेरा नाम गीता है और मैं शहर के केन्द्र में काम _____ (करना) ।
3 हम लोग सिनेमा कभी नहीं _____ (जाना) ।
4 बच्चे अपने कपड़े ख़ुद नहीं _____ (धोना) ।
5 मेरी छोटी बहिनें फ़िल्में नहीं _____ (देखना) । वे सिर्फ़ _____ (पढ़ना) ।
6 माता जी _____ (कहना) कि दादी जी बहुत ज़्यादा चाय _____ (पीना) ।

D Repeat C and complete the sentences in the correct past imperfective form.

More uses of the imperfective

1 The verb आना *to come* can be used in the imperfective in a मुझको or को-construction to express *knowing how to do something* or *being able to do something*. In this type of construction, the verb agrees with the thing that you know or activity you can do:

मुझको उर्दू आती है । (*I know Urdu.*) (Literally: *Urdu comes to me.*) आती है agrees with उर्दू.

हमको तैरना आता है । (*We know how to swim.*)/(*We can swim.*) आता है agrees with तैरना.

नाना जी को बहुत ज़बानें आती थीं । (*(Maternal) grandfather used to know a lot of languages.*) आती थीं agrees with ज़बानें.

2 The verb होना *to be* used in the imperfective expresses something that is or was 'generally the case'.

A specific situation	Generally the case
आम मीठे हैं । (*The mangoes are sweet.*)	आम मीठे होते हैं । (*Mangoes are sweet.*)
बेंगलुरु में मौसम ख़ुशगवार है । (*The weather in Bengaluru is pleasant.*)	बेंगलुरु में मौसम ख़ुशगवार होता है । (*The weather in Bengaluru tends to be pleasant.*)

3 The present imperfective can be used to give a sense of immediacy to an action to be performed in the near future:

मैं अभी आता हूँ। (*I'm coming straight away.*)/(*I'll come straight away.*)

हम कल मिलते हैं। (*We'll meet tomorrow.*)

4 An imperfective verb without any auxiliary expresses a past habitual or routine event, which can be translated into English using *would*:

गर्मियों में हम दिन भर खेतों में <u>खेलते</u> और पेड़ों पर <u>चढ़ते</u>, और रात को दादी हमें परियों की कहानियाँ <u>सुनातीं</u>। (*In the summer we would play in the fields and climb trees, and at night Grandma would tell us fairy-tales.*)

E Match the two halves of the imperfective sentences.

1	वह लड़की	a	कॉलेज में पढ़ता था।
2	मेरा भाई	b	बहुत लोग होते हैं।
3	बड़े शहरों में	c	गोश्त नहीं खातीं।
4	हमारे दोस्त	d	उर्दू नहीं आती।
5	पिताजी को	e	कहाँ रहते हो?
6	तुम लोग	f	यहाँ काम करती है।
7	मेरी माँ और मेरी दादी	g	हिन्दी नहीं समझते।

Vocabulary

F Match the Hindi time expressions with the correct meanings.

1	सब से पहले	a	*always*
2	आज कल	b	*often*
3	हमेशा	c	*first of all*
4	आम तौर से	d	*nowadays*
5	अक्सर	e	*in the morning*
6	दिन भर	f	*usually*
7	सुबह	g	*in the evening*
8	शाम को	h	*the whole day*

G Complete the sentences using the time expressions and the verb phrases.

1 सोमवार को *सब से पहले* सीमा *एक कप चाय पीती है*। (सब से पहले / एक कप चाय पीना)

2 _____ मंगलवार को सीमा _____ । (अक्सर / काम करना)

3 _____ बुधवार को सीमा _____ । (आम तौर से / घर पर रहना)

4 गुरुवार को सीमा _____ _____ । (हमेशा / बाज़ार जाना)

5 _____ शुक्रवार को सीमा _____ । (आम तौर से / अपने दोस्तों से मिलना)

6 _____ शनिवार को सीमा _____ । (कभी कभी / फ़ुटबॉल खेलना)

7 रविवार को सीमा _____ _____ । (दिन भर / सोना)

H Complete the imperfective tense sentences using the words in the box.

मज़ेदार / विश्वविद्यालय / समाचार / कपड़े / खिलौना / शादीशुदा / रिश्तेदार / नज़दीक

1 सुबह उठकर मेरी पत्नी सब से पहले अपने फ़ोन पर _____ पढ़ती है।
2 हमारे पिताजी _____ खाना पकाते हैं ।
3 हमारे _____ धोबी नहीं धोता। हम उन्हें मशीन में धोते हैं।
4 गीता के _____ गाँव में रहते थे।
5 मैं _____ में पढ़ती थी।
6 मेरा दफ़्तर यहाँ से दूर नहीं है। काफ़ी _____ होने के कारण मैं वहाँ पैदल जाता हूँ।

I Put the daily routine activities into chronological order with the earliest first.

1 घर से निकलना और पैदल चलकर बस स्टॉप जाना ।
2 टी.वी. के सामने जल्दी-जल्दी नाश्ता खाना ।
3 सुबह देर से उठना ।
4 घर पहुँचकर शाम का भोजन तैयार करना ।
5 घर लौटते हुए, रास्ते में, बस में बैठे, दिन के समाचार मोबाईल फ़ोन पर पढ़ना ।
6 खाना खाने के बाद आराम से सोना और अच्छे सपने देखना ।
7 स्कूल या दफ़्तर पहुँचना ।
8 काम या पढ़ाई में दिन भर मेहनत करना ।

J Match the two columns.

1 भाई   a दूर
2 नज़दीक   b ख़त
3 ई-मेल   c बहिन
4 गाँव   d शहर
5 दोस्त   e रात
6 सुबह   f सहेली

K Find the odd one out.

1 स्कूल | पढ़ाई | शाम | विश्वविद्यालय
2 सब्ज़ी | खाना | स्वादिष्ट | अख़बार
3 रिश्तेदार | किसान | खेत | बैल
4 धोबी | कपड़े | नज़दीक | धोना
5 पत्नी | भाई | विश्वविद्यालय | रिश्तेदार
6 ई-मेल | बचपन | ख़त | लिखना

# Reading

L **Read the first part of an account of childhood days and answer the questions.**

1 पंकज के माता पिता क्या करते थे?

2 क्या पंकज की बहिन दिन भर घर पर रहती थी? अगर नहीं, तो फिर वह क्या करती थी?

मेरा नाम पंकज है। बचपन में मैं एक छोटे गाँव में रहता था जो शहर से दूर नहीं है। पिताजी खेतों में काम करते थे। मुझे याद है कि वे किस तरह बैलों की मदद से ज़मीन जोतते थे। बहुत मेहनत करते थे। माताजी भी बहुत मेहनत करती थीं, हालाँकि वे खेतों में काम नहीं करती थीं। वे दिन भर घर के काम करती थीं। उन दिनों में घरों में नल नहीं होते थे, इसलिए माताजी पानी लेने कुएँ पर काफ़ी दूर जाती थीं। मेरी बहिन स्कूल जाती थी और खाना तैयार करने में वह मेरी माताजी की मदद भी करती थी। उसे बहुत अच्छी तरह खाना बनाना आता था। आज भी वह माताजी की तरह ही स्वादिष्ट खाना पकाती है। लेकिन मुझे और मेरे भाई को खाना बनाना बिलकुल नहीं आता था। आज तक मेरा भाई खाना बनाना नहीं सीख पाया, लेकिन मैंने सीख लिया है।

M **Now, read the rest of the account, and then answer the questions.**

हम तीनों बच्चे गाँव के स्कूल में पढ़ते थे। स्कूल में मैं अंग्रेज़ी पढ़ता था, लेकिन मुझे अंग्रेज़ी अच्छी तरह से नहीं आती थी क्योंकि मैं पढ़ाई में हमेशा मेहनत नहीं करता था। स्कूल के बाद हम अक्सर खेतों में खेलते थे। कभी कभी घूमने के लिए शहर भी जाते थे। आजकल मैं शहर में रहता हूँ और विश्वविद्यालय में पढ़ता हूँ। मेरी बहिन भी मेरे साथ विश्वविद्यालय में ही पढ़ती है। अब तो मुझे भी खाना पकाना आता है, इसलिए मैं कभी कभी अपनी बहिन के लिए खाना बनाता हूँ। पहले मेरा भाई भी हमारे साथ शहर में रहता था लेकिन अब वह गाँव में रहता है और वहाँ वह पिताजी के खेतों में काम करता है। लेकिन आज वह बैलों से नहीं, बल्कि ट्रैक्टर से ज़मीन जोतता है। पिताजी बूढ़े हो गए हैं इसलिए वे अब खेतों में काम नहीं करते। आजकल वे गाँव में अपने दोस्तों के साथ ज़्यादा समय बिताते हैं। आप उन्हें अक्सर अपने बुज़ुर्ग साथियों के साथ किसी पेड़ के नीचे बैठे हुए ताश खेलते हुए देख सकते हैं। माताजी भी घर का काम ज़्यादा नहीं करतीं क्योंकि मेरे भाई की पत्नी ही घर का तक़रीबन सारा काम करती है। अब हमारे घर में नल भी लग गया है। नया नल, नया ट्रैक्टर, और अब मुझे भी खाना बनाना आता है। इसको ही कहते हैं आधुनिकीकरण!

1 पंकज की अंग्रेज़ी कैसी थी, और क्यों?

_____

2 आजकल पंकज किस के लिए खाना पकाता है?

_____

3 पंकज का भाई कहाँ रहता है और वह क्या करता है?

_____

4 आजकल पंकज के माता-पिता क्या करते हैं?

_____

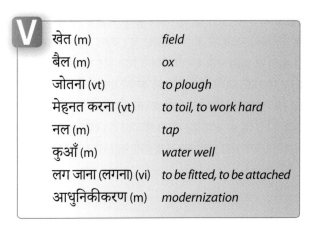

V		
खेत (m)	field	
बैल (m)	ox	
जोतना (vt)	to plough	
मेहनत करना (vt)	to toil, to work hard	
नल (m)	tap	
कुआँ (m)	water well	
लग जाना (लगना) (vi)	to be fitted, to be attached	
आधुनिकीकरण (m)	modernization	

 N Highlight the imperfective tense verbs in the first Reading text and identify what the verbs are agreeing with.

Writing

O You have received a friendship request on a social networking site from a childhood friend. Write a short response to them (80–100 words). Points to mention could include:

▶ आप कहाँ रहती थीं / रहते थे।

▶ आप स्कूल कहाँ जाती थीं / जाते थे।

▶ आप एक साथ बचपन में क्या करती थीं / करते थे।

▶ अपनी वर्तमान दिनचर्या के बारे में।

_____

_____

_____

_____

_____

_____

_____

_____

_____

Self-check

Tick the box which matches your level of confidence.

1 = very confident   2 = need more practice   3 = not confident

कृपया अपने आत्मविश्वास के स्तर के अनुसार निम्न वर्गों में से एक को चिन्हित करें।

1 = पूर्ण आत्मविश्वास   2 = अभ्यास की आवश्यकता   3 = अल्प आत्मविश्वास

	1	2	3
Use the imperfective tense.			
Can understand short personal letters and messages (CEFR A2).			
Can write an account of experiences or events (CEFR B1).			

6 तुम क्या कर रहे हो?
What are you doing?

In this unit you will learn how to:

- Use the present continuous tense.
- Use the past continuous tense.
- Express continuous tense actions in the negative.

CEFR: Can understand the description of events, feelings and wishes in interpersonal communication (CEFR B1); Can write short simple descriptions of events and personal experiences, including spare time activities (CEFR A2).

आज वह टेनिस खेल रही है। (*Today she is playing tennis.*) ← Present continuous

Past continuous → कल वह फ़ुटबॉल खेल रही थी। (*Yesterday she was playing football.*)

Meaning and usage

The continuous tense

1 The *present* continuous tense is used for expressing something that is happening or in progress right now, whereas the *past* continuous refers to an action that was happening or was in progress at some time in the past:

Present continuous	Past continuous
वह हिन्दी बोल रही है। (*She is speaking Hindi.*)	वह उर्दू बोल रही थी। (*She was speaking Urdu.*)
मैं अख़बार पढ़ रहा हूँ। (*I am reading the newspaper.*)	मैं किताब पढ़ रहा था। (*I was reading a book.*)
वह तबला बजा रही है। (*She is playing the tabla.*)	वह सारंगी बजा रही थी। (*She was playing the sarangi.*)
हम मस्जिद जा रहे हैं। (*We are going to the mosque.*)	हम मंदिर जा रहे थे। (*We were going to the temple.*)

The continuous tense, or progressive tense, corresponds to the -ing tense in English. However, a common exception to bear in mind is the verb to sit. *In English, you say* they are sitting *when what is actually meant is* they are seated. *Hence, in Hindi you wouldn't use the continuous tense, but would use the perfective participle* बैठा, बैठी *or* बैठे *(depending on the gender and number):* वे बैठे (हुए) हैं।

How to form the present continuous

1   Forming the present continuous involves three distinct elements:

verb stem	+	continuous tense verb ending (depending on gender and number)	+	present tense form of the verb होना (*to be*), i.e. हूँ, है, हैं or हो

A **Identify the continuous tense verb endings and complete the chart.**

मेरे पिताजी और बड़े भाई टी.वी. देख रहे हैं। माँ और दादीजी खाना खा रही हैं। मेरी छोटी बहिन सितार बजा रही है, और मेरा छोटा भाई गा रहा है।

	Masculine	Feminine
Singular		
Plural		

2   The present continuous tense endings and relevant auxiliaries are summarized in the chart:

	Person	Masculine ending	Feminine ending	Auxiliary
Singular	मैं	रहा	रही	हूँ
	तू / यह / वह	रहा	रही	है
Plural	तुम	रहे	रही	हो
	हम / आप / ये / वे	रहे	रही	हैं

B **Complete the chart using the correct present continuous forms of the verb सोचना** *to think*.

Masculine	Feminine	Translation
मैं सोच रहा हूँ	मैं _____ _____ हूँ	I am thinking
तू _____ _____ _____	तू सोच _____ _____	_____
यह / वह _____ _____ है	यह / वह सोच रही है	_____
हम सोच रहे हैं	हम _____ रही _____	_____
तुम सोच _____ _____	तुम सोच _____ _____	_____
आप _____ _____ हैं	आप _____ _____ हैं	_____
ये / वे _____ _____ _____	ये / वे _____ _____ _____	_____

The three elements of the verb in the continuous tense are written as separate words, whereas in the imperfective tense the tense endings (-ता, -ती and -ते) are attached to the verb stem forming what is known as the imperfective participle:

वह हिन्दी बोल रही है। (She is speaking Hindi.) vs. वह हिन्दी बोलती है। (She speaks Hindi.)

3 Negative sentences in the present continuous are formed by putting नहीं before or after the verb stem. In colloquial Hindi, it is common to drop the auxiliary (हूँ, है, हैं or हो), but this does not affect the meaning. In the case of feminine plural verbs, if the auxiliary is dropped then the ending रही is nasalized with a *bindu* dot, रहीं

Positive	Negative
वह हॉकी खेल रहा है। (*He is playing hockey.*)	वह क्रिकेट नहीं खेल रहा (है)। (*He isn't playing cricket.*)
वह शतरंज खेल रही है। (*She is playing chess.*)	वह ताश नहीं खेल रही (है)। (*She isn't playing cards.*)
लड़के फ़िल्मी गाने सुन रहे हैं। (*The boys are listening to film songs.*)	लड़के भजन नहीं सुन रहे (हैं)। (*The boys aren't listening to devotional songs.*)
लड़कियाँ उपन्यास पढ़ रही हैं। (*The girls are reading novels.*)	लड़कियाँ शायरी नहीं पढ़ रही हैं। OR लड़कियाँ शायरी नहीं पढ़ रहीं। (*The girls aren't reading poetry.*)

You can use the present continuous to express a future action,
in a similar way to how you use it in English:

अगले हफ़्ते दादी जी लन्दन लौट रही हैं।

(Next week, Grandmother is returning to London.)

क्या तुम मेरे साथ शाम को बाज़ार चल रहे हो, या घर पर रहोगे?

(Are you coming to the shops with me in the evening, or will you stay at home?)

How to form the past continuous

1 The past continuous is formed in the same way as the present continuous, but instead of adding the present tense of the verb होना, it takes the past tense of होना:

verb stem	+	continuous tense ending (depending on gender and number)	+	past tense form of the verb होना: था, थी, थे or थीं

किरण न्यूयॉर्क में पढ़ रही थी। (*Kiran was studying in New York.*)

विजय मुंबई में काम कर रहा था। (*Vijay was working in Mumbai.*)

Person	Masculine ending and auxiliary	Feminine ending and auxiliary
मैं / तू / यह / वह	रहा था	रही थी
हम / तुम / आप / ये / वे	रहे थे	रही थीं

2 Negative sentences in the past continuous are formed in the same way as in the present continuous with नहीं, however the auxiliary is never dropped as it may be in the present continuous:

Positive	Negative
वह नाटक देख रहा था। (*He was watching a play.*)	वह फ़िल्म नहीं देख रहा था। (*He wasn't watching a film.*)
वह गाड़ी चला रही थी। (*She was driving a car.*)	वह साइकिल नहीं चला रही थी। (*She wasn't riding a bike.*)

The traditional way to ask who's calling and to announce yourself on the phone involves the continuous tense of बोलना *to speak, and the universal phone greeting* Hello: हेलो, कौन बोल रहा है? (*Hello, who's calling?*). मैं किरण बोल रही हूँ। (*It's Kiran calling.*), *literally:* (*I'm Kiran speaking.*). *Of course, in the age of the smartphone one often knows who the caller is before answering.*

C Read the transcript of a phone conversation and identify instances of the continuous tense.

Present continuous	Past continuous
कर रही हो	

हेलो गीता, कैसी हो?

ठीक हूँ। तुम बताओ।

हाँ, सब ठीक है। तुम क्या कर रही हो?

मैं सो रही थी।

सो रही थी? अभी तो शाम भी नहीं हुई।

कल रात को मेरी नींद पूरी नहीं हुई। इसलिए आज मैं दफ़्तर नहीं गयी। घर से कम्प्यूटर पर लॉग-इन करके काम कर रही थी। लंच थोड़ा ज़्यादा खा लिया था, फिर गर्मी भी बहुत लग रही थी, तो मेरी आँख लग गयी। तुम बताओ, तुम क्या कर रही हो?

बस मैं कुछ ख़ास नहीं कर रही। शाम को अपनी सहेली शीला से मिल रही हूँ। हम दोनों फ़िल्म देखने जा रही हैं। तुम शाम को क्या कर रही हो? तुम भी हमारे साथ चलो।

ठीक है, देखती हूँ।

D Complete the sentences using the correct present continuous form of the verbs.

1 राजू स्कूल से आकर अपना काम _____ (करना) ।

2 गीता तुम कौन-सी किताब _____ (पढ़ना)?

3 शाम को हम अपनी सहेलियों से _____ (मिलना) ।

4 पिता जी मुझ से _____ (कहना) कि मुझे भारत आना चाहिए ।

5 मेरी छोटी बहिन गाना _____ (गाना) और मेरा भाई गिटार _____ (बजाना) ।

6 मुझे भूख _____ (लगना) इसलिए मैं खाना पकाने वाला हूँ ।

7 बच्चे _____ (सोना) और उनका बाप चाय _____ (पीना) ।

8 मेरा चित्रकार दोस्त मेरे लिए चित्र _____ (बनाना) ।

E Now, repeat D, and complete the sentences using the past continuous form.

F Answer the questions using the continuous tense and the phrase.

1 आप क्या कर रहे हैं? (*reading a book*)
मैं किताब पढ़ रहा हूँ।

2 वह क्या कर रही है? (*playing the sitar*)

_____

3 बच्चे क्या कर रहे थे? (*watching TV*)

_____

4 अब बच्चे क्या कर रहे हैं? (*playing chess*)

_____

5 माता जी क्या कर रही हैं? (*not listening to songs*)

_____

6 आयशा क्या कर रही थी? (*not speaking on the phone*)

_____

7 राम क्या कर रहा था? (*drawing a picture*)

_____

8 संजय क्या कर रहा है? (*going on a journey*)

_____

Vocabulary

G Complete the sentences using the words in the box.

परिवार / व्यायाम / शौक़ / नृत्य / फ़ुर्सत / गायिका / संगीत / संगीतकार / चित्रकार / खिलाड़ी

1 यह ___________ गाना गा रही है।
2 यह औरत जिम में ___________ कर रही है।
3 यह ___________ चित्र बना रहा है।
4 यह आदमी मंच पर ___________ कर रहा है।
5 ये लड़कियाँ ___________ सुन रही हैं।
6 ये ___________ क्रिकेट खेल रहे हैं।
7 यह ___________ तबला बजा रहा है।
8 मेरा ___________ सिनेमा जा रहा है।

H Complete the chart using the words in the box.

दौड़ना / फ़ोटोग्राफ़ी / यात्रा / शतरंज / नाचना / चित्र बनाना / तैराकी / दोस्तों से मिलना / संगीत / खेल कूद / क्रिकेट / फ़ुटबॉल / इंटरनेट सर्फ़िंग / गाना / नृत्य / व्यायाम / नाच / चैट करना

Sports or games	Creative or performing arts	Other leisure activities
दौड़ना (*running*)	*फ़ोटोग्राफ़ी* (*photography*)	

📖 Reading

I Read the first part of the conversation about a music concert and answer the questions.

1 संजय कहाँ जा रहा है और कितने दिनों के लिए?
2 क्या आयशा भी उसके साथ जा रही है? क्यों या क्यों नहीं?

आयशा: किसका फ़ोन आया था?

संजय: रमेश का। दिल्ली से फ़ोन कर रहा था।

आयशा: अच्छा, क्या कह रहा था वह?

संजय: मुझे किसी संगीत समारोह के बारे में बता रहा था। अगले हफ़्ते मैं दिल्ली जा रहा हूँ ना, इसलिए हम कुछ प्लान बना रहे थे।

आयशा: तुम कितने दिन के लिए जा रहे हो?

संजय: ज़्यादा दिन नहीं। क़रीब चार या पाँच दिन वहाँ रहने के लिए सोच रहा हूँ। क्या तुम भी आना चाहती हो?

आयशा: नहीं मैं नहीं आ सकती क्योंकि मेरा तो पहले से ही अगले हफ़्ते का प्रोग्राम बना हुआ है। मैं सहेलियों के साथ ऋषिकेश जा रही हूँ।

J Now, read the rest of the conversation and then answer the questions.

आयशा: इस समारोह में कौन भाग लेगा? क्या मशहूर संगीतकार या गायक भी आ रहे हैं?

संजय: हाँ, रमेश बता रहा था कि पाकिस्तान से भी कई मशहूर कलाकार इस समारोह में भाग लेने आ रहे हैं, जैसे कि आबिदा परवीन। तुम्हें तो पता है कि रमेश को उर्दू शायरी और सूफ़ी संगीत का बहुत शौक़ है। उसे इस प्रकार के समारोहों की पूरी जानकारी रहती है।

आयशा: आबिदा परवीन? वे तो बहुत अच्छा गाती हैं। मैंने उन्हें टी.वी. पर एक कार्यक्रम में देखा था जिस में वे जज बनी थीं। क्या नाम था उस कार्यक्रम का? हाँ, याद आया। उस का नाम सुर-क्षेत्र था। उस में इंडिया और पाकिस्तान के गायक हिस्सा ले रहे थे, और उनके बीच गानों का मुक़ाबला चल रहा था। बहुत दिलचस्प था। हर हफ़्ते बड़े अच्छे गायक और बहुत ही अच्छे गाने पेश किए जाते थे। लेकिन आख़िर में कौन जीता, यह मुझे याद नहीं।

संजय: हाँ, मुझे भी वह कार्यक्रम याद है। तो इस संगीत समारोह में आबिदा परवीन अपना जादू दिखाएँगी। और दूसरी मज़ेदार बात यह है कि यह समारोह लाल क़िले के सामने हो रहा है। ज़रा सोचो कितना ख़ूबसूरत नज़ारा होगा! रात का वक़्त, सजा हुआ लाल क़िला, और गूंजते हुए संगीत की लहरें। न सिर्फ़ कानों के लिए बल्कि आँखों के लिए भी एक अनोखा अनुभव।

1   किसको सूफ़ी संगीत और उर्दू शायरी पसंद है?

_____

2   आबिदा परवीन कौन हैं?

_____

3   सुर-क्षेत्र कार्यक्रम के बारे में बताइए।

_____

4   दिल्ली में यह संगीत समारोह किस जगह पर होगा?

_____

V	संगीत समारोह (m)	*music festival*
	मुक़ाबला (m)	*contest, competition*
	पेश करना (vt)	*to present*
	जादू (m)	*magic*
	नज़ारा (m)	*scene, view*
	सजा हुआ (adj)	*decorated*
	गूंजता हुआ (adj)	*resounding*
	लहर (f)	*wave*
	अनोखा (adj)	*unique*
	अनुभव (m)	*experience*

 Sufi music is a style of Islamic devotional music inspired by verses of famous Sufi poets. The Pakistani singer Abida Parveen is considered to be one of the best Sufi singers from South Asia, and she is often referred to as the 'Queen of Sufi music'.

K Highlight the continuous tense verbs in the first part of the conversation. Identify the subjects, tenses, and what the verbs are agreeing with in number (singular or plural) and gender (masculine or feminine).

Verb	Subject	Tense	Number	Gender

L Find a synonym from the second part of the conversation that matches these words.

1 दृश्य _____

2 समय _____

3 केवल _____

4 कविता _____

5 भाग _____

6 प्रोग्राम _____

7 सुन्दर _____

8 अंत _____

Writing

M Write a real or imaginary phone conversation (80–100 words) between you and a friend about an outing or free-time activity. Points to mention could include:

▶ इस समय आप क्या कर रहे हैं / कर रही हैं।

▶ बाद में आप क्या कर रहे हैं / कर रही हैं।

▶ आप कब और कहाँ जा रहे हैं / जा रही हैं।

▶ आप के साथ कौन जा रहा है।

_____

_____

_____

_____

_____

_____

Self-check

Tick the box which matches your level of confidence.

1 = very confident 2 = need more practice 3 = not confident

कृपया अपने आत्मविश्वास के स्तर के अनुसार निम्न वर्गों में से एक को चिन्हित करें।

1 = पूर्ण आत्मविश्वास 2 = अभ्यास की आवश्यकता 3 = अल्प आत्मविश्वास

	1	2	3
Use the present continuous tense.			
Use the past continuous tense.			
Express continuous tense actions in the negative.			
Can understand the description of events, feelings and wishes in interpersonal communication (CEFR B1).			
Can write short simple descriptions of events and personal experiences, including spare time activities (CEFR A2).			

7 छुट्टियों में आप कहाँ जाएँगे?

Where will you go in the holidays?

In this unit you will learn how to:

✓ Discuss future plans using the future tense.

✓ Make presumptions with the presumptive form.

✓ Use the subjunctive to express possibility, desire and uncertainty.

CEFR: Can scan longer texts in order to locate desired information in everyday material such as letters and emails (CEFR B1); Can write personal letters or emails on topics of personal interest (CEFR B1).

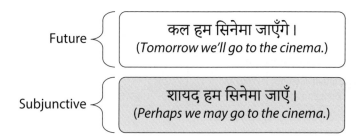

Future
कल हम सिनेमा जाएँगे।
(*Tomorrow we'll go to the cinema.*)

Subjunctive
शायद हम सिनेमा जाएँ।
(*Perhaps we may go to the cinema.*)

Meaning and usage

The future tense

1 The future tense is used for expressing a future event or action:

कल शाम को मैं घर जल्दी लौटूँगी फिर हम सिनेमा जाएँगे।

(*Tomorrow evening, I will return home early, then we will go to the cinema.*)

How to form the future tense

1 The future tense is formed by adding the appropriate future tense ending (depending on gender and number) to the verb stem:

Verb stem	Future tense ending for मैं (masculine)	Future tense form for मैं (masculine)
जा	-ऊँगा	जाऊँगा
बोल	-ऊँगा	बोलूँगा

जब मैं भारत जाऊँगा तब मैं सिर्फ़ हिन्दी बोलूँगा।

(*When I (will) go to India then I will only speak Hindi.*)

A Highlight the future tense verbs in the passages. Then, identify the future tense endings and complete the chart.

कल मैं अपनी सहेलियों से मिलूँगी। हम सब सिनेमा जाएँगी। कल तुम क्या कर रही हो? क्या तुम भी हमारे साथ आओगी?

अगले महीने मैं भारत जाऊँगा। मेरा दोस्त भी मेरे साथ जाएगा। लेकिन मेरी बहिन नहीं जाएगी। सब से पहले हम दिल्ली जाएँगे, जहाँ हम किसी होटल में ठहरेंगे। अगले महीने तुम क्या कर रहे हो? क्या तुम भी हमारे साथ चलोगे?

	Person	Masculine ending	Feminine ending
Singular	मैं	–ऊँगा	_____
	तू / यह / वह	_____	_____
Plural	तुम	_____	_____
	हम / आप / ये / वे	_____	_____

B Complete the table using the correct future forms of the verbs.

बोलना (to speak)		जाना (to go)	
Masculine	**Feminine**	**Masculine**	**Feminine**
मैं बोलूँगा	मैं _____	मैं जाऊँगा	मैं _____
तू _____	तू बोलेगी	तू _____	तू जाएगी
यह / वह _____	यह / वह बोलेगी	यह / वह _____	यह / वह जाएगी
हम बोलेंगे	हम _____	हम जाएँगे	हम _____
तुम _____	तुम बोलोगी	तुम _____	तुम _____
आप बोलेंगे	आप _____	आप जाएँगे	आप _____
ये / वे _____	ये / वे बोलेंगी	ये / वे _____	ये / वे जाएँगी

2 Negative sentences are formed by placing नहीं before the verb:

वह हवाई जहाज़ में सफ़र नहीं करेगा। (He won't travel by plane.)

वह वाराणसी ट्रेन से नहीं जाएगी। (She won't go to Varanasi by train.)

3 The verbs लेना to take, देना to give and होना to be, have irregular forms in the future tense:

	लेना (to take)		देना (to give)		होना (to be)	
Person	**Masculine**	**Feminine**	**Masculine**	**Feminine**	**Masculine**	**Feminine**
मैं	लूँगा	लूँगी	दूँगा	दूँगी	हूँगा / होऊँगा	हूँगी / होऊँगी
तू / यह / वह	लेगा	लेगी	देगा	देगी	होगा	होगी
तुम	लोगे	लोगी	दोगे	दोगी	होगे	होगी
हम / आप / ये / वे	लेंगे	लेंगी	देंगे	देंगी	होंगे	होंगी

ट्रैवल एजेंट ने कहा कि वह मुझे टिकट कल <u>देगा</u> । लेकिन मैं उस से टिकट कैसे <u>लूँगी</u> क्योंकि कल मैं यहाँ नहीं हूँगी?

(The travel agent said he will give me the ticket tomorrow. But how will I take the ticket from him because I won't be here tomorrow?)

4   If a verb stem ends in the long vowel -ई e.g. पीना *to drink*, the vowel is shortened to -इ when adding the future tense ending:

क्या आप कुछ पिएँगे? *(Will you have something to drink?)*

> *The present continuous tense, similar to the* -ing *tense in English, can be used to express a future action:*
>
> क्या तुम मेरे साथ दोपहर को समुद्र तट पर आ रहे हो?
> (Are you coming to the beach with me this afternoon?)

C   **Transform the continuous tense sentences into the future tense.**

1   रात को हम होटल में खाना खा रहे हैं।

_____

2   अगले हफ़्ते वे लोग छुट्टियाँ मनाने शिमला जा रहे हैं।

_____

3   क्या तुम मुझ से मिलने दिल्ली नहीं आ रहे?

_____

4   रवि और शिव दोनों दस बजे हवाई अड्डे पहुँच रहे हैं।

_____

5   क्या वे वाराणसी जाने के लिए सुबह की या रात की ट्रेन ले रहे हैं?

_____

6   मैं पिताजी को उनके जन्म दिन पर महँगा तोहफ़ा नहीं दे रही।

_____

Expressing presumption

1   The future tense of the verb होना *to be* can express presumption, i.e. a likelihood or strong probability that something is the case:

नीली वर्दी वाला आदमी हमारा टूर गाइड होगा।

(The man in the blue uniform must be (presumably is) our tour guide.)

2 The future tense of होना is used as the auxiliary verb within imperfective, continuous and past tense constructions to express a presumption that something is happening or has happened:

आप मेरी अच्छी दोस्त श्रेया को जानते होंगे। *(Presumably you know my good friend Shreya.)*

रात हो गई है, डैडी सो रहे होंगे। *(It's night time, so Daddy must be (presumably is) sleeping.)*

जब आप हम्पी में थे, आप ने ढेर सारे मंदिर देखे होंगे। *(When you were in Hampi you must have seen (presumably you saw) a whole lot of temples.)*

D Complete the sentences with the correct future tense forms of होना.

1 आप लोग बाज़ार जा रहे ________________ ।
2 वह हमारे साथ आ रही ________________ ।
3 ट्रेन निकलने वाली ________________ ।
4 वे लोग अब तक स्टेशन पहुँच गए ________________ ।
5 तुम भारत कई बार जा चुके हो इसलिए थोड़ी बहुत हिन्दी समझते ________________ ।
6 मेरा भाई वहाँ देर से पहुँचा इसलिए वह अपने दोस्तों से नहीं मिला ________________ ।

Meaning and usage

The subjunctive

1 The subjunctive is widely used in Hindi. It is used for many purposes including asking for permission, making polite requests, statements involving *let's*, statements involving *should*, expressing uncertainty with the word *maybe* and in conditional statements beginning with *if*:

क्या मैं अंदर आऊँ? *(May I come in?)*

आप अंदर आएँ और इधर बैठें। *(Please come in and take a seat over here.)*

चलो हम कहीं बाहर घूमने चलें? *(Come on, let's go out somewhere.)*

हम कहाँ जाएँ? *(Where should we go?)*

शायद हम शहर का दौरा लगाएँ। *(Maybe we could go on a tour of the city.)*

अगर बारिश न हो तो हम पिकनिक कर सकते हैं। *(If it doesn't rain, then we could have a picnic.)*

2 The form of the subjunctive is based on the future tense, and simply involves removing the -गा, -गी or -गे ending from the future tense verb:

Future tense	Subjunctive
मैं भारत जाऊँगा। *(I will go to India.)*	शायद मैं भारत जाऊँ। *(I may/might go to India.)*
वह कनाडा जाएगी। *(She will go to Canada.)*	शायद वह कनाडा जाए। *(She may/might go to Canada.)*
हम यूरोप जाएँगे। *(We will go to Europe.)*	शायद हम यूरोप जाएँ। *(We may/might go to Europe.)*

3   Negative sentences in the subjunctive are formed by placing न before the verb:

आशा है कि स्टेशन के रास्ते में जाम न हो । (*I hope there's isn't a traffic jam on the way to the station.*)

आप आज की ट्रेन न लें। कल वाली लें। (*Don't take the train today. Take tomorrow's (train).*)

4   The verbs लेना *to take*, देना *to give* and होना *to be,* which have irregular forms in the future tense, also form the subjunctive by simply removing the -गा, -गी or -गे suffix from the future tense:

Future tense	Subjunctive
मैं कुछ ठंडा लूँगा । (*I'll have something cold (to drink).*)	शायद मैं कुछ ठंडा लूँ । (*I may/might have something cold (to drink).*)
कल बारिश होगी । (*It will rain tomorrow.*)	शायद कल बारिश हो । (*It may/might rain tomorrow.*)

The masculine and feminine forms of the subjunctive are identical, and interestingly the present tense and the subjunctive form of the verb होना have identical forms for मैं and तुम, i.e. मैं हूँ and तुम हो.

E   Identify the subjunctive, future and presumptive verbs, then complete the chart.

अगले हफ़्ते वीकेंड के लिए मैं पैरिस जाऊँगा। ट्रेन से मेरे घर से पेरिस का रास्ता सिर्फ़ दो घंटे का है। मेरा एक दोस्त वहाँ रहता है और मैं उससे मिलना चाहता हूँ लेकिन उसने अभी तक मेरे ई-मेल का जवाब नहीं दिया। वह कहीं गया होगा, और उसको मेरा इ-मेल मिला ही नहीं होगा। शायद उसका जवाब एक दो दिन में आ जाए। आप जानते ही होंगे कि पेरिस में बहुत-सी मशहूर और देखने लायक़ जगहें हैं। आशा है कि मैं पूरे शहर को देख सकूँगा। अगर आप व्यस्त न हों तो आप भी मेरे साथ चलें। बहुत मज़ा आएगा।

Subjunctive	Future	Presumptive
	जाऊँगा	*गया होगा*

F   Complete the sentences using the correct subjunctive form of the verbs.

1   मेरी समझ में नहीं आ रहा कि मैं क्या _____ (करना) ।

2   हम अमेरिका _____ (जाना) या यूरोप?

3   बस में कोई ख़ाली सीट नहीं थी। उसे मालूम नहीं था कि वह कहाँ _____ (बैठना) ।

4   मैं आपको इ-मेल _____ (करना) या फ़ोन?

5   आप _____ (बताना), मैं आप से कब _____ (मिलना)?

6   आपके जन्म दिन पर मैं आप को क्या _____ (देना)?

7   आप मेरे साथ स्टेशन _____ (चलना) ।

8   मुझे भूख लगी है। मैं क्या _____ (खाना)?

The subjunctive in subordinate clauses

1   Subordinate clauses, often beginning with the conjunction कि *that*, may involve the
    subjunctive, particularly after certain expressions indicating necessity, possibility or
    appropriateness:

    संभव है कि हम अगली छुट्टियाँ गोवा में **मनाएँ**।

    (*It is possible that we may celebrate the next holidays in Goa.*)

    उचित होगा कि आप मंदिर में प्रवेश करने से पहले अपने जूते उतार **लें**।

    (*It would be appropriate that you take off your shoes before entering the temple.*)

> *Phrases that introduce a subordinate clause are
> known as subordinating expressions, e.g.* ज़रूरी है
> कि… (*It is necessary that…*), काश (कि) …
> (*If only…*) *and* आशा है कि…(*hopefully…*).

2   The subjunctive is used after the conjunctions ताकि and जिससे (कि), which translate as *so that*
    or *in order that*:

    मैं घर जल्दी गई ताकि मैं और माँ एक साथ खाना खा सकें।

    (*I went home early so that mum and I could have food together.*)

    मैंने बस की बजाय टैक्सी ली जिससे कि मुझे वहाँ पहुँचने में देर न हो।

    (*I took a taxi instead of a bus so that I wouldn't be late in getting there.*)

3   In expressions involving चाहना *to want*, the subjunctive is used in the subordinate clause:

    मैं चाहता हूँ कि आप हवाई अड्डे सही वक़्त पर पहुँचें।

    (*I want you to get to the airport on time (at the right time).*)

    दादी जी चाहती हैं कि हम उनके साथ गंगा स्नान करने हरिद्वार जाएँ।

    (*Grandmother wants us to go to Haridwar with her for ritual bathing in the Ganges.*)

G   **Read the message and highlight the subjunctive verb forms. Identify the reason for using
    the subjunctive in each instance.**

    हो सकता है कि मैं अगले हफ़्ते केरल जाऊँ। मैं चाहती हूँ कि तुम मेरे साथ चलो। आशा है कि तुम्हें काम
    से छुट्टी मिलेगी। मैं तुम से मिलने कल आऊँगी ताकि हम बात करके योजना बना सकें। संभव है कि मेरी
    बहिन भी साथ आए। दाम बढ़ रहे हैं इसलिए ज़रूरी है कि हम टिकटें जल्दी बुक करें।

Subjunctive verb form	Reason for using subjunctive
1 *जाऊँ*	Subordinating expression *हो सकता है कि*
2	
3	
4	
5	

The subjunctive in conditional sentences

1   In conditional sentences referring to future events, the subjunctive in the अगर *if* clause indicates less certainty, whilst the future tense indicates a greater degree of certainty:

subjunctive *if* clause	future *if* clause
अगर हम भारत जाएँ, तो हम ताज महल देखने चलेंगे।	अगर हम भारत जाएँगे, तो हम ताज महल देखने चलेंगे।
(If we happen to go to India, (then) we'll go to see the Taj Mahal.)	*(If we go to India, (then) we'll go to see the Taj Mahal.)*
(i.e. there's a level of uncertainty that we will go to India.)	(i.e. there's a high chance that we will go to India.)

A common, though maybe slightly more formal alternative to अगर *is* यदि:
यदि हम भारत जाएँ, तो ... (If we happen to go to India, then...)

H   Match the *if* clause to its corresponding *then* clause.

1   अगर मैं अमेरिका का दौरा करूँ   a   तो कौन-सी फ़िल्म देखेंगे?
2   अगर वे शाम को सिनेमा जाएँ   b   तो अगली ट्रेन लेनी पड़ेगी।
3   यदि रास्ते में जाम हो   c   तो मैं ज़रूर न्यूयॉर्क जाऊँगी।
4   अगर आप की ट्रेन छूट गई हो   d   तो मैं दिल्ली में आप से मिल सकूँगा।
5   यदि हम लन्दन जाएँ   e   तो हम देर से पहुँचेंगे।
6   अगर आप भारत आएँ   f   तो बिग-बेन ज़रूर देखेंगे।

I   Complete the sentences using the correct form of the verb.

1   मुझे मालूम है कि आप मुझसे कल मिलने _____ (आएँ / आएँगे)।
2   अगले महीने हम दक्षिण भारत ज़रूर घूमने _____ (जाएँ / जाएँगे)।
3   मेरी नानी चाहती हैं कि मैं उन से सिर्फ़ पंजाबी में बात _____ (करूँ / करूँगा)।
4   मेरी छोटी बहिन आज देर तक दफ़्तर में _____ (रहे / रहेगी) ताकि वह कल जल्दी काम ख़त्म कर _____ (सके/सकेगी)।
5   मैंने योजना बनाई है कि वीकेंड पर हम सब नदी के तट पर पिकनिक _____ (मनाएँ / मनाएँगे)।
6   ज़रूरी है कि तुम घर से अभी _____ (निकलो / निकलोगे) ताकि तुम्हें हवाई अड्डे पहुँचने में देर न _____ (हो / होगी)।

Vocabulary

J   Match the subordinating expressions with the translations.

1   संभव है कि   a   it could be that
2   ज़रूरी है कि   b   it is possible that
3   हो सकता है कि   c   it is necessary that
4   आशा है कि   d   it is appropriate that
5   उचित है कि   e   no one knows/who knows
6   न जाने (कि)   f   if only
7   काश (कि)   g   hopefully

K Categorize the list of travel-related words in the box into the correct columns.

सामान / रेल गाड़ी / हवाई अड्डा / गाइड बुक / पर्यटक / स्टेशन / विमान / यात्री / समुद्र तट / समुद्री जहाज़ / गाइड / द्वीप / नक़्शा / हवाई जहाज़ / पहाड़ / नाव

Items to take with you	Modes of transport	Places you might go to	People you might meet
सामान (luggage)			

📖 Reading

L Read the first part of the email exchange and answer the questions in Hindi.

1 संजय के सुझाव के अनुसार जॉन को भारत क्यों जाना चाहिए?

2 दिल्ली में जॉन कहाँ रह सकता है?

प्रेषक:	संजय
प्रति:	जॉन
विषय:	भारत की यात्रा

प्रिय जॉन

कैसे हो तुम? आशा है कि सब ठीक चल रहा होगा। मैं जानता हूँ कि तुम कई सालों से हिन्दी सीख रहे हो। तुम ऐसा क्यों नहीं करते कि गर्मियों के बाद भारत आ जाओ ताकि तुम्हें हिन्दी बोलने के ख़ूब अवसर मिलें। इस से हिन्दी भाषा के प्रति तुम्हारा ज्ञान भी बढ़ेगा। पिछली बार जब हम मिले थे तुमने बताया था कि तुम लखनऊ में समय बिताना चाहते हो। तुम ऐसा करो कि भारत पहुँचकर सब से पहले दिल्ली में कुछ दिन रहो। अगर तुम चाहो तो तुम मेरे साथ रह सकते हो। इस के बाद तुम लखनऊ चले जाना। बताओ, मेरा सुझाव कैसा लगा?

तुम्हारा संजय

M Now, read the second email and then answer the questions.

प्रेषक:	जॉन
प्रति:	संजय
विषय:	Re: भारत की यात्रा

प्रिय संजय

सब ठीक है। तुम सुनाओ, कैसे हो? तुम्हारा सुझाव अच्छा है। मैंने दिल्ली जाने के लिए अपना टिकट बुक कर लिया है। उस के बाद लखनऊ जाने का प्रोग्राम बनाऊँगा। अब तक मैंने तय नहीं किया कि मैं लखनऊ कैसे जाऊँगा। शायद ट्रेन से जाऊँ या हवाई जहाज़ से। हो सकता है कि लखनऊ में मैं किसी हिन्दुस्तानी परिवार के साथ रहूँ। इस से मुझे हिन्दी बोलने का अच्छा मौक़ा मिलेगा। क्या तुम वहाँ किसी को जानते हो? अगर मैं होटल में रहूँगा तो मुझे ज़्यादातर टूरिस्ट ही मिलेंगे, जो आम तौर पर अंग्रेज़ी बोलते हैं। मैं कोशिश करूँगा कि लखनऊ में मैं बहुत हिन्दी बोलनेवाले दोस्त बनाऊँ, जो मेरे हिन्दी ज्ञान के लिए बहुत अच्छा होगा। लखनऊ से इलाहाबाद और वाराणसी भी बहुत दूर नहीं हैं, इसलिए मैं इन दोनों शहरों को भी आसानी से देख सकूँगा। क्या तुम्हें मालूम है कि आजकल मैं बहुत हिन्दी फ़िल्में देखता हूँ और हिन्दी गाने भी सुनता रहता हूँ? मुझे लगता है कि इस से मेरी शब्दावली में थोड़ा सुधार हुआ है। आशा है कि भारत में ढेर सारी हिन्दी फ़िल्में देख सकूँगा। वहाँ हिन्दी फ़िल्में देखने के अलावा आख़िर मुझे और क्या काम होगा? अच्छा, तुम अपना ख़्याल रखना और उम्मीद है कि हमारी मुलाक़ात जल्दी होगी।

तुम्हारा दोस्त जॉन

1 जॉन लखनऊ कैसे जाएगा?

_____

2 लखनऊ में जॉन कहाँ रहना चाहता है और वहाँ रहने के फ़ायदे क्या होंगे?

_____

3 होटल में रहने में क्या मुश्किल है?

_____

4 जॉन के अनुसार उसकी हिन्दी शब्दावली में सुधार का एक कारण क्या है?

_____

V सुझाव (m)	suggestion	
अवसर (m)	occasion, opportunity	
ज्ञान (m)	knowledge	
बिताना (vt)	to spend time	
तय करना (vt)	to decide, to fix	
हिन्दी बोलनेवाला (adj/m/f)	Hindi speaking, Hindi speaker	
शब्दावली (f)	vocabulary	
सुधार (m)	improvement	

N Highlight the subjunctive and future tense verbs in the first email and identify what they are agreeing with.

Subjunctive	Agreeing with	Future	Agreeing with

O Find a synonym in the Reading that matches the words.

1 मित्र _____

2 अवसर _____

3 ख़ानदान _____

4 अधिकतर _____

5 वक़्त _____

6 आशा _____

Writing

P   Write an email (80–100 words) to a friend describing your own future plans and desires for a forthcoming journey. Points to mention may include:

▶ आप कब और कहाँ जाएँगी / जाएँगे।

▶ आप वहाँ क्यों जाएँगी / जाएँगे।

▶ आप वहाँ जाकर क्या करेंगी / करेंगे।

_____

_____

_____

_____

_____

_____

_____

_____

_____

_____

Self-check

Tick the box which matches your level of confidence.

1 = very confident   2 = need more practice   3 = not confident

कृपया अपने आत्मविश्वास के स्तर के अनुसार निम्न वर्गों में से एक को चिन्हित करें।

1 = पूर्ण आत्मविश्वास   2 = अभ्यास की आवश्यकता   3 = अल्प आत्मविश्वास

	1	2	3
Discuss future plans using the future tense.			
Make presumptions with the presumptive form.			
Use the subjunctive to express possibility, desire and uncertainty.			
Can scan longer texts in order to locate desired information in everyday material such as letters and emails (CEFR B1).			
Can write personal letters or emails on topics of personal interest (CEFR B1).			

8 होली के त्यौहार पर आप कहाँ गए और आप ने क्या किया?

Where did you go for the Holi festival and what did you do?

In this unit you will learn how to:

- Express past events using the perfective tenses.
- Distinguish between transitive and intransitive verbs.

CEFR: Can understand the description of events and recognize significant points in articles (CEFR B1); Can write a description of an event – real or imaginary (CEFR B1).

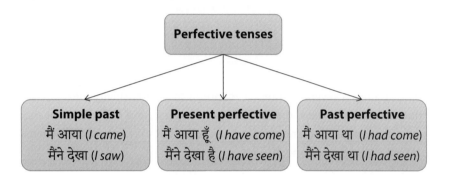

Perfective tenses

- **Simple past**
  मैं आया (*I came*)
  मैंने देखा (*I saw*)
- **Present perfective**
  मैं आया हूँ (*I have come*)
  मैंने देखा है (*I have seen*)
- **Past perfective**
  मैं आया था (*I had come*)
  मैंने देखा था (*I had seen*)

Meaning and usage

The simple past

1 The simple past is a form of the perfective tense, which is used to describe actions completed in the past:

मैं सुबह सात बजे उठा। उसके बाद मैं दफ़्तर गया। फिर मैंने बहुत काम किया।
(*I got up at seven o'clock. After that, I went to the office. Then I did a lot of work.*)

2 In comparison, the past *imperfective* expresses actions in the past that were regular or habitual. It can also express general circumstances, and can correspond to the English *used to*:

Simple past	Past imperfective
कल मीना ने एक फ़िल्म देखी। (*Yesterday, Meena <u>watched</u> a film.*)	मीना बहुत फ़िल्में देखती थी। (*Meena <u>used to watch</u> a lot of films.*)
पिछले साल वह भारत गई। (*Last year, she <u>went</u> to India.*)	बचपन में वह हर साल भारत जाती थी। (*In childhood, she went to India every year/she <u>used to go</u> to India every year.*)

Transitivity and intransitivity

1   Transitive verbs are verbs that can have a direct object, for example, *I read a book* and *I watched a film*. The words *book* and *film* that receive the action of the verb are the direct objects. Even if you don't mention the direct object in a sentence, e.g., *Last night I read,* a transitive verb still remains transitive.

2   Intransitive verbs are verbs that can't have a direct object. They are usually verbs of motion, such as आना (*to come*), जाना (*to go*) and पहुँचना (*to arrive*) or verbs that indicate a change of state, like उठना (*to get up*), बैठना (*to sit*) and सोना (*to sleep*), although there are a few exceptions.

You can identify most transitive verbs with the 'What test'. Insert any verb into the blank space in the question What did you _____? *to see whether it is transitive or not. For example,* What did you see? *and* What did you eat? *These are valid questions, therefore* to see *and* to eat *are transitive verbs. However, if you apply the same test to* to arrive *and* to go, *you get* What did you arrive? *and* What did you go? *which don't make sense. Therefore these verbs fail the 'What test' and are classified as intransitive.*

3   In Hindi, there are several common exceptions to the transitivity rules. The verb लाना (*to bring*) is intransitive, whilst the verbs बोलना (*to say/to speak*), and समझना (*to understand*) are transitive when a direct object is mentioned in a sentence, but they behave like intransitive verbs when no direct object is mentioned.

Forming the simple past of intransitive verbs

1   The simple past is based on the perfective participle which is formed by adding the appropriate perfective participle ending to the verb stem, depending on gender and number. With intransitive verbs, the perfective participle agrees with the subject of the verb.

A   Identify the perfective participle endings in the short passage and complete the chart.

मैं राजू हूँ। आज सुबह मैं आठ बजे उठा, मेरी पत्नी नौ बजे उठी, और मेरी दो बेटियाँ दस बजे उठीं। लेकिन मेरे दो बेटे अभी तक नहीं उठे। कोई बात नहीं, आज रविवार है।

	Masculine ending	Feminine ending
Singular		
Plural		

B   Complete the chart using the appropriate perfective participle.

उठना (*to get up*)		बोलना (*to speak*)	
Masculine	**Feminine**	**Masculine**	**Feminine**
मैं उठा	मैं उठी	मैं बोला	मैं बोली
तू_____	तू_____	तू_____	तू_____
यह / वह _____	यह / वह _____	यह / वह _____	यह / वह _____
हम _____	हम _____	हम _____	हम _____
तुम _____	तुम _____	तुम _____	तुम _____
आप _____	आप _____	आप _____	आप _____
ये / वे _____	ये / वे _____	ये / वे _____	ये / वे _____

2   Verb stems that end in a vowel will add -य to the stem before adding the masculine singular ending -आ, for example, आना *to come* → आया *came* and सोना *to sleep* → सोया *slept*.

3   The verbs होना *to be* and जाना *to go,* have irregular perfective participles:

	होना (*to be*)		जाना (*to go*)	
	Masculine	**Feminine**	**Masculine**	**Feminine**
Singular	हुआ	हुई	गया	गई
Plural	हुए	हुईं	गए	गईं

The perfective participles of होना *express* happened *or* became, *whereas the imperfective forms of* होना *(*था, थी, थे *and* थीं*) express* was *and* were, *e.g.* क्या हुआ? वह कहाँ था? (What happened? Where was he?)

4   Certain perfective participles, like those of आना (*to come*), and जाना (*to go*), occur with alternative spellings:

Standard spelling	आई, आए, आईं	गई, गए, गईं
Alternative spelling	आयी, आये, आयीं	गयी, गये, गयीं

5   Negative sentences are formed by placing नहीं before the perfective participle:

कल रात को मैं घर नहीं गया, और मैं सारी रात नहीं सोया।

(*Last night, I didn't go home and I didn't sleep all night.*)

Forming the simple past of transitive verbs

1   The perfective participle for transitive verbs is formed in the same way as that for intransitive verbs, by adding the appropriate ending (-आ, -ई, -ए or -ईं) to the verb stem.

2   When forming a sentence with a transitive verb, the subject of the verb is followed by the postposition ने, and the perfective participle agrees in number and gender with the direct object of the verb. The examples illustrate the agreement pattern by using the masculine noun अख़बार *newspaper* and the feminine noun किताब *book*:

आज राजू ने एक अख़बार <u>पढ़ा</u>, लेकिन कल राजू ने दो अख़बार <u>पढ़े</u> ।

(*Today Raju read one newspaper, but yesterday he read two newspapers.*)

आज राजू ने एक किताब <u>पढ़ी</u>, लेकिन कल राजू ने दो किताबें <u>पढ़ीं</u> ।

(*Today Raju read one book, but yesterday he read two books.*)

 In grammar terms, the postposition ने *is called the ergative particle or the agentive postposition.* ने *has no translation or equivalent in English.*

3   Since ने is a postposition, any subject followed by ने will be in the oblique case. Personal pronouns followed by ने from their oblique forms as shown in the chart:

Pronoun	Pronoun + ने	Pronoun	Pronoun + ने
मैं	मैंने	हम	हमने
तू	तूने	तुम	तुमने
यह	इसने	आप	आपने
वह	उसने	ये	इन्होंने
		वे	उन्होंने

4   If a statement contains no direct object, or if the direct object is followed by the postposition को then the perfective participle defaults to the masculine singular form:

कल मैंने कुछ नहीं <u>खाया</u> । (*Yesterday, I didn't eat anything.*)

मैंने आपकी माताजी को बाज़ार में <u>देखा</u> । (*I saw your mother at the market.*)

5   There are just a few irregular perfective participles of transitive verbs:

	करना (*to do*)	लेना (*to take*)	देना (*to give*)	पीना (*to drink*)
Masculine singular	किया	लिया	दिया	पिया
Masculine plural	किए	लिए	दिए	पिए
Feminine singular	की	ली	दी	पी
Feminine plural	कीं	लीं	दीं	पीं

6   Verb stems ending in a vowel will add -य to the stem before adding the masculine singular ending -आ, for example मनाना *to celebrate* → मनाया *celebrated*.

7   Modal verbs (सकना, पाना and चुकना) do not take ने in the perfective tense, even if the verb stem being used with the modal verb belongs to a verb that takes ने. Compare the examples:

हम ने यह फ़िल्म देखी है। (*We've seen this film.*)

हम यह फ़िल्म देख चुके हैं। (*We've already seen this film.*)

C   **Read the text and identify the instances of the simple past and then complete the chart.**

कल दिवाली थी। हम सब चाचा जी के घर पर इकट्ठे हुए। चाचा जी हमारे घर से काफ़ी दूर रहते हैं। मेरा भाई अपने घर से स्कूटर पर आया, और हम बाक़ी लोग पिता जी की गाड़ी में गए। चाचा जी के घर पहुँचकर हम ने दिवाली की पूजा की और लक्ष्मी जी की आरती गाई। उस के बाद हम ने खाना खाया। पिता जी ने क़रीब चार-पाँच समोसे खाए, और मैंने अपना पेट जलेबियों से भरा। फिर हमने पटाखे छोड़े। चाचा जी ने कहा कि अगले साल दिवाली मनाने के लिए वे हमारे घर आएँगे ।

Perfective participle	Infinitive	Transitive or intransitive	Agreement with subject or direct object or neither
1 *हुए*	1 *होना*	1 Intransitive	1 *हम सब* (subject)
2 *आया*	2 *आना*	2 Intransitive	2 *मेरा भाई* (subject)
3	3	3	3
4	4	4	4
5	5	5	5
6	6	6	6
7	7	7	7
8	8	8	8
9	9	9	9
10	10	10	10

The Hindu celebration of Diwali is known as the festival of lights. When celebrating it, Hindus often perform a worship of the goddess Lakshmi. This includes an आरती *ceremony in which a burning lamp and incense is presented and moved in a series of circles before the image of the deity whilst singing a homage to the deity.*

D   **A girl, Geeta, is talking about a day out with her brother Raju. Complete the sentences using the correct perfective participle of the verbs.**

1   आज मैं सुबह-सुबह _____ । (उठा / उठी / उठे)

2   उसके बाद मैं बाज़ार _____ । (गया / गई / गए)

3   मेरा भाई राजू भी मेरे साथ _____ । (आया / आई / आए)

4   बारिश हो रही थी इसलिए हम टैक्सी से _____ । (गया / गई / गए)

5　राजू ने टैक्सी के किराए के पैसे _____ । (दिया / दी / दिए)

6　हम ज़्यादा देर तक बाज़ार में नहीं _____ । (रहा / रही / रहे)

E Raju continues the description of the day out. Complete the sentences using the correct form of the perfective participle.

1　गीता ने नए जूते _____ । (ख़रीदना)

2　हम दोनों ने थोड़ी-सी चाय _____ । (पीना)

3　मैंने एक-दो समोसे _____ । (खाना)

4　लेकिन गीता ने कुछ नहीं _____ । (खाना)

5　उसके बाद गीता घर _____ । (जाना)

6　मैं सिनेमा गया जहाँ पर मैं अपने दोस्तों से _____ । (मिलना)

F Complete the passage using ने where required and the correct perfective participle. Where ने is not needed, leave the space blank.

मेरा नाम राजू है। मैं अपने माता-पिता और बहिन के साथ रहता हूँ। आज मैं (1) _____ देर से (2) _____ (उठना)। उठने के बाद मैं (3) _____ (4) _____ (नहाना) और फिर मैं (5) _____ कपड़े (6) _____ (पहनना)। मैं (7) _____ रसोई घर में (8) _____ (जाना) और मैं (9) _____ (10) _____ (देखना) कि मेरे माता और पिता नाश्ता खा रहे थे। मैं (11) _____ भी कुछ नाश्ता (12) _____ (खाना)। "गीता कहाँ है?" मैं (13) _____ (14) _____ (पूछना)। "वह अभी तक सो रही है" माँ (15) _____ (16) _____ (कहना)। कुछ देर बाद गीता (17) _____ अंदर (18) _____ (आना) और मैं (19) _____ उसके लिए चाय (20) _____ (बनाना)।

Other perfective tenses

1　The present perfective expresses completed actions that still affect the present, whereas the past perfective generally expresses completed actions in the remote past that do not affect the present:

Present perfective	Past perfective
वह दिल्ली गया है। (*He has gone to Delhi.*)	वह दिल्ली गया था। (*He had gone to Delhi.*)
हम ने यह फ़िल्म देखी है। (*We have seen this film.*)	हम ने यह फ़िल्म देखी थी। (*We had seen this film.*)

2　Hindi may use the past perfective where in English the simple past would be used, for example, when an action being expressed was completed before another action that is mentioned, or when a specific period of time is mentioned:

जब हम राजस्थान गए थे, हम ने जयपुर में मुहर्रम का जुलूस देखा था।

(*When we went to Rajasthan, we saw the Muharram parade in Jaipur.*)

दो साल पहले हमने होली का त्यौहार वृन्दावन में मनाया था।

(*Two years ago we celebrated the festival of Holi in Vrindavan.*)

Forming the present and past perfective tenses

1 The present perfective is formed by adding the present tense of the verb होना (हूँ, है, हो or हैं) depending on gender and number, after the perfective participle. For intransitive verbs, agreement is with the subject, whereas for transitive verbs agreement is with the direct object:

मैं लन्दन आया हूँ। (*I have come to London.*)

मैंने यह किताब पढ़ी है। (*I have read this book.*)

2 The past perfective is formed by adding the past tense of the verb होना (था, थी, थे or थीं) depending on gender and number, after the perfective participle. The same rules of agreement apply as with other perfective tenses, i.e. intransitive verbs agree with the subject, and transitive verbs agree with the direct object:

मैं लन्दन आया था। (*I had come to London.(I came to London.)*)

मैंने यह किताब पढ़ी थी। (*I had read this book.(I read this book.)*)

G **Complete the sentences using the present perfective form of the verb in brackets. Then translate into English.**

1 मेरा भाई भारत *गया है*। (जाना)   My brother has gone to India.

2 क्या आप ने अपना काम ख़त्म _____? (करना)   _____

3 दो नई फ़िल्में रिलीज़ _____। (होना)   _____

4 क्या माता जी ने खाना _____? (खाना)   _____

5 दादी जी ने अपनी पूजा _____। (करना)   _____

6 मैंने आपकी बेटी को मंदिर में _____। (देखना)   _____

H **Complete the sentences in G using the past perfective form of the verbs.**

Vocabulary

I **Find the odd one out.**

1 मस्जिद | गुरुद्वारा | गिरजा-घर | पुस्तकालय

2 ईद | दिवाली | शादी | क्रिसमस

3 पाठ | पूर्णिमा | पूजा | आरती

4 धर्म | सिख | इसाई | मुसलमान

5 त्यौहार | उत्सव | पर्व | दिन

J The words are connected by meaning and/or structure. Complete with the correct translation.

> कहानी / अच्छाई / देश / रंगीन / सांस्कृतिक / पारम्परिक / पूर्ण चन्द्रमा / सच / जुड़ा हुआ / हार / संस्कृति / विदेश / बुराई / रंग-बिरंगा / कथा / परम्परा / सम्बंधित / पूर्णिमा / झूठ / जीत / रंग

1 tradition _____ traditional _____
2 culture _____ cultural _____
3 story _____ tale _____
4 colour _____ coloured _____ multi-coloured _____
5 country _____ overseas/abroad _____
6 full moon _____ full moon _____
7 linked _____ connected _____
8 good _____ evil _____
9 truth _____ lie _____
10 victory _____ defeat _____

📖 Reading

K Read the first part of the article describing the festival of Holi, then answer the questions.

1 हिन्दू और अंग्रेज़ी कैलेंडर के अनुसार भारत में लोग होली कब मनाते हैं?

_____

2 होली से सम्बंधित सभी कहानियों का मुख्य संदेश क्या है?

_____

> रंगों का त्यौहार होली एक पारम्परिक और सांस्कृतिक हिन्दू त्यौहार है। भारत में इसे हर साल फ़रवरी या मार्च के महीने में पूर्ण चन्द्रमा के दिन, यानी हिन्दू कलेंडर के अनुसार फागुन पूर्णिमा पर, मनाते हैं। होली का त्यौहार वसंत की शुरुआत का एक प्रतीक भी माना जाता है। त्यौहार के इतिहास के विषय में अनेक कथाएँ प्रसिद्ध हैं, और लगभग सभी कहानियों का सार बुराई पर अच्छाई या झूठ पर सच की जीत है।

L Now, read the rest of the article and decide whether the statements are सही या ग़लत (*true or false*). Correct the false statements.

> होली पूरे भारत में मनाई जाती है। होली के दिन लोग अपने दोस्तों और रिश्तेदारों को होली की शुभ-कामनाएँ देने के बाद एक साथ मिलकर होली खेलते हैं, यानी एक दूसरे पर रंग-बिरंगा गुलाल लगाते हैं और पिचकारियों से रंगीन पानी फेंकते हैं। आजकल होली का त्यौहार भारत में ही नहीं, बल्कि पूरी दुनिया में भी मनाया जाता है जहाँ-जहाँ प्रवासी भारतीय बसे हुए हैं। लन्दन की रहनेवाली भारतीय छात्रा शिवानी ने पिछले साल होली मनाने के अपने अनुभव का वर्णन करते हुए कहा:
>
> "वैसे तो विदेश में रहकर भी हम सभी भारतीय त्यौहारों के प्रति जागरूक रहते हैं, लेकिन सब से ज़्यादा मज़ा तो होली पर आता है। पिछले साल होली से कुछ दिन पहले मैंने इंटरनेट से पर्यावरण अनुकूल गुलाल मँगवाया। होली के दिन मैं वह गुलाल कॉलेज ले गई और ब्रेक के दौरान हम दोस्तों ने बाग़ में जाकर एक साथ मिलकर ख़ूब होली खेली। मेरे दोस्त दुनिया भर के नागरिक हैं, इसलिए हम विश्वास से कह सकते हैं कि अब होली केवल भारत का नहीं, बल्कि पूरी दुनिया का त्यौहार बन चुका है। मुझे इस बात पर भी गर्व है कि भले ही मेरी परवरिश विदेश में हुई है, फिर भी मैं अपने भारतीय रीति-रिवाज और संस्कृति को कभी नहीं भूल सकती। मेरे विचार में ऐसे पारम्परिक त्यौहार ही हमें अपनी जड़ों से जोड़कर रखते हैं।"

1   होली केवल भारत में मनाई जाती है।   सही / ग़लत

_____

2   जब लोग होली खेलते हैं तो वे एक दूसरे पर केवल गुलाल लगाते हैं।   सही / ग़लत

_____

3   भारतीय त्यौहारों में से शिवानी को सब से ज़्यादा मज़ा होली पर ही आता है।   सही / ग़लत

_____

4   जिन दोस्तों ने शिवानी के साथ होली खेली वे अनेक देशों के रहनेवाले हैं।   सही / ग़लत

_____

5   शिवानी विदेश में रहकर अपनी भारतीय संस्कृति और जड़ों से जुड़े नहीं रह सकी।   सही / ग़लत

_____

वसंत (m)	*spring*
प्रतीक (m)	*symbol*
सार (m)	*essence*
संदेश (m)	*message*
गुलाल (m)	*coloured powder*
पिचकारी (f)	*water pump*
प्रवासी (m/adj)	*immigrant, living abroad*
पर्यावरण अनुकूल (adj)	*environmentally friendly*
भले ही (adv)	*even if*
रीति-रिवाज (mp)	*customs*

M Highlight any perfective tense verbs in the Reading and identify what they agree with.

Perfective tense verbs	Agreeing with

N Find a synonym from the Reading that matches the words.

1 पर्व ____________

2 चाँद ____________

3 मित्र ____________

4 विश्व ____________

5 विद्यार्थी ____________

6 आनंद ____________

7 सिर्फ़ ____________

8 ख़्याल ____________

 # Writing

O Write a passage (80–100 words) describing a cultural or religious festival that you have celebrated. Points to mention could include:

▶ त्यौहार कब और कहाँ हुआ।

▶ आप के साथ वहाँ कौन था।

▶ आप ने त्यौहार कैसे मनाया।

_____

_____

_____

_____

_____

_____

_____

_____

_____

_____

Self-check

Tick the box which matches your level of confidence.

1 = very confident   2 = need more practice   3 = not confident

कृपया अपने आत्मविश्वास के स्तर के अनुसार निम्न वर्गों में से एक को चिन्हित करें।

1 = पूर्ण आत्मविश्वास   2 = अभ्यास की आवश्यकता   3 = अल्प आत्मविश्वास

	1	2	3
Express past events using the perfective tenses.			
Distinguish between transitive and intransitive verbs.			
Can understand the description of events and recognize significant points in articles (CEFR B1).			
Can write the description of an event – real or imaginary (CEFR B1).			

9 गाड़ी निकलनेवाली है।

The train is about to depart

In this unit you will learn how to:

✓ Use expressions with वाला.

✓ Tell the time.

✓ Use ordinal numbers.

✓ Use the correct date format.

✓ Use aggregates.

CEFR: Can locate desired information and understand relevant information in everyday material such as notices and timetables (CEFR B1); Can write personal letters or emails on topics of personal interest (CEFR B1).

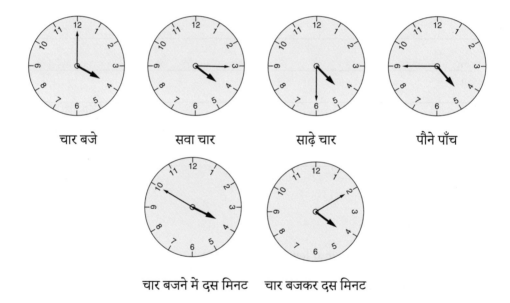

चार बजे   सवा चार   साढ़े चार   पौने पाँच

चार बजने में दस मिनट   चार बजकर दस मिनट

Meaning and usage

Expressions with वाला

1   वाला is a common suffix having a number of functions. It can follow an oblique infinitive, oblique noun, adjective or adverb to form adjective and noun-phrases. It inflects like adjectives, and therefore has the forms वाला, वाले and वाली, as well as the oblique plural वालों. It can be attached to the word it is suffixed to or it can be written as a separate word.

Oblique infinitive + वाला

1 An oblique infinitive (i.e. an infinitive that ends in -ने) can be followed by वाला to show a person is the doer of an action, similar to the suffix *-er* in English:

बेचनेवाला (*seller*) (*vendor*)

हिन्दी बोलनेवाले (*Hindi speaker(s)*)

2 वाला can express that an action is about to occur imminently or at a point in the future:

यात्री स्टेशन पर पहुँचनेवाले हैं। (*The passengers are about to arrive at the station.*)

हवाई जहाज़ उड़नेवाला है। (*The plane is about to take off.*)

3 वाला can function as an adjective:

अमृतसर जानेवाली ट्रेन हमेशा इसी प्लेटफ़ॉर्म से चलती है।
(*The train going (that goes) to Amritsar always leaves from this very platform.*)

आनेवाले हफ़्तों में हम अपनी यात्रा का बंदोबस्त करेंगे।
(*We will make our travel arrangements in the coming weeks.*)

4 Using the oblique infinitive with the suffix वाला as an adjective is an alternative to using a relative clause with जो:

टैक्सी चालानेवाला आदमी मेरा दोस्त है। vs. जो आदमी टैक्सी चला रहा है वह मेरा दोस्त है।
(*The taxi driver (literally: 'taxi driving man') is my friend.*) vs. (*The man who is driving the taxi is my friend.*)

A Read and tick what the वाला expressions show.

1 किताबें बेचनेवाला अपनी दुकान में खड़ा था। Doer ☐ About to ☐ Adjective ☐
2 मेरी पत्नी का जन्म दिन आनेवाला है। Doer ☐ About to ☐ Adjective ☐
3 छुट्टियों के लिए आप कहाँ जानेवाले हैं। Doer ☐ About to ☐ Adjective ☐
4 मैं दो हवाई जहाज़ के टिकट ख़रीदनेवाला हूँ। Doer ☐ About to ☐ Adjective ☐
5 जयपुर जानेवाली फ़्लाइट हमेशा देर से चलती है। Doer ☐ About to ☐ Adjective ☐
6 स्टेशन में सामान उठानेवालों को क़ुली कहते हैं। Doer ☐ About to ☐ Adjective ☐

B Transform the continuous tense verbs into the oblique infinitive + वाला construction.

1 यह बस चंडीगढ़ जा रही है। → *यह बस चंडीगढ़ जानेवाली है।*
2 आपकी छुट्टियाँ कब शुरू हो रही हैं? → ______
3 ये यात्री कल नहीं, परसों जा रहे हैं। → ______
4 बस चलानेवाला अब अपना खाना खा रहा है। → ______
5 उदयपुर से आनेवाली उड़ान सात बजे पहुँच रही है। → ______
6 माता जी चाय पी रही हैं और उसके बाद टिकट ख़रीदने जाएँगी। → ______

Oblique noun + वाला

1 When used with an oblique noun वाला has the effect of associating a person or object with the noun that it is suffixed to, creating an adjectival expression:

टोपी वाला आदमी कौन है? (*Who is the <u>man with the hat</u>?*)

आज ट्रेनवाली लड़की फिर मिली। (*I met the <u>girl from the train</u> again today.*)

2 When suffixed to a location, वाला relates a person or object to that location, forming nouns or adjectives:

कुछ <u>दिल्लीवाले</u> सिर्फ़ ऑटो से सफ़र करते हैं। (*Some <u>Delhi-ites</u> (Delhi residents) only travel by auto-rickshaw.*)

<u>दिल्लीवाली</u> गाड़ी कब निकलेगी? (*When will the <u>Delhi train</u> depart?*)

3 Nouns relating to occupations are commonly formed with वाला:

टैक्सीवाले और रिक्शेवाले का झगड़ा हो गया। (*The <u>taxi driver</u> and <u>rickshaw driver</u> had a fight.*)

चायवाला और दूधवाला देखते रहे। (*The <u>tea vendor</u> and <u>milkman</u> kept watching.*)

वाला *suffixed to an oblique noun can function as a noun or adjective depending on the context:*

दूधवाला चाय पीता है? (Does the <u>milkman</u> drink tea?)

दूधवाली चाय कहाँ मिलेगी? (Where can you get <u>milky</u> tea?)

C Read the conversation and identify which वाला expressions are nouns and which are adjectives and complete the table.

Noun	Adjective
	अहमदाबाद वाली

"क्या यह अहमदाबाद वाली बस है?"

"जी हाँ। क्या आप अहमदाबाद में रहते हैं?"

"जी नहीं, मैं एक दिल्लीवाला हूँ। यह बस कितने बजे चलनेवाली है? हमें देर हो रही है। बसवाला कहाँ है?"

"मुझे लगता है वह अभी आनेवाला होगा। वह देखिए, वह नीली क़मीज़ वाला आदमी। वह ही हमारा ड्राइवर है।"

Adjective or adverb + वाला

1 When suffixed to an adjective, वाला creates an adjective that refers to a particular object or person amongst a group. Both the adjective and वाला agree with the noun they refer to. If it is clear from the context, the noun can be omitted, e.g. लालवाला (*the red one*):

<u>लालवाली गाड़ी</u> किसकी है? (*Whose is <u>the red car</u>?*)

<u>लालवाली</u> मेरी है, पर <u>नीलीवाली</u> मेरे दोस्त की है। (*<u>The red one</u> is mine, but <u>the blue one</u> is my friend's.*)

2 When suffixed to an adverb, वाला forms an adjective:

<u>कलवाली</u> ट्रेन देर से पहुँची। (*<u>Yesterday's</u> train arrived late.*)

हवाई अड्डे की <u>नीचेवाली</u> मंज़िल पर दुकानें मिलेंगी। (*You will find the shops on the <u>lower</u> level of the airport.*)

D **Complete the sentences with the correct words in the box.**

> बीस रुपया वाला / रिक्शेवाले / लालवाली / आनेवाला / टैक्सीवाले /
> दूधवाला / निकलनेवाली / घरवाले / सफ़ाई करनेवाली / पासवाली

1 आज सुबह हमारा _____ दूध देने देर से _____ है।
2 भैया मुझे _____ बिस्कुट का पैकेट दे दो, और ज़रा जल्दी करना क्योंकि मेरी गाड़ी _____ है।
3 मैं आपकी _____ सीट में बैठी हूँ।
4 हमारे _____ आज रात की एक्सप्रेस ट्रेन से लखनऊ पहुँच रहे हैं।
5 क्या तुम्हें हवाई अड्डे जाने का रास्ता मालूम है? अगर नहीं, तो किसी _____ या _____ से पूछ लो।
6 कल मुझे घर को ख़ुद साफ़ करना पड़ा क्योंकि हमारी _____ नहीं आई।

Meaning and usage

Telling the time

1 The word बजे *o'clock* states the time. बजे is the plural form of बजा, so for certain times before two o'clock you use the singular form बजा, along with the singular form of the verb होना *to be*:

कितने बजे हैं? (*What time is it?*)

एक बजा है या दो बजे हैं? (*Is it one o'clock or two o'clock?*)

The word बजा is based on the perfective participle of the verb बजना to strike or to chime.

2   Other phrases for telling the time include:

12:45 – 1:30	1:45 – 2:30
पौन बजा है (*It's a quarter to one.*)	पौने दो बजे हैं (*It's a quarter to two.*)
एक बजा है (*It's one o'clock.*)	दो बजे हैं (*It's two o'clock.*)
सवा बजा है (*It's a quarter past one.*)	सवा दो बजे हैं (*It's a quarter past two.*)
डेढ़ बजा है (*It's half past one.*)	ढाई बजे हैं (*It's half past two.*)

3   Beyond half past two, telling the time follows a regular pattern with a quarter to the hour expressed by पौने, half past the hour expressed by साढ़े, and a quarter past expressed by सवा:

पौने तीन बजे हैं। (*It's a quarter to three.*)

तीन बजे हैं। (*It's three o'clock.*)

सवा तीन बजे हैं। (*It's a quarter past three.*)

साढ़े तीन बजे हैं। (*It's half past three.*)

पौने चार बजे हैं। (*It's a quarter to four.*)

4   Minutes before the hour are expressed with बजने में and minutes after the hour expressed with बजकर:

छह बजने में दस मिनट हैं। (*It's ten to six.*)

आठ बजकर बीस मिनट हो गए हैं। (*It's gone twenty past eight.*)

5   When stating *at* a particular time, the time is expressed using बजे and the postposition पर may be used. However, if the minutes before or after the hour are stated, then पर is always stated:

फ़्लाइट एक बजे (पर) चलेगी। (*The flight will leave at one o'clock.*)

हम घर से बारह बजने में बीस मिनट पर निकलेंगे? (*We will leave the house at twenty minutes to twelve.*)

6   The verb बजना can be used in different tenses and expressions:

तीन बजकर दस मिनट (हुए) हैं। (*It's ten minutes past three.*)

सवा आठ बज गए हैं। (*It's already a quarter past eight.*)

ग्यारह बजनेवाले हैं। (*It's almost (about to strike) eleven o'clock.*)

7   The word ठीक can be used to express *exactly*:

ठीक नौ बजे हैं। (*It's exactly nine o'clock.*)

8   The twenty-four hour clock is not used in Hindi and there are no direct translations for a.m. or p.m., therefore in order to express the precise time, phrases involving the period of the day and के are used. Examples include रात के *of the night*, सुबह के *of the morning*, दोपहर के *of the afternoon* or शाम के *of the evening*:

रात के दो बजे। literally: (*two o'clock of the night*) i.e. (*2 a.m.*)

दोपहर के दो बजे। literally: (*two o'clock of the afternoon*) i.e. (*2 p.m.*)

E Match the time statements with the correct meanings.

1 ग्यारह बजने में दस मिनट।   a 2.20 p.m.

2 दोपहर के दो बजकर बीस मिनट।   b 7.00 a.m.

3 दोपहर के दो बजने में बीस मिनट।   c 10.50

4 शाम के सात बजे।   d 11.25 a.m.

5 सुबह के सात बजे।   e 1.40 p.m.

6 रात के ग्यारह बजकर पच्चीस मिनट।   f 7.00 p.m.

F Put the time statements in chronological order starting from आधी रात (*midnight*).

1 आधी रात।   ☐

2 रात के ठीक नौ बजे।   ☐

3 सुबह के दस बजने में पाँच मिनट।   ☐

4 दोपहर के पौने चार बजे।   ☐

5 दोपहर के चार बजने में दस मिनट।   ☐

6 सुबह के पाँच बजने में दस मिनट।   ☐

G Answer the questions using the time words.

1 मुंबई जाने वाली गाड़ी कितने बजे चलती है? (7.30 a.m.)

_____

2 हमारा हवाई जहाज़ कितने बजे तक कोलकत्ता पहुँचेगा? (4.25 p.m.)

_____

3 कल सुबह आप कितने बजे उठने वाली हैं? (seven or eight o'clock)

_____

4 पर्यटक होटल में कितने बजे चेक-इन करेंगे? (11.00 a.m.)

_____

5 माँ हमें हवाई अड्डे से कितने बजे लेने आएगी? (Exactly nine o'clock)

_____

6 अगर यह बस ठीक समय पर चले तो हम कितने बजे पहुँचेंगे? (11.30 p.m. or 11.45 p.m.)

_____

Ordinal Numbers

1 The first six ordinal numbers are:

पहला	दूसरा	तीसरा	चौथा	पाँचवाँ	छठा
first	second	third	fourth	fifth	sixth

2 Thereafter the ordinal number is formed by adding the suffix -वाँ to the cardinal number: सातवाँ, आठवाँ, नौवाँ (or नवाँ), दसवाँ etc.

3 Ordinal numbers agree like inflecting adjectives. Those ending in the suffix -वाँ retain the nasalization when agreeing, therefore the endings are -वाँ, -वें or -वीं:

ट्रैवल एजेंट का दफ़्तर चौथी या पाँचवीं मंज़िल पर है।

(*The travel agent's office is on the fourth or fifth floor.*)

H Translate the sentences.

1 The first train was late and the second one arrived early.

_____

2 The tourists will go from Delhi to Agra on the third day of their holiday.

_____

3 Is my seat the fourth or fifth one?

_____

4 On the sixth day, he returned to the airport to catch his flight.

_____

5 She works in an office on the seventh floor.

_____

Meaning and usage

Dates

1 The first day of the month is expressed with the ordinal number in the feminine form. The second day of the month uses an ordinal or cardinal number, and the subsequent days use cardinal numbers:

पहली जनवरी (*1st January*)

दूसरी फ़रवरी/दो फ़रवरी (*2nd February*)

2 The word *and* is not used when stating the year, the *year* is expressed with the word सन्, and years prior to 2000 involve the word सौ (*hundred*):

(सन्) दो हज़ार सत्रह ((*The year*) *two thousand and seventeen (twenty seventeen*))

उन्नीस सौ सैंतालीस (*Nineteen forty-seven*)

The Western calendar is commonly used for everyday matters and official business in India. However, the Hindu calendar and Islamic calendar, both based on the lunar cycle, are used in religious matters by the respective communities.

Meaning and usage

Aggregates

1 Aggregates (expressions such as *both, all three, hundreds* etc.) are formed by adding the suffix –ओं to a number. However, two common exceptions are दोनों *both* and सैकड़ों *hundreds*:

ये दोनों सीटें हमारी हैं। (*Both of these seats are ours.*)

तीनों सवारियाँ बेंगलुरु जा रही हैं। (*All three passengers are going to Bengaluru.*)

 The Indian-English term lakh or (lac) means one hundred thousand. *As Hindi doesn't have a word for* a million, *you therefore express a* million *in Hindi as* दस लाख ten lakhs.

I **Complete the chart with the correct numbers and aggregates.**

Cardinal number	Aggregate
1 दो (*two*)	_____ (*both*)
2 _____ (*ten*)	_____ (*all ten*), (*tens*)
3 दर्जन (*a dozen*)	_____ (*all twelve*), (*dozens*)
4 _____ (*one hundred*)	_____ (*all one hundred*), (*hundreds*)
5 _____ (*a thousand*)	_____ (*all one thousand*), (*thousands*)
6 _____ (*one hundred thousand*), (*one lakh*)	_____ (*hundreds of thousands*), (*lakhs*)
7 _____ (*ten million*)	करोड़ों (*tens of millions*)

Vocabulary

J **Match the days of the week with the correct meanings.**

1	गुरुवार	a	*Monday*
2	सोमवार	b	*Tuesday*
3	शनिवार	c	*Wednesday*
4	मंगलवार	d	*Thursday*
5	रविवार	e	*Friday*
6	बुधवार	f	*Saturday*
7	शुक्रवार	g	*Sunday*

K Complete the chart using the words in the box.

> जानकारी काउन्टर / प्रतीक्षालय / हवाई जहाज़ / हवाई अड्डा / पर्यटक / कश्ती / यात्रा /
> रेलगाड़ी / बस अड्डा / घोड़ा / सामान / नक़्शा / बंदरगाह / प्रस्थान / विमान

परिवहन के साधन (Mode of transport)	स्थान (Location)	अन्य यात्रा संबंधित शब्द (Other travel-related words)

L The words are connected by meaning and/or structure. Complete with the correct translation.

> काम (m) / इतिहास (m) / आगमन (m) / निर्यात (m) / आयात (m) / बदलाव (m) / पहुँचना (vi) /
> यात्री (m) / प्रमुख (adj) / प्रस्थान (m) / बदलना (vt) / मुख्य (adj) / कार्य (m) / शुरू (m) / पहुँचाना (vt) /
> यात्रा (f) / पुराना (adj) / आरम्भ (m) / ऐतिहासिक (adj)

1 traveller _____ journey _____

2 to change _____ change _____

3 old _____ history _____ historical _____

4 import _____ export _____

5 main _____ principal _____

6 departure _____ arrival _____

7 start _____ beginning _____

8 to arrive _____ to deliver _____

9 work _____ function _____

 Reading

M Read the notice providing information about *Chhatrapati Shivaji Terminus* in Mumbai, and then match the sentence halves.

> मुंबई का छत्रपति शिवाजी टर्मिनस भारत के सब से व्यस्त रेलवे स्टेशनों में से एक गिना जाता है। इससे हर दिन लाखों यात्री गुज़रते हैं। उन्नीसवीं शताब्दी में बना यह स्टेशन देश का सब से ऐतिहासिक रेलवे स्टेशन भी माना जाता है। पहले इस का नाम ब्रिटिश महारानी विक्टोरिया के नाम पर 'विक्टोरिया टर्मिनस' रखा गया था। समय के साथ मुंबई के रहनेवाले इसे 'वी.टी.' के नाम से पुकारने लगे। सन् 1996 में, विदेशी नामों को भारतीय नामों में बदलने की प्रक्रिया में जैसे कि बॉम्बे को मुंबई में बदला गया, वैसे ही इस स्टेशन का नाम सत्रहवीं शताब्दी के मराठा योद्धा शासक छत्रपति शिवाजी के नाम पर 'छत्रपति शिवाजी टर्मिनस' रख दिया गया। तब से मुंबई-निवासी इसे 'सी.एस.टी' नाम से पुकारने लगे, पर कई लोग इसे आज भी वी.टी. कहते हैं।

1	सत्रहवीं शताब्दी में	a	स्टेशन बनाया गया।
2	उन्नीसवीं शताब्दी में	b	स्टेशन का नाम बदला गया।
3	बीसवीं शताब्दी में	c	छत्रपति शिवाजी ने शासन किया।

N Now, continue reading and then answer the questions.

> ऐतिहासिक रूप से सी.एस.टी भारत से विदेश में सामान निर्यात और आयात करने का एक प्रमुख केंद्र था। इस स्टेशन की बग़ल में आज भी एक बंदरगाह स्थित है। लेकिन आज इस स्टेशन का मुख्य कार्य यात्रियों को अपने-अपने गंतव्यों तक पहुँचाना है। सी.एस.टी में कुल 18 प्लेटफ़ॉर्म हैं जिन में से आधे प्लेटफ़ॉर्म लोकल ट्रेनों के लिए हैं और आधे लंबी दूरी की ट्रेनों के लिए। इस प्रकार, सी.एस.टी भारत के सभी प्रमुख शहरों से जुड़ा हुआ है। अगर आप मुंबई से किसी दूसरे शहर जानेवाले हैं और आप अपनी यात्रा ट्रेन से करनेवाले हैं, संभव है कि आपकी यात्रा का आरम्भ सी.एस.टी से ही होगा।

नीचे दिए गए टाइम-टेबल से आप कुछ मुख्य गंतव्यों की जानकारी प्राप्त कर सकते हैं।

गंतव्य	प्रस्थान	आगमन	दिन
अमृतसर	00:30	17:30	सोम, गुरु, शनि
पुणे	06:40	09:57	प्रतिदिन
मंगलुरु	22:00	12:40 (अगले दिन)	प्रतिदिन
हैदराबाद	12:45	05:55 (अगले दिन)	सोम, मंगल, बुध, गुरु, शुक्र, शनि
लखनऊ	08:20	08:40 (अगले दिन)	रविवार
चेन्नई	14:00	16:30 (अगले दिन)	प्रतिदिन

1 समय के साथ स्टेशन के मुख्य कार्य में क्या-क्या बदलाव हुए हैं?

2 सी.एस.टी से शुरू होने वाली ट्रेनों से यात्री कहाँ-कहाँ जा सकते हैं?

3 अमृतसर जाने वाली ट्रेन हफ़्ते में कितने दिन चलती है और कितने बजे छूटती है?

4 हैदराबाद की ट्रेन किस दिन पर नहीं चलती?

5 गंतव्यों के नामों को हिन्दी वर्णमाला के हिसाब से सही क्रम में लिखिए।

V		
प्रक्रिया (f)	process
योद्धा (m)	warrior
शासक (m)	ruler
बंदरगाह (m)	port
गंतव्य (m)	destination
जुड़ा हुआ (adj)	linked
प्राप्त करना (vt)	to obtain
वर्णमाला (f)	alphabet
के हिसाब से (postp)	according to
क्रम (m)	sequence

Writing

O Write an email (80–100 words) to a friend explaining the schedule for a forthcoming trip together. Points to mention could include:

▶ आप कहाँ से कहाँ तक जा रहे हैं / जा रही हैं।

▶ आप के साथ कौन जा रहा है।

▶ आने-जाने का समय और तारीख़।

▶ कैसे, यानी किस परिवहन के साधन से जाने का इरादा है।

_____

_____

_____

_____

_____

_____

_____

Self-check

Tick the box which matches your level of confidence.

1 = very confident   2 = need more practice   3 = not confident

कृपया अपने आत्मविश्वास के स्तर के अनुसार निम्न वर्गों में से एक को चिन्हित करें।

1 = पूर्ण आत्मविश्वास   2 = अभ्यास की आवश्यकता   3 = अल्प आत्मविश्वास

	1	2	3
Use expressions with वाला.			
Tell the time.			
Use ordinal numbers.			
Use the correct date format.			
Use aggregates.			
Can locate and understand relevant information in everyday material such as notices and timetables (CEFR B1).			
Can write personal letters or emails on topics of personal interest (CEFR B1).			

10 आप को कैसा खाना पसंद है?

What type of food do you like?

In this unit you will learn to:

- Use indirect verb constructions to express likes and dislikes.
- Use indirect verb constructions to express that you know something.
- Use चाहिए and चाहना to express *wanting*.

CEFR: Can find and understand relevant information in everyday material such as adverts or reviews (CEFR B1); Can write short texts about personal experiences and impressions (CEFR B1).

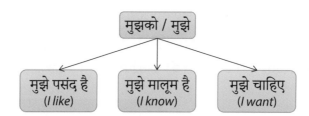

Meaning and usage

Indirect verb constructions

1 Many expressions in Hindi involve मुझको constructions, such as, मुझको पसंद है *I like*, मुझको मालूम है *I know*, and मुझको चाहिए *I want*. These types of constructions can be called *indirect verb constructions*, or simply को-*constructions.*

मुझको, *and its alternative form* मुझे, *literally translate as* to me, *but in an indirect verb construction they would be translated as* I.

2 In indirect verb constructions, the person who likes, knows or wants, is followed by the postposition को:

संगीता को आम चाहिए। उस को आम बहुत पसंद हैं। (*Sangita wants a mango. She likes mangoes a lot.*)

In indirect verb constructions, को *turns the person doing the liking/knowing/wanting from a subject into an indirect object. However, the person is still considered the logical subject, and the thing that is liked/known/wanted becomes the grammatical subject of the sentence.*

A Match the sentences with the correct meanings.

1 बच्चे को कुत्ता चाहिए।
2 कुत्ते को बच्चा चाहिए।
3 कुत्ते को बिल्ली पसंद है।
4 बिल्ली को कुत्ता पसंद है।
5 आप को क्या पसंद है?
6 आप को क्या मालूम है?

a *The cat likes the dog.*
b *The dog likes the cat.*
c *The dog wants a child.*
d *What do you know?*
e *The child wants a dog.*
f *What do you like?*

Saying you like something

1 The word पसंद, which literally means *choice* or *preference,* is frequently used in a को-*construction* with the verb होना, i.e. को पसंद होना, which translates as *to like* or *to be pleasing to.* Therefore, *I like Indian food* and *I like Indian sweets* can be expressed like this:

Oblique case pronoun + को	Subject	Verb
मुझको (*to me*)	भारतीय खाना (*Indian food*)	पसंद है (*is pleasing*)
(*I like Indian food.*)		
मुझको (*to me*)	भारतीय मिठाइयाँ (*Indian sweets*)	पसंद हैं (*are pleasing*)
(*I like Indian sweets.*)		

2 In these examples, the grammatical subject of the sentence is the thing liked, i.e. खाना and मिठाइयाँ, therefore the verbs है *is* and हैं *are* are respectively agreeing with the thing liked.

3 को पसंद होना can be used with infinitive verbs to express (*to like doing something*):

Oblique case pronoun + को	Subject	Verb
उनको (*to them*)	फ़िल्में देखना (*to watch films*)	पसंद है (*is pleasing*)
(*They like watching films.*) / (*They like to watch films.*)		

The infinitive form of the verb can be regarded as a masculine singular noun. Therefore, in the sentence उनको फ़िल्में देखना पसंद है *the verb* है *is agreeing with the masculine singular* देखना.

4 A similar construction to को पसंद होना is को पसंद आना. The main difference in the sense is that होना relates to a state and आना relates to *liking* when something is experienced. In other words, it's the difference between a state and an event:

जब मैंने पहली बार चाची के पराठे चखे मुझे बहुत <u>पसंद आए</u>। (*When I first tasted Auntie's parathas (fried flatbread) I liked them a lot.*)

तब से मुझे चाची के पराठे बहुत <u>पसंद हैं</u>। (*Since then I like Auntie's parathas a lot.*)

आपको भी बहुत पसंद आएँगे। (*You will like them too.*)

5 Another को-*construction* to express *liking* something is को अच्छा लगना which can be translated literally as *to seem good to.* In this construction both अच्छा and लगना agree with the thing liked:

उनको हिन्दी फ़िल्में <u>अच्छी लगती हैं</u> और उनको सिनेमा जाना भी <u>अच्छा लगता है</u>। (*They like Hindi films and they like going to the cinema too.*)

Using the word ज़्यादा *more* with पसंद *means* to like more *or* to prefer:

मुझे घर का पका हुआ खाना <u>ज़्यादा पसंद</u> है, रेस्टोरेंट का खाना कम।

(I prefer home-cooked food, (and I like) restaurant food less.)

6   पसंद करना expresses *liking* with an underlying sense of *choosing* or *preferring* rather than just *liking*. When using पसंद करना, which is not a को-*construction*, the grammatical subject is the person doing the liking, not the thing liked. The verb agrees with the grammatical subject:

तुम क्या खाना पसंद करोगे? (*What would you like to eat?*)/(*What would you prefer to eat?*)

B   Underline the expressions for *liking* and identify the gender of the speaker.

फ़ुर्सत में मुझे अपने दोस्तों के साथ बाहर जाना और रेस्टोरेंट में खाना खाना पसंद है। मुझे हिन्दुस्तानी खाना अच्छा लगता है लेकिन मुझे जापानी खाना ज़्यादा पसंद है। मुझे फ़िल्में देखना भी पसंद है और मैं ख़ासकर बॉलीवुड और हॉलीवुड की फ़िल्में देखना पसंद करती हूँ। सच बात यह है कि मुझे हर तरह की फ़िल्में देखना पसंद है।

7   When using को पसंद होना in the past tense, the imperfective forms of होना (था, थे, थी and थीं) are used:

बचपन में मुझे लड्डू खाना बहुत पसंद था। (*In childhood I used to like eating laddus a lot.*)

8   When using को पसंद आना in the past tense, the perfective forms of आना (आया, आए, आई and आईं) are used when referring to a specific incident or event. In this context को पसंद आना can translate as *enjoy*:

हमें कल रात की फ़िल्म पसंद <u>आई</u>, लेकिन रेस्टोरेंट में खाना पसंद नहीं <u>आया</u>।

(*We liked/enjoyed last night's film, but we didn't like/enjoy the food in the restaurant.*)

C   Identify which *liking* expressions are in the past and present tenses. Complete the table.

कल शाम को हम अपने दोस्त की शादी में गए। क्या बढ़िया खाना था वहाँ! हर जगह चाट के ठेले लगे हुए थे। पहले मैंने समोसे खाए। वे मुझे बहुत पसंद आए। आम तौर से मुझे भेलपूरी ज़्यादा पसंद नहीं है लेकिन कल भेलपूरी बहुत मज़ेदार थी। उस के बाद मैंने गोलगप्पे चखे। चाट में मुझे ये सबसे ज़्यादा पसंद हैं। मुझे गोलगप्पे बहुत अच्छे लगे इसलिए मैंने दो प्लेट खाए।

Past	Present
मुझे बहुत पसंद आए।	

D Match the sentences with their correct meanings.

1 आपको समोसे पसंद हैं और मुझे चाट पसंद है ।
    a You will like/enjoy the samosas and I will like/enjoy the chaat.

2 आपको समोसे पसंद आए और मुझे चाट पसंद आई ।
    b You liked/enjoyed the samosas and I liked/enjoyed the chaat.

3 आपको समोसे पसंद थे और मुझे चाट पसंद थी ।
    c You liked(used to like) samosas and I liked (used to like) chaat.

4 आपको समोसे पसंद आएँगे और मुझे चाट पसंद आएगी ।
    d You like samosas and I like chaat.

E Complete the sentences with the correct option in brackets.

1 मुझे गरम गरम समोसे पसंद _____ । (है / हैं / करते हैं)

2 हमें सर्दियों में आइस क्रीम खाना पसंद _____ । (है / हैं / करते हैं)

3 क्या तुम्हें शराब पीना _____? (अच्छा लगता है / अच्छी लगती है / अच्छे लगते हैं)

4 दादी जी हर रोज़ अख़बार पढ़ना पसंद _____ । (है / करते हैं / करती हैं)

5 रमेश को हर क़िस्म की सब्ज़ियाँ _____ । (अच्छी लगती है / अच्छी लगती हैं / अच्छे लगते हैं)

6 क्या आप को मेरी नई किताब पसंद _____ (करते हैं / आई / आए)

Meaning and usage

Saying you know something

1 A common way of expressing knowing facts or having some information about something is to use a को-*construction* with मालूम होना:

मुझे मालूम है । (*I know.*)

बावर्ची को देसी खाने के बारे में सब कुछ मालूम है । (*The chef knows everything about South Asian food.*)

 The word मालूम *is borrowed from Arabic in which it means* known.

2 When stating that you know (or don't know) something, the word कि *that* is used to connect the two clauses, even if it is not present in the English translation:

मुझको मालूम है कि आप को हिन्दुस्तानी खाना पसंद है । (*I know that you like Indian food.*)

किसको मालूम है कि अच्छा खाना कहाँ मिलेगा? (*Who knows where you can get good food?*)

3 मालूम can be used with different tenses of the verb होना to different effect:

मुझे मालूम था । (*I knew.*)

मुझे मालूम हुआ । (*I got to know.*)/(*I found out.*)

आपको मालूम होगा । (*You will know.*)/(*You must know.*)

मालूम होता है कि… (*It seems that…*)

4   To express *I don't know*, the है is often dropped and the word नहीं is placed either before or after मालूम, i.e. मुझको मालूम नहीं or मुझको नहीं मालूम. In colloquial speech, मुझको can also be omitted, for example, मालूम नहीं or नहीं मालूम.

5   A common alternative to मालूम is the word पता *track/trace; information*. It is also used in a को-*construction* with the verb होना and has the same meaning as मालूम:

उसको पता है कि मुझे क्या पसंद है । (*S/he knows what I like.*)

6   पता is also used in a को-*construction* with the verb चलना to express *getting to know* or *finding out*:

हमें कल रात पता चला कि आपकी पार्टी कैंसिल हो गई थी । (*We found out last night that your party had been cancelled.*)

7   आना *to come* can be used in a को-*construction* to express *knowing how to do something* when referring to having a particular skill. आना agrees with the thing or activity that you know how to do:

मुझको हिन्दी आती है । (*I know Hindi.*) आती है agrees with हिन्दी.

मुझको खाना पकाना आता है । (*I know how to cook.*) आता है agrees with पकाना.

8   The verb जानना expresses the same sense of knowing as मालूम or पता, and additionally can express *knowing how to do something*. जानना is not used in a को-*construction*, therefore it agrees with the grammatical subject:

जॉन अच्छा हिन्दुस्तानी खाना पकाना जानता है । (*John knows how to cook good Indian food.*)

9   जानना also expresses *knowing a person*. In this case, the person known is followed by को:

मैं जॉन को अच्छी तरह से जानती हूँ । (*I know John well.*)

F   **Complete the chart with the phrases in the box.**

> मुझे मालूम हुआ । / मैं जानती हूँ । / मुझको नहीं मालूम । / किसको मालूम है? / पता नहीं । /
> मैं नहीं जानती । / मैं जानता हूँ । / मालूम होता है । / मुझे पता चला । / मुझे मालूम है । / मैं नहीं
> जानता । / कौन जानता है? / मालूम नहीं । / किसे मालूम है? / मुझे पता है । / किसको पता है?

I know	I don't know	Who knows?	I got to know/ I found out	It seems…
			मुझे मालूम हुआ।	

G Convert the जानना sentences into sentences using को पता होना.

1 मैं जानती थी कि आप मेरे लिए दाल चावल पका रहे थे।

   मुझे पता था कि आप मेरे लिए दाल चावल पका रहे थे।

2 वह मेरे सवाल का जवाब जानता है।

   _____

3 मेरे बच्चे जानते हैं कि फ्रिज में चॉकलेट रखी हुई है।

   _____

4 कौन जानता है कि यह फ़िल्म कब ख़त्म होगी?

   _____

5 सब लोग जानते थे कि शहर में सबसे अच्छा खाना कहाँ मिलता था।

   _____

6 मेरा छोटा भाई अमिताभ बच्चन की फ़िल्मों के बारे में सब कुछ जानता है।

   _____

Wanting and *needing* using चाहिए

1 *Wanting* and *needing* something can be expressed in a को-*construction* with चाहिए. However, unlike with पसंद and मालूम, there is no form of होना (है or हैं) used with चाहिए in the present tense:

   मुझको/ मुझे एक गरम चाय चाहिए। (*I want/need a hot tea.*)

> The English translation of मुझे चाहिए *I want or I need can sound a bit abrupt in English, but in Hindi it's not impolite to say* मुझे चाहिए.

2 If the item wanted or needed is in the plural, the plural version चाहिएँ can be used, but frequently Hindi speakers just use चाहिए in both singular and plural:

   मुझको दो चाय चाहिएँ or मुझको दो चाय चाहिए। (*I want/need two teas.*)

3 In the past tense, चाहिए is used with the appropriate past tense form of होना (था, थी, थे or थीं), which agrees in number and gender with the item that is wanted or needed:

   मुझको वह किताब चाहिए थी। (*I wanted/needed that book.*)

> *A more definitive and firm way to express need is to use the expression* की ज़रूरत होना *to be in need of. This is a* को-*construction where* होना *is always in the feminine form as it agrees with the feminine noun* ज़रूरत *need, necessity.*
>
> मुझे आपकी मदद की ज़रूरत है। (*I need your help.*)
>
> उसको हज़ार रुपए की ज़रूरत थी। (*He needed a thousand rupees.*)

Wanting using the verb चाहना

1   When saying that you want to do something, you use the verb चाहना and an infinitive verb. Since चाहना is not used in a को-*construction*, unlike चाहिए, it agrees with the person doing the *wanting*:

मैं घर <u>जाना</u> चाहती हूँ। (*I want to go home.*)

महिला कुछ <u>पीना</u> चाहती है। (*The lady wants to drink something.*)

If चाहिए *is used with an infinitive verb, it no longer expresses* wanting *or* needing, *but instead expresses* should, *e.g.* मुझको घर जाना चाहिए (I should go home.)

2   चाहना can also expresses a want or desire for a thing:

वह एक गिलास ठंडी लस्सी चाहती है। (*She wants a glass of cold lassi.*)

3   If you want someone else to do something, use the verb चाहना followed by the word कि *that* and then a second clause which takes the *subjunctive* form of the verb:

मैं चाहता हूँ कि आप बाहर जाएँ। (*I want you to go out.*)

राजीव चाहता है कि रमेश चावल पकाए। (*Rajiv wants Ramesh to cook rice.*)

The verb चाहना *can also convey love if the object of desire is a person, e.g* मैं तुम्हें चाहता हूँ / मैं तुम्हें चाहती हूँ। (I love you.).

H   **Translate the sentences using** चाहिए **for wanting 'something' and** चाहना **for wanting 'to do something'.**

1   I want a cup of hot tea. _____

2   The children want to eat eggs for breakfast. _____

3   Why does she only want rice? _____

4   He wants some new pans because he wants to cook at home. _____

5   Do those people want anything? _____

6   What do your parents want to eat today? _____

Meaning and usage

I have to (*I want to*)

1   When मुझको (or मुझे) is followed by the infinitive verb and a form of the verb होना, it gives the sense of *I have to*. However, in colloquial speech this can also express *want*:

मुझे जाना है। (*I have to go.*) / (*I want to go.*)

आपको कहाँ जाना है? (*Where do you have to go?*) / (*Where do you want to go?*)

मुझे घर जाना है। (*I have to go home.*) / (*I want to go home.*)

I   Complete the chart with the phrases in the box.

> मैं पानी पीना चाहता हूँ। / मुझे पानी पीना चाहिए। / मुझे पानी चाहिए। /
> मैं पानी चाहता हूँ। / मुझे पानी पीना है। / मैं चाहता हूँ कि आप पानी पिएँ

I want water.	I want to drink water.	I want you to drink water.	I should drink water.

J   Identify what the verb is agreeing with in the sentences.

1 मुझे एक समोसा खाना है। (*I want to / I have to eat one samosa.*)
2 मुझे दो समोसे खाने हैं। (*I want to / I have to eat two samosas.*)
3 मुझे चाय पीनी है। (*I want to / I have to drink tea.*)

2 If there is no direct object in the sentence, then the infinitive verb and the form of होना default to the masculine singular form. If there is a direct object, then the infinitive verb and the form of होना agree with the direct object. However, if there is a direct object followed by a postposition then the verb defaults to masculine singular:

मुझे पढ़ना है। (*I have to read.*)

मुझे ये किताबें पढ़नी हैं। (*I have to read these books.*)

मुझे इन किताबों को पढ़ना है। (*I have to read these (particular) books.*)

K   Complete the sentences using the correct form of the verb.

1 मुझे अपना काम _____। करना है / करने हैं / करनी थी
2 आज हम सब को उस ढाबे पर खाना _____। खाने हैं / खानी थी / खाना है
3 उन लोगों को मालूम नहीं कि उन्हें क्या _____। करना है / करनी है / करने हैं
4 अगर तुम भारत जाना चाहते हो तो तुम्हें हिंदी _____। सीखना है / सीखनी हैं / सीखनी चाहिए
5 हमें अपने दोस्तों से _____। मिलने थे / मिलने हैं / मिलना है
6 मुझे यह किताब चाहिए क्योंकि मुझे इसे आज ही _____। पढ़नी है / पढ़ना है / पढ़नी हैं

Verbs that can have a direct object are known as transitive verbs, and verbs that cannot take a direct object are intransitive verbs. Intransitive verbs tend to be motion verbs e.g. to come and to go, or verbs describing a state or a change of state e.g. to sit or to get up. However, as always, there are exceptions!

को with Indirect and Direct Objects

1 The postposition को is used after an indirect object to express *to*:

मैंने आपके भाई को कुछ पैसे दिए। (*I gave some money to your brother.*)

मैंने उसको पाँच सौ रुपए दिए। (*I gave five hundred rupees to him.*)

2 In most cases when a direct object in a sentence is a person, it has to be followed by को:
मैंने आपके भाई को देखा। (*I saw your brother.*)

3 A direct object that is not a person, i.e. it is an inanimate object or an animal, is followed by को when you want to specify a particular inanimate object or animal:

यह किताब पढ़ो। (*Read this book.*) vs. इस किताब को पढ़ो। (*Read this (particular) book.*)

L Add को to the direct objects and make any necessary oblique case changes.

1 तुम्हें क्या चाहिए? यह समोसा खाओ, लेकिन ठंडा पानी मत पियो।
2 मैं यह कमरा साफ़ करूँगा और अपने कपड़े धोऊँगा।
3 ये चीज़ें अलमारी में रख दो, फिर दरवाज़ा बंद कर दो।

Vocabulary

M Find the odd one out.

1 सेब | मिर्च | केला | आम | अनानास
2 पकोड़ा | चाय | लस्सी | नींबू-पानी | शराब
3 मटर | पालक | आलू | गोभी | गोश्त
4 नाश्ता | भोजन | आचार | खाना | डिनर
5 रोटी | नान | पराठा | सलाद | पूरी

N Match the adjectives with the correct meanings.

1	पौष्टिक → d	a	salty, savoury
2	नमकीन	b	sweet
3	मसालेदार	c	spicy
4	मीठा	d	nutritious
5	खट्टा	e	sour
6	कड़वा	f	bitter
7	मज़ेदार	g	tasty
8	स्वादिष्ट	h	enjoyable

Reading

O Read the advert for a restaurant and answer the questions.

1 शिव ढाबा कब से चल रहा है और वहाँ किस प्रकार का खाना मिलता है?

____

2 क्या वे केवल शादी-विवाह या अन्य समारोह के लिए खाने का प्रबन्ध करते हैं?

____

शिव ढाबा

हमारे यहाँ हर तरह के शाकाहारी व्यंजन उपलब्ध हैं। हम 24 घंटे आपकी सेवा में तैयार हैं, तो हमारे यहाँ अपने परिवार या दोस्तों के साथ आकर या हमें होम डिलीवरी का ऑर्डर देकर हमें सेवा करने का मौक़ा ज़रूर दें। हम किसी भी शादी-विवाह या अन्य समारोह के लिए खानपान का प्रबन्ध भी कर सकते हैं तो हम से ज़रूर सम्पर्क करें। हम पिछले पंद्रह सालों से विभिन्न स्वादिष्ट पकवानों से सब लोगों को संतुष्ट कर रहे हैं, तो हम उम्मीद करते हैं कि हम आपको भी इसी तरह संतुष्ट करेंगे और आपको शिकायत का कोई मौक़ा नहीं देंगे। शिव ढाबा – आप की पहली पसंद।

P **Now, read the restaurant reviews and the statements that follow. Are they सही या ग़लत (*true or false*). Correct the false statements.**

मनोज का ढाबा

इस ढाबे पर आप बाहर बैठकर खा सकते हैं या अंदर भी, और यहाँ हर तरह के देसी व्यंजनों के साथ-साथ पश्चिमी शैली का खाना भी उपलब्ध है, जैसे कि ऑमलेट, बर्गर आदि। जब हम मनोज के ढाबे पर गए हमें पंजाबी खाना खाना था इसलिए हमने दाल मक्खनी, आलू गोभी, और तंदूर की गरम गरम रोटियों का ऑर्डर दिया। हमें काफ़ी भूख लगी थी, और खाना परोसने में कुछ ही मिनट लगे, इसलिए जल्द ही हमारी भूख संतुष्ट हुई। हमें बहुत मज़ा आया। अच्छी बात यह थी कि दाम भी कम थे। नतीजतन, हमारा पेट ख़ुश, और हमारी जेब भी ख़ुश।

पप्पू का ढाबा

यह चंडीगढ़ में एक ऐसी जगह है जहाँ आपको सस्ता और मज़ेदार खाना मिल सकता है। आप यहाँ बैठके खाना खा सकते हैं, लेकिन ये लोग सारी रात होम डिलीवरी भी करते हैं इसलिए आप आराम से अपने घर पर ही इनके भोजन का मज़ा ले सकते हैं। हमने भी ऐसा ही किया। रात को जब भूख लगी तो फ्रिज खाली था, और वैसे भी आधी रात को कौन खाना बनाता? हम बाहर भी नहीं जाना चाहते थे इसलिए पप्पू को फ़ोन किया और ऑर्डर दिया। खाने को पहुँचाने में ज़्यादा देर नहीं लगी। यह ढाबा थोड़ा महँगा ज़रूर है, पर जब पेट में चूहे कूद रहे हों तो क्या किया जाए? बस, एक फ़ोन कॉल से ही हमारा काम हो गया।

1 मनोज के ढाबे पर बैठने का कोई प्रबंध नहीं है। सही / ग़लत ______________

2 मनोज के ढाबे पर केवल देसी खाना मिलता है। सही / ग़लत ______________

3 मनोज का ढाबा बहुत महँगा नहीं था। सही / ग़लत ______________

4 पप्पू का ढाबा केवल शाम तक खुला रहता है। सही / ग़लत ______________

5 पप्पू के ढाबे पर खाना बहुत सस्ता नहीं है। सही / ग़लत ______________

V प्रबन्ध (m)	arrangement
सेवा (f)	service
विभिन्न (adj)	various
संतुष्ट (adj)	satisfied
शिकायत (f)	complaint
शैली (f)	style
परोसना (vt)	to serve (food)
नतीजतन (adv)	as a result

As a result of all this food talk the mice are jumping in my stomach! *This is the literal translation of the Hindi saying* पेट में चूहे कूद रहे हैं, *which means* I'm feeling really hungry *or* my tummy is rumbling.

Writing

Q Read the restaurant reviews in the Reading again and then write a similar review (80–100 words) of a restaurant that you have visited. Points to mention could include:

▶ जगह का नाम क्या है।

▶ वह कहाँ स्थित है।

▶ वहाँ किस प्रकार का खाना मिलता है।

▶ आपको खाना अच्छा लगा या नहीं, और क्यों।

_____

_____

_____

_____

_____

_____

_____

_____

_____

_____

Self-check

Tick the box which matches your level of confidence.

1 = very confident   2 = need more practice   3 = not confident

कृपया अपने आत्मविश्वास के स्तर के अनुसार निम्न वर्गों में से एक को चिन्हित करें।

1 = पूर्ण आत्मविश्वास   2 = अभ्यास की आवश्यकता   3 = अल्प आत्मविश्वास

	1	2	3
Use indirect verb constructions to express likes and dislikes.			
Use indirect verb constructions to express that you know something.			
Use चाहिए and चाहना to express *wanting*.			
Can find and understand relevant information in everyday material such as adverts or reviews (CEFR B1).			
Can write short texts about personal experiences and impressions (CEFR B1).			

11 बाज़ार में।
In the bazaar

In this unit you will learn how to:
- Use adverbs and adverbial phrases.
- Use indefinite adverbs कभी and कहीं.
- Use the indefinite pronouns and adjectives कोई and कुछ.
- Use कोई and कुछ as adverbs.

CEFR: Can scan texts in order to locate desired information (CEFR B1); Can report and express opinions about factual information on familiar matters (CEFR B1).

Meaning and usage

Adverbs and adverbial phrases

1   Adverbs are words or phrases that modify the meaning of verbs, adjectives or other adverbs. Adverbs can be used to express time, place, manner or degree:

Type of adverb	Function	Examples
Time	Indicates the time, duration or frequency of an action.	कल (*tomorrow/yesterday*) हमेशा (*always*)
Place	Indicates where something occurs.	यहाँ (*here*) घर पर (*at home*)
Manner	Expresses how something occurs.	ख़ुशी से (*happily*) चुपचाप (*silently, furtively*)
Degree	Expresses the extent or intensity of a verb, adjective or another adverb.	काफ़ी (*quite*) बहुत (*very*)

2 In a sentence containing several adverbs, the standard word order is adverbs of time, place, and then manner:

वह हर वीकेंड <u>मॉल पर</u> <u>ख़ुशी से</u> शॉपिंग करने जाता है।

(*He happily goes shopping in the mall every weekend.*)

3 Adverbs of degree precede the item that they refer to:

हम सब्ज़ी मंडी से <u>काफ़ी</u> जल्दी लौट आए क्योंकि सब कुछ <u>बहुत</u> महँगा था।

(*We came back from the vegetable market <u>quite</u> early because everything was <u>very</u> expensive.*)

4 In sentences with multiple adverbs of time or place, the largest adverb comes first:

<u>हर हफ़्ते</u> <u>सोमवार</u> <u>शाम को</u>... (*Every week on Monday in the evening…*)

<u>घर पर</u> <u>मेरे कमरे में</u> <u>मेज़ के नीचे</u>... (*At home in my room under the table…*)

> *There is much flexibility in word order of adverbs. Altering the order can create different emphasis, yet in some cases can have no significant effect. There are no firm rules to explain this, hence word order in Hindi should be considered an art rather than a science.*

A Complete the text with the adverbs in the box.

> जल्दी से / बाज़ार में / कहीं / हर जगह पर / कल / ज़ोर-ज़ोर से

(1) _____ मैं अपने परिवार के साथ बाज़ार गई थी। जैसे ही हम (2) _____ पहुँचे, हमने देखा कि बहुत ज़्यादा भीड़ थी। (3) _____ आदमी और औरतें ताज़ी-ताज़ी सब्ज़ियाँ बेच रहे थे। दुकानदार (4) _____ चिल्ला रहे थे - आलू ले लो, प्याज़ ले लो, टमाटर ले लो। हमने देखा कि हर दुकान पर सब्ज़ियों की क़ीमत अलग थी। कहीं पर ज़्यादा थी और (5) _____ कम। जहाँ भी कम क़ीमत में सामान बिक रहा था, हमने वहाँ से सामान ख़रीद लिया। सामान ख़रीदकर हम भीड़ से निकले और (6) _____ अपने घर लौट आए।

B Put the adverbs in the correct order of size.

1 रात को / कल

_____

2 दोपहर / आज / चार बजे

_____

3 पिछले महीने / सुबह के वक़्त / सोलह तारीख़ को

_____

4 भारत में / राजधानी दिल्ली के नज़दीक

_____

5 हर सुबह / सात बजे के आसपास / इस हफ़्ते

_____

6 तीसरी मंज़िल पर / फ़्लैट नंबर अठारह में / उस बड़ी इमारत में

_____

Forming adverbs or adverbial phrases

1 Many adverbs are derived from other words, yet some are adverbs in their own right, such as आज *today*, हमेशा *always*, तक़रीबन *approximately*, and सिर्फ़ *only*.

2 Nouns followed by postpositions can form adverbial phrases, such as घर पर *at home*, बाज़ार में *in the bazaar*, and रात को *at night*.

3 Many adverbial phrases are formed with an abstract noun and the postposition से, which often corresponds with the suffix *-ly* in English adverbs:

देर (*delay*) → देर से (*late, with delay*)

ज़ोर (*force*) → ज़ोर से (*forcefully, loudly*)

मुश्किल (*difficulty*) → मुश्किल से (*with difficulty*)

4 Certain verbs or verbal expressions form adverbs when combined with the -कर (or -के) suffix, i.e. the *absolutive* form of the verb:

भूलना (*to forget, to overlook*) → भूलकर (*by mistake*)

संभलना (*to be watchful*) → संभलकर (*carefully*)

मेहरबानी करना (*to do a favour or something kind*) → मेहरबानी करके (*kindly*)

C Convert the abstract nouns and verbs (or verbal expressions) into adverbs. Then match them to their meanings.

1	ख़ुशी	→	*ख़ुशी से* (→ c)	a	(*attentively, having applied one's mind*)
2	मन लगाना	→	______	b	(*luckily*)
3	हिचकिचाना	→	______	c	(*happily*)
4	आसानी	→	______	d	(*hesitatingly*)
5	भाग्य	→	______	e	(*further on, subsequently*)
6	आगे चलना	→	______	f	(*easily*)
7	प्यार	→	______	g	(*cleverly*)
8	होशियारी	→	______	h	(*lovingly*)

5 Adverbial expressions of time are often in the oblique case, since the postposition को is implied, for example अगले महीने *next month*, पिछले साल *last year* and हर हफ़्ते *every week*.

6 Some adverbs are closely related to compound postpositions. The compound postposition describes the location of an object in relation to something else and the adverb simply states the location:

Compound postposition	Adverb
के नज़दीक (*near*) सब्ज़ी मंडी स्टेशन के नज़दीक है। (*The vegetable market is near the station.*)	नज़दीक (*nearby*) सब्ज़ी मंडी नज़दीक है। (*The vegetable market is nearby.*)
के सामने (*in front of*), (*opposite*) दुकानों के सामने एक बाग़ है। (*In front of the shops is a park.*)	सामने (*opposite*) सामने एक बाग़ है। (*Opposite, there is a park.*)

7 A number of adverbs ending in -ए are closely related to the form of certain adjectives:

Adjective	Adverb
पहला (*first*) इस सड़क की पहली दुकान में आप को अच्छी चाय मिलेगी। (*You will get good tea in the first shop on this road.*)	पहले (*first*), (*at first*) पहले आप मेरी चाय की दुकान में आइए और एक कप चाय पीजिए। (*First, come to my tea shop and have a cup of tea.*)
कैसा (*What type?*) आप कैसी चाय बनाते हैं? (*What type of tea do you make?*)	कैसे (*How?*) आप चाय कैसे बनाते हैं? (*How do you make tea?*)

A three-way relationship exists between certain adjectives, adverbs and compound postpositions, e.g. पहला first, पहले at first *and* से पहले before.

8 Adverbs can be formed by adding the suffix तौर पर (or तौर से) to certain adjectives of Perso-Arabic origin, whilst रूप से is used in a more formal register with Sanskrit-based adjectives:

Perso-Arabic		Sanskritic	
Adjective	**Adverb**	**Adjective**	**Adverb**
आम (*usual*), (*common*)	आम तौर पर (*usually*), (*commonly*)	सामान्य (*usual*), (*common*)	सामान्य रूप से (*usually*), (*commonly*)
ख़ास (*special*), (*particular*)	ख़ास तौर पर (*especially*), (*particularly*)	विशेष (*special*), (*particular*)	विशेष रूप से (*especially*), (*particularly*)

D Complete the sentences using an adverb or adjective in brackets.

1 शहर के केन्द्र में बहुत गाड़ियाँ होती हैं इसलिए सड़कों को ______________ पार करना चाहिए। (ध्यान / ध्यान से)
2 दुकान में दुकानदार ______________ कर रहा था। (आराम / आराम से)
3 महँगाई आजकल की ______________ बात है। (आम / आम तौर पर)
4 मैं पैसे लाना भूल गई थी। ______________ मेरे पास क्रेडिट कार्ड था। (भाग्य / भाग्य से)
5 पुस्तकों की दुकान में ______________ हर तरह की पत्रिकाएँ और किताबें मिलती हैं। (आम / आम तौर पर)
6 हलवाई की दुकान से बैंक जाने का रास्ता ______________ नहीं है। (मुश्किल / मुश्किल से)

The indefinite adverbs कभी and कहीं

1 The indefinite adverbs कभी *sometime* and कहीं *somewhere* are used in positive and negative statements and questions:

Adverb	Positive	Negative	Question
कभी	(*sometime*)/(*at one time*) कभी मेरे साथ मॉल चलो। (*Come to the mall with me sometime.*)	(*never*) मैं वहाँ कभी नहीं गई। (*I've never been there.*)	(*ever*) तुम कभी वहाँ गई हो? (*Have you ever been there?*)
कहीं	(*somewhere*) कल उमा कहीं गई थी। (*Uma went somewhere yesterday.*)	(*nowhere*)/(*not anywhere*) आज वह कहीं नहीं गई। (*She didn't go anywhere today.*)	(*anywhere*) आज वह कहीं गई थी? (*Did she go anywhere today?*)

3   Several common expressions that involve कभी include कभी कभी *sometimes*, कभी न कभी *sometime or other* and कभी भी *whenever*.

4   Common expressions involving कहीं include कहीं न कहीं *somewhere or other*, कहीं भी *anywhere at all* and और कहीं / कहीं और *somewhere else*.

5   कहीं can also express *somehow* or *much*, and used with न and a subjunctive verb it expresses *in case*:

अगर हमें <u>कहीं</u> देर हो गई तो बाज़ार बंद हो जाएगा। (*If somehow we're late then the market will be closed.*)

मेरी घड़ी तुम्हारी घड़ी से <u>कहीं</u> सस्ती है। (*My watch is much cheaper than your watch.*)

चलो, जल्दी करो <u>कहीं</u> गाड़ी छूट न जाए। (*Come on, hurry up in case the train leaves.*)

कहीं का, *loosely translated as* of sorts *or* from somewhere *is used when making an insult, as in* उल्लू कहीं का *which literally means* owl of sorts, *but expresses* idiot. *Bear in mind that in India the owl symbolizes foolishness, unlike in the West where it is seen as wise. Hence the terms of mild abuse* उल्लू का पट्ठा *son of an owl and* उल्लू की पट्ठी *daughter of an owl!*

E   **Complete the sentences with the best word or phrase in brackets.**

1   क्या आप ने _____ पासवाली सब्ज़ी मंडी से कुछ लिया है? (कहीं भी / कभी / कहीं और)

2   दिल्ली के केंद्र में _____ एक भूमि-गत शॉपिंग-सेंटर है। (कभी कभी / कभी न कभी / कहीं न कहीं)

3   क्या आप इस दुकान से घर का राशन लेते हैं या _____ से? (कहीं / कहीं और / कभी भी)

4   हमें राशन ख़रीदने _____ शहर जाना पड़ता है। (कहीं भी / कभी भी / कभी कभी)

5   हर जगह ए.टी.एम. लगे हुए हैं, तो _____ से भी आप पैसे निकाल सकते हैं। (कहीं / कभी / कभी न कभी)

6   ऑन-लाइन शॉपिंग का फ़ायदा यह है कि आप _____ ख़रीदारी कर सकते हैं, चाहे दिन हो या रात। (कभी नहीं / कभी भी / कभी)

Meaning and usage

The indefinite pronoun and adjective कोई and कुछ

1   कोई and कुछ both function as pronouns and adjectives:

Pronoun		Adjective	
कोई (*someone*), (*no-one*), (*anyone?*)	Always singular	कोई (*some*), (*not any*), (*any?*)	With singular nouns
कुछ (*something*), (*nothing*), (*anything?*)	Always singular	कुछ (*some*), (*any?*)	With plural nouns

2 कोई and कुछ are used in positive and negative statements and questions. As adjectives they refer to the noun that follows them:

	Pronoun	Adjective
Positive	दुकान में <u>कोई</u> है । (*There is <u>someone</u> in the shop.*)	<u>कोई</u> दुकानदार वहाँ खड़ा था । (<u>*Some (a)*</u> *shopkeeper was standing there.*)
	दुकान में <u>कुछ</u> है । (*There is <u>something</u> in the shop.*)	<u>कुछ</u> दुकानदार वहाँ खड़े थे । (<u>*Some*</u> *shopkeepers were standing there.*)
Negative	दुकान में <u>कोई</u> <u>नहीं</u> है । (*There is <u>no-one</u> in the shop.*)	शहर में <u>कोई</u> पुस्तक की दुकान <u>नहीं</u> है । (*There <u>isn't any</u> book shop in the town.*)
	दुकान में <u>कुछ</u> <u>नहीं</u> है । (*There is <u>nothing</u> in the shop.*)	कुछ as an adjective is generally not used in the negative with plural nouns.
Question	क्या दुकान में <u>कोई</u> है? (*Is there <u>anyone</u> in the shop?*)	क्या शहर में <u>कोई</u> पुस्तक की दुकान है? (*Is there a (<u>any</u>) bookshop in the town?*)
	क्या दुकान में <u>कुछ</u> है? (*Is there <u>anything</u> in the shop?*)	क्या आप ने <u>कुछ</u> किताबें ख़रीदी हैं? (*Have you bought <u>any</u> books?*)

In general, कोई as a pronoun refers to humans and कुछ as a pronoun refers to things, i.e. inanimate objects.

3 कुछ as an adjective is used with singular uncountable nouns, e.g. *water*, *milk* and *money*, and translates as *some*:

हम कुछ चाय लेंगे । (*We will have some tea.*)

4 A number of useful phrases based on कोई and कुछ include कोई न कोई *someone or other*, कुछ न कुछ *something or other*, कुछ नहीं *nothing*, सब कुछ *everything*, और कुछ / कुछ और *something else, some more, anything else, nothing else* in negative statements, and और कोई / कोई और *someone else, anyone else, no-one else* in negative statements.

5 The oblique of कोई is किसी. There is no oblique of कुछ:

क्या <u>किसी</u> को मालूम है कि कौनसी बस बेकरी जाती है? (*Does anyone know which bus goes to the bakery?*)

किसी should not be confused with किस, the oblique of कौन who.

F **Select the correct meaning of the underlined word or phrase.**

1 क्या इस शॉपिंग मॉल में <u>कोई</u> सिनेमा है?   Some / Any / Anyone
2 <u>कुछ</u> लोगों को बाज़ार जाना बिल्कुल पसंद नहीं है ।   Some / Any / Anyone
3 मुझे गिफ़्ट शॉप में अपनी पसंद की <u>कोई</u> चीज़ नहीं मिली ।   Some / Any / Anything
4 आज भाभी जी ने बच्चों के लिए <u>कुछ</u> ख़ास ख़रीदा ।   Some / Something / Anything
5 आप क्या पिएँगे? <u>कुछ</u> गरम चाय या ठंडा पानी?   Some / Something / Someone
6 दोपहर को बाज़ार बंद था इसलिए वहाँ <u>कोई</u> <u>नहीं</u> था ।   Nothing / No-one / Not any

कोई and कुछ as adverbs

1 कोई followed by a number expresses *about* or *approximately*. In this situation it never goes into its oblique form किसी:

मेरी जेब में कोई पंद्रह रुपए होंगे । (*There's probably about fifteen rupees in my pocket.*)

2 कुछ as an adverb expresses *somewhat* when referring to an adjective:

इस दुकान में चीज़ें कुछ महँगी हैं । (*The things in this shop are somewhat expensive.*)

G Complete the sentences using कोई, कुछ or किसी.

1 _____ लोगों को ऑनलाइन शॉपिंग करना पसंद है क्योंकि यह घर पर बैठे-बैठे हो सकता है।

2 अगर तुम्हें _____ चाहिए तो मुझे अभी बता दो क्योंकि मैं बाज़ार जाने वाली हूँ।

3 _____ ने मुझे बताया था कि वाराणसी में अच्छी और सस्ती साड़ियाँ मिलती हैं।

4 जन्म दिन पर आपको क्या तोहफ़ा चाहिए? अभी तक आपने मुझसे _____ माँगा ही नहीं।

5 जब मुझे बाज़ार में _____ भी चीज़ पसंद आती है तो मैं उसी समय ख़रीद लेता हूँ।

6 जब भी पिताजी को _____ भी चीज़ की ज़रूरत होती है, वे तुरंत मुझे फ़ोन करते हैं।

Vocabulary

H Complete the table using the words and phrases in the box.

> के बाहर / बाहर / सीधा / पीछे / नीचे / पहला / पहले / से पहले / सामने / आम / के पीछे / अंदर / के अंदर / आम तौर से / विशेष / विशेष रूप से / के नीचे

Adverb	Adjective	Postposition

I The words are connected by meaning and/or structure. Complete with the correct translation.

> ग्राहक (m) / व्यापार (m) / नाम (m) / नामक (adj) / स्थित (adj) / ख़रीदारी (f) /
> ख़रीदार (m) / अंतर्राष्ट्रीय (adj) / उपभोक्ता (m) / परम्परा (f) / पारम्परिक (adj) / बढ़ा (adj) /
> उत्तर (adj/m) / ख़रीदना (vt) / राष्ट्र (m) / दिशा (f) / पूरब (adj/m) / स्थान (m) / बढ़ोतरी (f) /
> व्यापारिक (adj) / स्थानीय (adj) / व्यापारी (m)

1 customer _____ consumer _____

2 business _____ trader _____ commercial _____

3 tradition _____ traditional _____

4 nation _____ international _____

5 to buy _____ shopper _____ shopping _____

6 direction _____ east _____ north _____

7 place _____ local _____ situated _____

8 name _____ named _____

9 big _____ increase _____

📖 Reading

J Read the first part of a magazine article comparing traditional markets with modern shopping malls. Then, answer the questions.

1 नोएडा कहाँ है, और उपभोक्ताओं के लिए नोएडा में शॉपिंग करने के लिए क्या विकल्प हैं?

_____

2 स्थानीय दुकानदार किस वजह से फ़िक्र करने लगे?

_____

आधुनिक शॉपिंग मॉल और पारम्परिक बाज़ार

भारत में आप कहीं भी जाएँ तो उपभोक्ताओं के लिए शॉपिंग करने के लिए अनेक विकल्प उपलब्ध हैं। दिल्ली की पूरब दिशा में उत्तर प्रदेश में स्थित नोएडा नामक एक शहर है। नोएडा एक ऐसा व्यापारिक केंद्र है जहाँ एक ही जगह पर पारम्परिक और आधुनिक दोनों प्रकार के बाज़ार पाए जाते हैं। सड़क की एक तरफ़ आपको दिल्ली इलाक़े का सब से बड़ा शॉपिंग मॉल मिलेगा। उस के ठीक सामने ही छोटी-पुरानी दुकानें हैं, जो सालों से स्थानीय ख़रीदारों की सेवा में व्यस्त रही हैं। हालाँकि जब कुछ साल पहले इस मॉल के दरवाज़े पहली बार खुले तो कई पीढ़ियों से अपनी दुकानें चलाने वाले स्थानीय व्यापारी फ़िक्र करने लगे कि कहीं उनकी छोटी दुकानों के सारे ग्राहक इस मॉल की दुकानों के ग्राहक न बन जाएँ।

K Read the rest of the article. Then decide if the statements are सही या ग़लत (*true or false*). Correct the false statements.

> लेकिन इस नए मॉल के खुलने पर इन छोटी दुकानों के ग्राहकों की संख्या कम नहीं हुई, बल्कि इसका बिलकुल उल्टा हुआ। नए मॉल के खुलने के कारण ख़रीदारों का इस इलाक़े में आना-जाना ज़्यादा होने लगा जिसके फलस्वरूप छोटी दुकानों के स्थानीय दुकानदारों को अपने व्यापार में बढ़ोतरी देखने को मिली। आधुनिक मॉल और पुरानी पारम्परिक दुकानों के एक साथ होने से उपभोक्ताओं को भी फ़ायदा हुआ है क्योंकि वे एक ही स्थान पर अपनी सारी ख़रीदारी कर सकते हैं। पुराने बाज़ारों की छोटी दुकानों में ग्राहक अपनी आम ज़रूरतों का सामान ख़रीद सकते हैं और सामान के दामों में कुछ मोल-भाव भी कर सकते हैं। मॉल में तो आम तौर से कोई मोल-भाव नहीं कर सकता, लेकिन वहाँ पर आपको अंतर्राष्ट्रीय कम्पनियों की दुकानें और डिज़ाइनर कपड़े वग़ैरह आसानी से मिल सकते हैं। इतना ही नहीं, वहाँ पर शॉपिंग के साथ-साथ कैफ़े और रेस्टोरेंट की सुविधाएँ भी उपलब्ध हैं। इसके अलावा जो लोग मनोरंजन करना चाहते हैं, वे मॉल के अंदर बने हुए सिनेमा में कोई भी नई रिलीज़ हुई फ़िल्म आराम से देख सकते हैं। अगर आप कभी नोएडा आएँ, तो आपको कम से कम एक बार इस ख़रीदारों के स्वर्ग का अनुभव लेना चाहिए।

1 नए मॉल के खुलने के बाद छोटी दुकानों में कम ग्राहक जाने लगे।   सही / ग़लत _____
2 आम ज़रूरतों का सामान ख़रीदने के लिए लोग छोटी दुकानों पर जा सकते हैं।   सही / ग़लत _____
3 ग्राहक मॉल में भी और छोटी दुकानों में भी मोल-भाव कर सकते हैं।   सही / ग़लत _____
4 शॉपिंग मॉल के अंदर कोई विशेष सुविधा उपलब्ध नहीं है।   सही / ग़लत _____
5 यह व्यापारिक केंद्र उपभोक्ताओं के लिए स्वर्ग के समान है।   सही / ग़लत _____

V		
विकल्प (m)		*option*
पीढ़ी (m)		*generation*
फ़िक्र करना (vt)		*to worry*
उल्टा (m/adj)		*reverse, back to front*
के फलस्वरूप (postp)		*as a consequence of*
सामान (m)		*goods*
मोल-भाव करना (vt)		*to barter*
स्वर्ग (m)		*heaven*

# Writing

L   What kinds of shops are in your local area? Write a brief article or review (80–100 words) about them for visitors to your area. Points to mention could include:

▶ दुकानों के बारे में आम सूचना।

▶ दुकानें कहाँ स्थित हैं।

▶ उनमें क्या क्या बिकता है।

▶ आपका इन दुकानों पर क्या विचार है।

_____

_____

_____

_____

_____

_____

_____

_____

_____

Self-check

Tick the box which matches your level of confidence.

1 = very confident   2 = need more practice   3 = not confident

कृपया अपने आत्मविश्वास के स्तर के अनुसार निम्न वर्गों में से एक को चिन्हित करें।

1 = पूर्ण आत्मविश्वास   2 = अभ्यास की आवश्यकता   3 = अल्प आत्मविश्वास

	1	2	3
Use adverbs and adverbial phrases.			
Use indefinite adverbs कभी and कहीं.			
Use the indefinite pronouns and adjectives कोई and कुछ.			
Use कोई and कुछ as adverbs.			
Can scan texts in order to locate desired information (CEFR B1).			
Can report and express opinions about factual information on familiar matters (CEFR B1).			

12 भारत में कितनी भाषाएँ बोली जाती हैं?
How many languages are spoken in India?

In this unit you will learn how to:

✓ Use word order in a sentence to different effect.

✓ Create contrast and emphasis with the particles भी, ही and तो.

✓ Use question words to ask questions and make statements.

CEFR: Can read factual texts on subjects related to one's field of interest with a satisfactory level of comprehension (CEFR B1); Can summarize the main points of a text and express opinions (CEFR B1).

हर सोमवार	हम	स्कूल में	ख़ुशी से	हिन्दी	पढ़ते हैं।
Adverb of time	Subject	Adverb of place	Adverb of manner	Object	Verb

Meaning and usage

Word order

1   Hindi word order can be very flexible, yet the basic word order of a Hindi sentence containing no particular emphasis is subject-object-verb:

Subject	Object	Verb
मैं (*I*)	हिन्दी (*Hindi*)	पढ़ाती हूँ। (*teach*)
(*I teach Hindi.*)		

2   If there is an indirect object in the sentence, it is usually placed just after the subject:

Subject	Indirect object	Object	Verb
मैं (*I*)	बच्चों को (*to children*)	हिन्दी (*Hindi*)	पढ़ाती हूँ। (*teach*)
(*I teach children Hindi.*) / (*I teach Hindi to children.*)			

3   In a sentence of neutral emphasis, adverbs of time tend to come immediately before or after the subject. In either case, there is no significant impact on meaning or emphasis:

Adverb of time	Subject	Indirect object	Object	Verb
हर रोज़ (*every day*)	मैं (*I*)	बच्चों को (*to children*)	हिन्दी (*Hindi*)	पढ़ाती हूँ। (*teach*)
(*Every day I teach children Hindi.*)				

Subject	Adverb of time	Indirect object	Object	Verb
मैं (I)	हर रोज़ (every day)	बच्चों को (to children)	हिन्दी (Hindi)	पढ़ाती हूँ । (teach)
(I teach children Hindi every day.)				

4   Adverbs of place and manner tend to come immediately before the object and verb:

Subject	Indirect object	Adverb of place	Object	Verb
मैं (I)	बच्चों को (to children)	स्कूल में (in school)	हिन्दी (Hindi)	पढ़ाती हूँ । (teach)
(I teach children Hindi at school.)				

Subject	Indirect object	Adverb of manner	Object	Verb
मैं (I)	बच्चों को (to children)	ख़ुशी से (happily)	हिन्दी (Hindi)	पढ़ाती हूँ । (teach)
(I happily teach children Hindi.)				

When there is more than one adverb in a sentence the order is usually adverbs of time, followed by adverbs of place and then adverbs of manner.

A   Read the sentences and complete the chart with the subject, object(s) and adverb.

	Subject	Indirect object	Object	Adverb
1	हम	–	पंजाबी	हमेशा
2				
3				
4				
5				

1   हम हमेशा पंजाबी बोलते हैं ।
2   आज माताजी दादी को पत्र लिख रही हैं ।
3   हम हर हफ़्ते बच्चों को गुजराती सिखाते हैं ।
4   क्या आप मुझे अभी-अभी अपना नाम बता सकते हैं?
5   भारत में कितने लोगों को अंग्रेज़ी आती है?

5   If there is more than one adverb, they tend to follow descending order in terms of size:

हर हफ़्ते (every week)	सोमवार ((on) Monday)	शाम को (in the evening)
(Every week on Monday in the evening.)		

6   Postpositions follow the noun or pronoun that they refer to:

Noun/Pronoun	Postposition
कॉलेज (college)	में (in)
(In college)	

7   The possessive particles का, की and के follow the 'owner' and come before the thing 'owned':

'Owner'	Possessive particle	'Owned'
अध्यापक (teacher)	की (of)	पुस्तक (book)
(The book of the teacher) / (The teacher's book)		

8   Adjectives used attributively precede nouns that they refer to, and in a sequence of adjectives the possessive adjective comes first. If a number is mentioned, it follows the possessive adjective:

Possessive adjective	Number	Adjective	Noun
मेरी (my)	दो (two)	मनपसंद (favourite)	पुस्तकें (books)
(two favourite books of mine)/(my two favourite books)			

9   In standard word order, the negative particle tends to precede the verb:

Subject	Object	Negative particle	Verb
मैं (I)	हिन्दी (Hindi)	नहीं (not)	पढ़ती हूँ। (read.)
(I don't read Hindi.)			

B   Based on the translations provided, order the words to form neutral, unemphatic sentences.

1   संस्कृत / और / उर्दू / पैदा हुई हैं / हिन्दी / से / ।

_____

(Hindi and Urdu are born of Sanskrit.)

2   भारत / की / भाषा / प्राचीन / संस्कृत / है / ।

_____

(Sanskrit is India's ancient language.)

3   देवनागरी लिपि / और / संस्कृत / लिखी जाती हैं / हिन्दी / में / ।

_____

(Sanskrit and Hindi are written in the Devanagari script.)

4   देवनागरी / लिखी जाती / नहीं / उर्दू / लिपि / में / ।

_____

(Urdu is not written in the Devanagari script.)

5   नस्तलीक़ / कहलाती है / उर्दू / की / लिपि / ।

_____

(The script of Urdu is called Nastaliq.)

6   फ़ारसी / लिपि / और / अरबी / नस्तलीक़ / से / मिलती-जुलती है / ।

_____

(Nastaliq is similar to Persian and Arabic script.)

10 Firm rules around word order in Hindi are difficult to define as there is much flexibility. In general, if something moves from its 'standard position' and is placed towards the beginning of the sentence or nearer the verb, it alters the focus. For example, if the adverb आज *today*, which usually comes immediately before or after the subject, is placed before the verb it gets more emphasis:

Standard position	Altered position
आज नरगिस विश्वविद्यालय जा रही है।	नरगिस विश्वविद्यालय आज जा रही है।
(*Today Nargis is going to the university.*)	(*Nargis is going to the university today.*)

Playing around with word order in Hindi is more of an art than a science. You can only learn the nuances expressed by changing the word order by exposure to lots of Hindi!

Emphatic particles भी, ही and तो

1 The words भी, ही and तो are used to create an emphasis in a sentence:

Particle	Meaning	Example
भी is inclusive	(*also*), (*too*), (*as well*)	आप भी हिन्दी समझते हैं। (*You also understand Hindi.*)
ही is exclusive	(*only*), (*just*)	आप ही हिन्दी समझते हैं। (*Only you understand Hindi.*)
तो is contrastive	Has no direct translation in this context.	आप तो हिन्दी समझते हैं। (लेकिन दूसरे शायद नहीं समझते)। (*You understand Hindi (but maybe the others don't.)*)

2 भी, ही and तो follow the words that they refer to. Therefore, altering their position in a sentence alters the emphasis:

हम उर्दू भी पढ़ते हैं। (*We read **Urdu** too. (i.e. in addition to reading other languages).*)

हम उर्दू पढ़ते भी हैं। (*We **read** Urdu too. (i.e. in addition to being able to speak it).*)

मैं हिन्दी ही सीख रहा हूँ। (*I am just learning **Hindi** (i.e. I am not learning anything else).*)

मैं हिन्दी सीख ही रहा हूँ। (*I am just **learning** Hindi (i.e. I cannot speak it fluently yet).*)

मेरे माता पिता तो मेरे साथ पंजाबी बोलते हैं। (***My parents** speak Punjabi with me (i.e. whereas others' parents might not speak Punjabi with their children).*)

मेरे माता पिता मेरे साथ तो पंजाबी बोलते हैं। (*My parents speak Punjabi **with me** (i.e. whereas they might not speak Punjabi with others).*)

A sentence can never begin with the word भी also. *To express* also *at the start of a sentence, phrases such as* इस के साथ along with this, *or* इस के अतिरिक्त *and* इस के अलावा, *which both mean* apart from this *or* in addition, *can be used.*

C Identify the emphatic particles in the passage, and underline the words or phrases affected by the emphatic particles.

भारत एक ऐसा देश है जहाँ हर तरह के लोग **ही** नहीं, हर तरह की संस्कृतियाँ भी दिखाई देती हैं। इस के अतिरिक्त, भारत में बहुत सारी भाषाएँ भी बोली जाती हैं। लेकिन शोधकर्ता कहते हैं कि सैकड़ों भारतीय भाषाएँ विलुप्त हो गई हैं। जो भाषाएँ लिखी ही नहीं गईं, जब वे विलुप्त हो जाती हैं, तो यह बहुत बड़ा नुक़सान होता है। यह देश के लिए सांस्कृतिक नुक़सान तो है, लेकिन समाज के लिए भी बहुत बड़ा नुक़सान है।

D Translate the sentences, explaining where the emphasis lies.

1 हम आज भी हिन्दी फ़िल्म देखने सिनेमा जा रहे हैं।
We are going to the cinema today as well to watch a Hindi film (i.e. we are going today as well as having been or about to go on another day).

2 हम भी आज हिन्दी फ़िल्म देखने सिनेमा जा रहे हैं।
____

3 मेरे कॉलेज में हिन्दी ही पढ़ाई जाती है।
____

4 मेरे कॉलेज में ही हिन्दी पढ़ाई जाती है।
____

5 मेरे कॉलेज में भी हिन्दी ही नहीं, उर्दू भी पढ़ाई जाती है।
____

6 आप तो हिन्दी जानते हैं इसलिए आप को हिन्दी की क्लास में जाने की क्या ज़रूरत है?
____

3 When ही is suffixed to यह and वह, it takes a special combined form:

यह + ही → यही and वह + ही → वही

4 Similarly, when ही is suffixed to oblique forms of pronouns, except आप, it has special combined forms:

मुझ + ही → मुझी	हम + ही → हमीं
तुझ + ही → तुझी	तुम + ही → तुम्हीं
इस + ही → इसी	इन + ही → इन्हीं
उस + ही → उसी	उन + ही → उन्हीं

मैं उन के दृष्टिकोण से सहमत हूँ। (*I agree with their point of view.*)

मैं उन्हीं के दृष्टिकोण से सहमत हूँ। (*I only agree with their point of view.*)

5 When ही is suffixed to certain adverbs it can create special combined forms, or it can be written as a separate word. The combined forms and separated forms convey slightly different meanings:

Adverbs + ही (combined)	Adverbs + ही (as separate words)
यहाँ → यहीं (*right here*)	यहाँ → यहाँ ही (*only here*)
वहाँ → वहीं (*right there*)	वहाँ → वहाँ ही (*only there*)
अब → अभी (*right now*)	अब → अब ही (*only now*)
तब → तभी (*right then*)	तब → तब ही (*only then*)
सब → सभी (*absolutely all*)	

E   Match the sentences with the correct meanings.

1 वह यह काम करती है।   **a** She works right here.
2 वह यही काम करती है।   **b** She works here.
3 वह यहीं काम करती है।   **c** She works right there.
4 वह यहाँ ही काम करती है।   **d** She only does this work.
5 वह यहाँ काम करती है।   **e** She does this work.
6 वह वही काम करती है।   **f** She only does that work.
7 वह वहीं काम करती है।   **g** She only works here.

केवल *only and its synonym* सिर्फ़ *can be used as alternatives to* ही, *however unlike* ही, *they precede the word or phrase they refer to.*
हम हिन्दी ही बोलते हैं। = हम केवल हिन्दी बोलते हैं। (*We only speak Hindi.*)

6 ही can be suffixed to an imperfect participle ending in -ए, (i.e. a verb stem with a -ते ending) to express *as soon as*:

घर पहुँचते ही वह अपना हिन्दी व्याकरण का होमवर्क करने लगती है।
(*As soon as she gets home, she starts doing her Hindi grammar homework.*)

7 The phrase नहीं तो expresses *otherwise*:

आप को शब्दकोष इस्तेमाल करना चाहिए नहीं तो आप नए शब्दों का मतलब कैसे समझेंगे?
(*You should use a dictionary, otherwise how will you understand the meaning of new words?*)

8 The particle तो also expresses *so* or *then*, and often occurs in relative clauses with जब *when*, and in *if… then* statements with अगर *if*. In this context तो doesn't follow the word it refers to, but comes at the beginning of the clause:

जब आप भारत आएँगे, तो हिन्दी में ही बात करें।
(*When you come to India, then just speak in Hindi.*)

अगर आप हिन्दी बोलने की कोशिश नहीं करेंगे, तो आप अपनी हिन्दी कैसे सुधारेंगे?
(*If you don't try to speak Hindi, then how will you improve your Hindi?*)

Question words

Asking questions with क्या

1   There are two types of questions in Hindi: yes/no questions and open-ended information questions:

क्या आप ने लेख पढ़ा? हाँ मैंने पढ़ा । (*Did you read the article? Yes, I read (it).*)

आप को कैसा लगा? मुझे अच्छा लगा । (*How did you find (it)? I liked (it).*)

2   The question word क्या can be used to form both yes/no questions and information questions. When forming yes/no questions, it is placed at the beginning of a statement. This has the effect of turning the statement into a yes/no question. In this context, क्या simply functions as a question-marker, and has no translation:

उन्हें हिन्दी साहित्य पसंद है ।   →   क्या उन्हें हिन्दी साहित्य पसंद है?

(*They like Hindi literature.*)   →   (*Do they like Hindi literature?*)

Although the colloquial expression क्या हाल है? How are you? *begins with* क्या, *it is not a yes/no question. In fact, the full version of the question is* आपका क्या हाल है? The literal meaning of this is What is your condition?, *but in colloquial speech the* आपका *is often dropped.*

3   When forming information questions, क्या can function as a pronoun or an adjective. As a pronoun it generally comes just before the verb or verbal expression, and as an adjective it comes before the noun it refers to:

फ़ुर्सत में आप क्या पढ़ते हैं? (*What do you read in your free time?*)

आप का क्या विचार है? (*What's your opinion?*)

4   क्या has the oblique singular and plural forms किस and किन respectively, which can be translated as *what* or *which*:

मलयालम किस प्रदेश में बोली जाती है? (*Which state is Malayalam spoken in?*)

5   क्या can be used at the start of a statement when making exclamations:

क्या हिन्दी बोलते हैं आप! (*What (good) Hindi you speak!*)

क्या बात है! (*Awesome! That's great!*)

F   **Identify whether क्या is forming a yes/no question, an information question or a statement.**

1   यह क्या चीज़ है? _____

2   क्या यह आपकी किताब है? _____

3   आप को क्या पसंद है? _____

4   क्या कविता लिखते हैं आप! _____

5   क्या आप कविता लिखते हैं? _____

6   एक अच्छी कहानी क्या है? _____

Asking other information questions

1 कितना, कितनी and कितने *how much, how many* agree with the noun they refer to in number, gender and case, like adjectives, and they tend to come before the noun:

आज आप ने कितने नए शब्द सीखे? (*How many new words did you learn today?*)

आपको कितनी भाषाएँ आती हैं? (*How many languages do you know?*)

In Hindi, कितना, कितनी *and* कितने *can also express* how *or* what a lot of… *in an exclamation:* कितना सुन्दर! (How beautiful!), कितने लोग हैं! (What a lot of people there are!)

2 कौनसा, कौनसी and कौनसे *which one, which ones* also agree adjectivally in number, gender and case with the noun they qualify and are placed before the noun they refer to:

छात्र कौनसी किताब पढ़ रहा है? (*Which book is the student reading?*)

भारत में इतनी भाषाएँ बोली जाती हैं। मैं कौनसी सीखूँ? (*So many languages are spoken in India. Which one(s) should I learn?*)

3 कैसा, कैसे and कैसी function adjectivally agreeing in gender, number and case with the relevant noun. When कैसा, कैसे or कैसी comes before the noun it expresses *what kind of* or *what type of*, but when it comes after the noun it means *how*:

यह कैसी चाय है? (*What type of tea is this?*)

चाय कैसी है? (*How is the tea?*)

4 कैसे, usually placed before the verb, functions like an adverb and means *how* or *in what way/ manner*. Compare the sentences using कैसी as an adjective and कैसे as an adverb:

आप कैसी चाय बनाते हैं? (*What type of type do you make?*)

आप चाय कैसे बनाते हैं? (*How do you make tea?*)

5 There are a number of other common information question words. These generally tend to go before the verb or verbal expression in a standard sentence:

कहाँ	किधर	कब	क्यों	कौन
Where?	*Where?* (*In which direction?*)	*When?*	*Why?*	*Who?*

6 कौन has the singular and plural oblique forms किस and किन respectively, with alternative forms possible when followed by को. In addition, किन followed by ने has its own particular form:

	Oblique	कौन + को	कौन + ने
Singular	किस	किसको or किसे	किसने
Plural	किन	किनको or किन्हें	किन्होंने

Both क्या *and* कौन *share the same oblique forms,* किस *and* किन.

7 किसका and किनका *whose, of whom*, which are formed by the oblique forms of कौन followed by का, agree with the noun they refer to. किसका refers to singular subjects and किनका to plural subjects:

आप किसकी बात कर रहे थे? (*Whom were you talking about?*)

मेज़ पर किनकी चीज़ें बिखरी पड़ी हैं? (*Whose things are scattered on the table?*)

8 The question word can be doubled if there is an expectation that the response will contain more than one answer:

वीकेंड पर आप ने क्या क्या किया? (*What did you do on the weekend?*)

आप अपनी यूरोप की यात्रा पर कहाँ कहाँ गए? (*Where did you go on your trip to Europe?*)

G Complete the questions using a question word in the box.

क्या / क्या / किस / किसे / किससे / कौनसी / कब / कहाँ / किन

1 पंजाब में अक्सर लोग ____________ भाषा बोलते हैं?
2 तुम ____________ से हिन्दी सीख रहे हो?
3 आपके ____________ दोस्तों को उर्दू आती है?
4 जब आप हिन्दी फ़िल्में देखते हैं, ____________ आप सब कुछ समझते हैं?
5 शाम को तुम ____________ मिल रही हो और ____________ ?
6 ____________ साहित्य पढ़ना पसंद है? ____________ आपको पसंद है?

Vocabulary

H Complete with the correct words in the box.

प्रभाव / मिलाना / प्रभावित / समान / विकास / गिनना / कहना / अनुचित / मिश्रण / स्वाद / अनगिनत / कहावत / भिन्न / मिश्रित / विकसित / स्वादिष्ट / समानता / विभिन्न / उचित / के समान

1 to say ____________ saying ____________
2 to count ____________ countless ____________
3 to mix ____________ mixture ____________ mixed ____________
4 development ____________ developed ____________
5 influence ____________ influenced ____________
6 taste ____________ tasty ____________
7 appropriate ____________ inappropriate ____________
8 similar/equal ____________ similarity/equality ____________ similar (to)/equal (to) ____________
9 different ____________ various ____________

I   Complete the definitions using the correct word.

भाषा-भाषी / भाषाविज्ञान / राजभाषा / मातृभाषा / दूरभाष / बहुभाषी / मातृभाषी

1   _____ का अर्थ है माँ की भाषा।
2   जो लोग अपनी मातृभाषा बोलते हैं उन्हें _____ कहते हैं।
3   कोई व्यक्ति जिसे कई भाषाएँ आती हैं, या कोई जगह जहाँ कई भाषाएँ बोली जाती हैं, उसे
    _____ कहते हैं।
4   किसी राष्ट्र या देश की भाषा उसकी _____ है।
5   शुद्ध हिन्दी में टेलीफ़ोन को _____ कहते हैं।
6   _____ का अंग्रेज़ी में अनुवाद लिंग्विस्टिक्स है।

J   Find the odd one out.

1   बोली | ज़बान | विषय | भाषा | उपभाषा
2   बातचीत | व्याकरण | वार्तालाप | गुफ़्तगू | चर्चा
3   दृष्टिकोण | राय | विचार | ख़्याल | अनुवाद
4   लिपि | वर्णमाला | उच्चारण | अक्षर | वर्तनी
5   साहित्य | कविता | कहानी | वाक्य | उपन्यास

📖 Reading

K   Read the first passage discussing language in India. Then choose the correct answers to the questions.

1   "कोस-कोस पर बदले पानी, चार कोस पर बदले वाणी" का सही अर्थ क्या है?

    a   भारत में बहुत नदियाँ बहती हैं।   b   भारत में बहुत भाषाएँ बोली जाती हैं।

2   भारतीय संविधान के अनुसार कितनी भाषाओं को राजभाषा का दर्जा प्रदान किया गया है?

    a   बाईस   b   तेईस

भारत के बारे में कहा जाता है कि "कोस-कोस पर बदले पानी, चार कोस पर बदले वाणी"। इस कहावत का शाब्दिक अर्थ यह है कि भारत में हर कोस (लगभग दो मील) पर पानी का स्वाद बदल जाता है, और चार कोस (लगभग आठ मील) पर लोगों की बोली बदल जाती है। कहने का मतलब यह है कि भारत एक बहुभाषी देश है। लेकिन क्या आप अंदाज़ा लगा सकते हैं कि भारत में कितनी भाषाएँ बोली जाती हैं? सन् २००१ की जनगणना के अनुसार भारत में सैकड़ों भाषाएँ और बोलियाँ बोली जाती हैं। इन विभिन्न भाषाओं में से २२ भारतीय भाषाओं को भारतीय संविधान में राजभाषा का दर्जा प्रदान किया गया है, और इन २२ भारतीय भाषाओं के अतिरिक्त अंग्रेज़ी को भी राजभाषा का दर्जा हासिल है।

L Now, read the next passage with two opposing views about the changing use of language in India. Then, answer the questions.

आज भारत में अंग्रेज़ी भाषा का प्रयोग करने वालों की संख्या बढ़ रही है और अंग्रेज़ी के बढ़ते प्रभाव के कारण भारतीय भाषाओं में अंग्रेज़ी शब्दों का इस्तेमाल भी बढ़ता जा रहा है। उदाहरण के लिए हिन्दी में स्कूल, मोबाइल, कंप्यूटर, बाथरूम और टेंशन जैसे अनगिनत अंग्रेज़ी शब्दों का प्रयोग ऐसे किया जाता है जैसे कि वे हिन्दी भाषा के ही शब्द हों। हिन्दी भाषा में अंग्रेज़ी भाषा के शब्द मिलाने से एक मिश्रित भाषा का जन्म हो रहा है जिसे कुछ लोग हिंगलिश कहते हैं। लेकिन क्या यह उचित है कि किसी भाषा को इस तरह से बदलने देना चाहिए?

कईयों के दृष्टिकोण के अनुसार समय के साथ बदलते रहना किसी भी भाषा के लिए बहुत ज़रूरी है, और अगर उस भाषा को दूसरी भाषाओं से शब्द लेने पड़ते हैं तो इस में क्या बुराई है? कबीर ने भी कहा था कि "भाषा बहता नीर है", यानी यह एक बहती हुई नदी के समान है, जो कुँए के ठहरे हुए पानी की तरह एक ही जगह पर नहीं रुकती।

इसके विपरीत, कुछ हिन्दी मातृभाषियों का मानना है कि हिन्दी भाषा में अंग्रेज़ी शब्दों का बढ़ता हुआ प्रयोग अनुचित है। इसलिए हिन्दी भाषा को ही विकसित करना चाहिए और हिन्दी भाषा में नए शब्द गढ़ने चाहिए। उनका कहना है कि जैसे हम अपनी माँ का आदर करते हैं, वैसे ही हमें अपनी मातृभाषा का भी आदर अवश्य करना चाहिए।

1   भारतीय भाषाओं में अंग्रेज़ी शब्दों का प्रयोग क्यों बढ़ रहा है?

_____

2   हिंगलिश का अर्थ क्या है?

_____

3   कबीर की कहावत का मतलब क्या है?

_____

4   किस के दृष्टिकोण के अनुसार हिन्दी भाषा में अंग्रेज़ी भाषा के शब्दों का बढ़ता हुआ प्रयोग नहीं होना चाहिए?

_____

5   प्रस्तुत लेख में माता और मातृभाषा में क्या समानता बताई गई है?

_____

V		
वाणी (f)	speech, language
शाब्दिक अर्थ (m)	literal meaning
जनगणना (f)	census
दर्जा (m)	status
प्रदान करना (vt)	to grant, to bestow
बदलते रहना (vi)	to keep on changing
बहना (vi)	to flow
ठहरे हुए पानी (m)	stagnant water
के विपरीत (postp)	contrary (to)
गढ़ना (vt)	to form, to create

Writing

M   Write 80–100 words summarizing the main points expressed in the reading passages and briefly explain which point of view you agree or disagree with.

_____

_____

_____

_____

_____

_____

_____

_____

_____

_____

_____

Self-check

Tick the box which matches your level of confidence.

1 = very confident   2 = need more practice   3 = not confident

कृपया अपने आत्मविश्वास के स्तर के अनुसार निम्न वर्गों में से एक को चिन्हित करें।

1 = पूर्ण आत्मविश्वास   2 = अभ्यास की आवश्यकता   3 = अल्प आत्मविश्वास

	1	2	3
Use word order in a sentence to different effect.			
Create contrast and emphasis with the particles भी, ही and तो.			
Use question words to ask questions and make statements.			
Can read factual texts on subjects related to one's field of interest with a satisfactory level of comprehension (CEFR B1).			
Can summarize the main points of a text and express opinions (CEFR B1).			

13 जब बारिश पड़ती है तब मुझे अच्छा लगता है।

I like it when it rains

In this unit you will learn how to:

✔ Combine two pieces of information with a relative clause.

✔ Use a range of relative clause structures.

CEFR: Can discuss aspects of one's environment, including the weather and climate (CEFR A2); Can write a brief report and convey factual information about a familiar topic (CEFR B1).

Question	Relative	Correlative
कब?	जब	तब

Meaning and usage

Relative-correlative constructions

1   Relative-correlative constructions join two sentences that share a common element:

Two separate sentences		Relative-correlative constructions
लड़का यहाँ पढ़ता है। लड़का मेरा भाई है।	→	जो लड़का यहाँ पढ़ता है, वह मेरा भाई है।
(The boy studies here. The boy is my brother.)		(The boy who studies here is my brother.)
मैंने तुम्हें पैसे दिए। पैसे खर्च लो।	→	जो पैसे मैंने तुम्हें दिए, उन्हें खर्च लो।
(I gave you money. Spend the money.)		(Spend the money that I gave you.)

2   The English translations of the sentences are linked by words such as *who, that* and *which*. These types of words are known as relative pronouns.

A   Underline the common element in the pairs of sentences.

1   मैं एक दफ़्तर में काम करती हूँ। दफ़्तर मेरे घर से दूर नहीं हैं।

2   वह लड़की उस घर में रहती है। वह लड़की मेरी बहिन है।

3   वह लड़की उस घर में रहती है। वह घर मेरा है।

B Match the two separate sentences with the appropriate relative-correlative construction, and identify which words are the relative pronouns.

Two separate sentences	Relative-correlative constructions
1 मैं एक दफ़्तर में काम करती हूँ। दफ़्तर मेरे घर से दूर नहीं हैं।	a जिस घर में वह लड़की रहती है वह मेरा है।
2 वह लड़की उस घर में रहती है। वह लड़की मेरी बहिन है।	b मैं एक दफ़्तर में काम करती हूँ जो मेरे घर से दूर नहीं हैं।
3 वह लड़की उस घर में रहती है। वह घर मेरा है।	c जो लड़की उस घर में रहती है वह मेरी बहिन है।

Using the relative pronoun जो (*who, which, that*)

1 The most common Hindi relative pronoun is जो. The correlative word paired with जो when referring to someone or something singular is वह, or वे if referring to someone or something plural:

जो रेल गाड़ी इस प्लेटफ़ॉर्म से छूटनेवाली है <u>वह</u> सीधे गोवा जाएगी।

(*The train that is about to leave from this platform will go directly to Goa.*)

जो लोग गोवा जाते हैं <u>वे</u> अक्सर समुद्र तट पर घूमने जाते हैं।

(*People who go to Goa often go to visit the beach.*)

2 In English the word *who* can be used to ask a question, but it can also be used as a relative pronoun. Hindi, however, distinguishes between relative pronouns and question words. For example, the question word कौन is used to ask the question *who?* but the relative pronoun जो is used when expressing *who* in a relative-correlative construction:

यहाँ <u>कौन</u> काम करता है?

(<u>*Who*</u> *works here?*)

जो औरत यहाँ काम करती है, वह केरल से है।

(*The woman* <u>*who*</u> *works here is from Kerala.*)

3 The chart summarizes the question words and correlative words paired with जो:

Question words	Relative pronouns	Correlative words
कौन *who?*	जो *who, which, that*	वह *he, she, it, that*
क्या *what?*		वे *they*

4 The word order of a standard Hindi relative-correlative construction is illustrated in the chart:

Relative pronoun	+ Relative clause	+ Correlative word	+ Correlative clause
जो	आदमी सामने रहता है	वह	मेरा दोस्त है।
(*who*)	(*the man lives opposite*)	(*he*)	(*is my friend*)
जो आदमी सामने रहता है वह मेरा दोस्त है।			
(*The man who lives opposite is my friend.*)			

5   If जो is influenced by a postposition, the oblique case comes into effect, and जो takes the oblique forms जिस and जिन for singular and plural respectively. वह also adopts its appropriate form, वे, उस or उन, depending on number and case:

जिस कमरे में तुम सोते हो उस में पंखा नहीं है। (*There is no fan in the room that you sleep in.*)

जिन कमरों में पंखे नहीं होते वे ज़्यादा गरम होते हैं। (*Rooms that don't have fans are hotter.*)

6   When जो is immediately followed by the postposition को, it becomes जिसको. जिसको has an alternative form जिसे. Both जिसको and जिसे are completely interchangeable. Similarly, in the plural an alternative to जिनको is जिन्हें:

जिनको / जिन्हें बर्फ़ पसंद है उन्हें हिमालय जाना चाहिए। (*Those who like snow should go to the Himalayas.*)

Whilst जिसको *and* जिनको *have the alternative forms* जिसे *and* जिन्हें, *bear in mind that the pronoun and* को *combinations of* उसको *and* उनको *also have alternative forms* उसे *and* उन्हें *respectively.*

7   When जो is immediately followed by the postposition ने, it takes the singular and plural forms जिसने and जिन्होंने respectively:

जिसने कभी बर्फ़ नहीं देखी उसे हिमालय जाना चाहिए।
(*Whoever has never seen snow should go to the Himalayas.*)

जिन्होंने मौसम की रिपोर्ट सुनी है उन्हें मालूम होगा कि बारिश पड़नेवाली है।
(*Those who have heard the weather report will know that it's about to rain.*)

8   The chart summarizes the various forms of जो:

	Direct form	Oblique form	जो + को	Alternative form of जो + को	जो + ने
Singular	जो	जिस	जिसको	जिसे	जिसने
Plural	जो	जिन	जिनको	जिन्हें	जिन्होंने

9   जो combines with कोई *someone*, भी *also* and कुछ *something* to express a number of meanings:

जो कोई	*whoever, anyone*
जो कुछ	*whatever*
जो भी	*whatever, whichever, whoever, anyone at all* (more emphatic than जो कोई and जो कुछ)

C Combine the sentences using the appropriate forms of जो and वह.

1 लोग भारत जाते हैं। लोग अक्सर वाराणसी देखना चाहते हैं।

जो लोग भारत जाते हैं वे अक्सर वाराणसी देखना चाहते हैं।

2 दफ़्तर में गीता काम करती है। दफ़्तर में मैं भी काम करती हूँ।

_____

3 विद्यार्थी हिन्दी सीख रहा है। विद्यार्थी का नाम राजू है।

_____

4 किताब कमरे में पड़ी है। किताब मेरी है।

_____

5 किताब कमरे में पड़ी है। कमरा मेरा है।

_____

6 लोगों को आम पसंद हैं। लोगों को आम के मौसम में भारत जाना चाहिए।

_____

10 The order of the clauses in relative-correlative constructions can be reversed, i.e. the correlative clause can come before the relative clause, placing slightly more emphasis on the first clause:

जो किताब आप पढ़ रहे हैं वह बहुत दिलचस्प है। (*The book that you're reading is very interesting.*)

वह किताब बहुत दिलचस्प है जो आप पढ़ रहे हैं। (*It is a very interesting book that you're reading.*)

11 A further alternative involves embedding the relative clause within the correlative clause. This stylistic difference has little effect on meaning or emphasis, but is less frequent than the standard relative-correlative word order:

वह किताब, जो आप पढ़ रहे हैं, बहुत दिलचस्प है। (*The book that you're reading is very interesting.*)

It's worth bearing in mind that the word order of an embedded relative clause is much closer to the word order of an English relative clause, so it might be simpler to get the hang of.

D Rewrite the pairs of sentences in C using the embedded relative clause construction.

1 *वे लोग, जो भारत जाते हैं, अक्सर वाराणसी देखना चाहते हैं।*

2 _____

3 _____

4 _____

5 _____

6 _____

Other relative and correlative pairs

1 There are several other relative words in Hindi functioning in a similar way to जो, which are paired with a correlative word, and which have a corresponding question word:

Question words	Relative words	Correlative words
कहाँ *where?*	जहाँ *where*	वहाँ *there*
किधर *where?*	जिधर *where*	उधर *there*
कब *when?*	जब *when*	तब / तो *then*
कितना *how much?, how many?*	जितना *as much as, as many as*	उतना *that much, that many*
कैसा *like what?, of what type?*	जैसा *the type of*	वैसा *like that, of that type*
कैसे *how?, in what way?*	जैसे *the way in which*	वैसे *like that, in that way*

 जिधर *and* उधर *correspond to the archaic English 'whither' (to where?) and 'thither' (over there), but in practice they can be used as alternatives to* जहाँ *and* वहाँ.

2 The standard word order remains as illustrated in the chart:

Relative word	+ Relative clause	+ Correlative word	+ Correlative clause
जहाँ (*where*)	आप जा रहे हैं (*you are going*)	वहाँ (*there*)	गर्मी होगी (*it will be hot*)
(It will be hot where you are going.)			
जिधर (*where*)	आप जा रहे हैं (*you are going*)	उधर (*there*)	मैं भी जा रहा हूँ (*I am also going*)
(I'm going where you are going too.)			
जब (*when*)	धूप निकलती है (*the sun shines*)	तब (*then*)	तापमान बढ़ जाता है (*the temperature rises*)
(When the sun shines, the temperature rises.)			
जितनी (*as much as*)	आप को गर्मी पसंद है (*you like the heat*)	उतनी (*that much*)	मुझे नहीं पसंद (*I don't like it*)
(I don't like the heat as much as you do.)			
जैसा (*the type of*)	मौसम हमें पसंद है (*we like the weather*)	वैसा (*of that type*)	तुम्हें पसंद है (*you like*)
(You like the type of weather that we like.)			
जैसे (*the way in which*)	पहाड़ों में बर्फ़ पड़ती है (*it snows in the mountains*)	वैसे (*in that way*)	कहीं और नहीं पड़ती (*somewhere else it doesn't*)
(It doesn't snow anywhere else like it does in the mountains.)			

जितना… उतना *and* जैसा… वैसा *behave like adjectives and therefore agree with the noun they refer to.* जैसे… वैसे *are adverbial and therefore remain unchanged.*

3   In Hindi, जब भी expresses *whenever*, whilst जहाँ भी expresses *wherever:*

जब भी भारत आता हूँ तो अपनी दादी से मिलता हूँ। (*Whenever I come to India, I visit my grandmother.*)

जहाँ भी जाता हूँ वहाँ हिन्दी ही बोलता हूँ। (*Wherever I go, I just speak Hindi.*)

4   Reversal of the relative-correlative constructions, by stating the correlative before the relative clause, has the effect of placing more emphasis on the first clause. In the case of जब and तब (or तो), if the clause is reversed, then तब (or तो) is dropped:

जब वर्षा ऋतु की पहली बारिश होती है, तब लोग सड़कों पर नाचते हैं।
(*When the first rain of the rainy season comes, people dance in the streets.*)

लोग सड़कों पर नाचते हैं जब वर्षा ऋतु की पहली बारिश होती है।
(*People dance in the streets when the first rain of the rainy season comes.*)

E   Complete the sentences with an appropriate relative or correlative word.

1   जितनी सर्दी दिल्ली में होती है, _____ मुम्बई में नहीं होती।

2   _____ लोगों को बारिश पसंद नहीं, उन्हें वर्षा ऋतु में भारत नहीं जाना चाहिए।

3   _____ भारत में मानसून शुरू हो जाता है, तब सब लोग ख़ुश हो जाते हैं।

4   _____ हम लोग रहते हैं, _____ हमेशा सूखा रहता है।

5   _____ ने आज टी.वी. पर मौसम का पूर्वानुमान दिया, _____ मेरा दोस्त है।

6   जैसा मौसम आप को पसंद है, _____ मुझे भी पसंद है।

F   Rewrite the sentences in E reversing the relative-correlative constructions.

1   *उतनी सर्दी मुम्बई में नहीं होती जितनी दिल्ली में होती है।*

2   _____

3   _____

4   _____

5   _____

6   _____

 In colloquial Hindi you might come across other slight variations in word order, and also occasional omission of the correlative word. Such usage is learnt through more exposure to the language.

Relative and correlative pairs specific to expressions of time

1 As well as जब and तब (or तो), several other relative correlative pairs related to time are commonly used:

Relative word	Correlative word
जब से (since), (from the time when)	तब से (since then)
जब तक (as long as), (by the time that)	तब तक (until then), (by then)
जैसे ही (as soon as)	वैसे ही (then), (at that moment)
ज्योंही (as soon as)	त्योंही (then), (at that moment)

जब तक बादल छाए रहेंगे, तब तक उमस ज़्यादा रहेगी।
(As long as the clouds remain spread out (as long as it remains cloudy), the humidity will stay high.)

जैसे ही (ज्योंही) सूरज डूबा, वैसे ही (त्योंही) सर्दी शुरू हो गयी।
(As soon as the sun went down, the cold began (it began to get cold).)

 ज्योंही… त्योंही *is less commonly used than* जैसे ही… वैसे ही *and may be considered by some as slightly old-fashioned.*

2 जब तक is used with the negative particle न or नहीं to express *unless* or *until*. However, the न or नहीं is not translated into English:

जब तक तूफ़ान नहीं रुकता, तब तक हवाई अड्डा बंद रहेगा।
(The airport will remain shut until the storm stops.)

G Match the sentence halves.

1 जैसे ही वह घर से निकली
2 जब से मैंने तुम्हारा इ-मेल पढ़ा
3 जब मैं लन्दन में थी
4 जैसे कपड़े आप पहनते हैं
5 जैसे तुम्हें भारत जाना पसंद है
6 जब तक तापमान ऊँचा रहेगा

a तब तक हमें गर्मी लगती रहेगी।
b वैसे मुझे भी वहाँ जाना पसंद है।
c वैसे मुझे बहुत पसंद हैं।
d वैसे ही बारिश पड़ने लगी।
e तब से मैंने कुछ काम नहीं किया।
f तब इतनी सर्दी थी कि मैं घर के अंदर ही रही।

Vocabulary

H Categorize the words in the box in the correct columns in the chart.

तूफ़ान / बरसात / पहाड़ / वर्षा / बारिश / ज़मीन / आसमान / पतझड़ / पूरब / बहार / पश्चिम / उत्तर / आंधी / मिट्टी / आकाश / दक्षिण /धरती / बाढ़ / ग्रीष्म / पूर्व / बसंत / हवा

Air	Water	Land	Seasons	Points of the compass
तूफ़ान (tropical wind)	*बरसात* (rain)	*पहाड़* (mountain)		

Reading

I Read an extract from a weather report then answer the questions.

1 लोगों को किस से राहत मिली है, और इस का कारण क्या है?

_____

2 रविवार को सब से ज़्यादा गर्मी किस शहर में थी?

_____

यू.पी. में तापमान गिरा, लोगों को राहत मिली।

उत्तर प्रदेश के अधिकतर क्षेत्रों में पिछले दो दिनों से बारिश की वजह से तापमान में गिरावट दर्ज की गई है, जिससे लोगों को गर्मी और उमस से राहत मिली है। मौसम विभाग के पूर्वानुमान के मुताबिक़ अगले ४८ घंटों में और बारिश होने की संभावना है। मौसम विभाग के अधिकारियों ने यह भी कहा है कि तापमान में दो से तीन डिग्री सेल्सियस की कमी आने की संभावना है। रविवार को उत्तर प्रदेश की राजधानी लखनऊ का अधिकतम तापमान ३१ डिग्री सेल्सियस और न्यूनतम तापमान २४ डिग्री सेल्सियस दर्ज किया गया। सोमवार को अधिकतम तापमान २८ डिग्री सेल्सियस के आस-पास रहने का पूर्वानुमान है। लखनऊ के अलावा रविवार को कानपुर का अधिकतम तापमान ३० डिग्री सेल्सियस, वाराणसी का अधिकतम तापमान ३१ डिग्री सेल्सियस, और इलाहाबाद का अधिकतम तापमान ३२ डिग्री सेल्सियस दर्ज किया गया।

J Now, read a weather report about the monsoon. Then, answer the questions.

मानसून का पूर्वानुमान: अच्छी और बुरी ख़बर।

जो लोग मानसून का इंतज़ार कर रहे हैं उनके लिए ख़ुशख़बरी है। राष्ट्रीय मौसम विभाग ने कहा है कि शनिवार तक दक्षिण-पश्चिम मानसून केरल के तट पर पहुँच जाएगा। आम तौर पर केरल में मानसून १ जून को आ जाता है, लेकिन इस साल दक्षिणी हवाओं की वजह से मानसून आने में कुछ देरी हुई है। पूर्वानुमान के अनुसार मानसून ६ जून तक केरल के तट पर पहुँच जाएगा। लेकिन उत्तर भारत में, जहाँ तापमान सामान्य से ज़्यादा दर्ज किया गया है, ख़बर अच्छी नहीं है। संभावना यह है कि जून का महीना बहुत सूखा रहने वाला है क्योंकि उत्तर भारत में मानसून देरी से आएगा। मौसम विभाग के अधिकारियों का कहना है कि अगले दो-तीन दिन गर्मी से राहत नहीं मिलने वाली और तापमान ४० से ४५ डिग्री तक रहने की संभावना है, ख़ासकर राजस्थान के कुछ इलाक़ों में जहाँ लू चलने की चेतावनी भी जारी की गई है।

1 मानसून के पूर्वानुमान के मुताबिक़ ख़ुशख़बरी किनके लिए है?

_____

2 ख़ुशख़बरी क्या है?

_____

3 इस साल मानसून के आने की संभावना कब है, और इसका कारण क्या है?

_____

4 उत्तर भारत में मौसम का क्या पूर्वानुमान है?

_____

V		
राहत (f)	comfort, relief
गिरावट (f)	drop, reduction
दर्ज करना (vt)	to record
विभाग (m)	department
पूर्वानुमान (m)	forecast
संभावना (f)	possibility
अधिकतम (adj)	maximum
न्यूनतम (adj)	minimum
लू (f)	hot wind/ heat wave
चेतावनी (f)	warning

K For extra practice, identify sentences containing relative words in the weather reports.

L Scan the Reading for synonyms to the words.

1 बरसात _____

2 अनुसार _____

3 कारण _____

4 प्रतीक्षा _____

5 विशेषकर _____

6 समाचार _____

M Find the related words in the weather reports.

1 ख़ास (adj) *special*   →   *ख़ासकर* especially
2 गिरना (vi) *to drop*   →   _____
3 अधिक (adj) *more*   →   _____ *and* _____
4 संभव (adj) *possible*   →   _____
5 राष्ट्र (m) *nation*   →   _____
6 दक्षिण (adj & m) *south* →   _____

Writing

N Write a short report (80–100 words) describing the weather in your local region or any other region you are familiar with. Points to mention could include:

▶ आम स्थिति ।

▶ अधिकतम और न्यूनतम तापमान ।

▶ आने वाले दिनों के लिए मौसम का पूर्वानुमान ।

_____

_____

_____

_____

_____

_____

_____

_____

_____

Self-check

Tick the box which matches your level of confidence.

1 = very confident   2 = need more practice   3 = not confident

कृपया अपने आत्मविश्वास के स्तर के अनुसार निम्न वर्गों में से एक को चिन्हित करें।

1 = पूर्ण आत्मविश्वास   2 = अभ्यास की आवश्यकता   3 = अल्प आत्मविश्वास

	1	2	3
Combine two pieces of information with a relative clause.			
Use a range of relative clause structures.			
Can discuss aspects of one's environment, including the weather and climate (CEFR A2).			
Can write a brief report and convey factual information about a familiar topic (CEFR B1).			

14 हमें योग का अभ्यास करना चाहिए।

We should practise yoga

In this unit you will learn to:

- Express different degrees of obligation (*have to, must* and *should*).
- Understand the rules of verb agreement in expressions of obligation.

CEFR: Can understand significant points in everyday material such as blogs and magazine articles (CEFR B1); Can report, give an opinion and offer advice relating to topics of personal interest (CEFR B1).

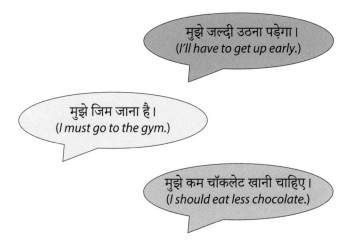

मुझे जल्दी उठना पड़ेगा।
(*I'll have to get up early.*)

मुझे जिम जाना है।
(*I must go to the gym.*)

मुझे कम चॉकलेट खानी चाहिए।
(*I should eat less chocolate.*)

Meaning and usage

Obligation

1 Expressions of obligation convey *have to, supposed to, must, ought to* and *should*. The three main forms of obligation in Hindi are mild, strong and moral obligation. In all three cases the person (or thing) under obligation is followed by को, takes the infinitive verb and the relevant auxiliary, either होना, पड़ना or चाहिए:

Mild obligation	Strong obligation	Moral obligation
(*have to*)/(*has to*)/(*supposed to*)/(*must*)	(*have to*) / (*has to*) / (*must*)	(*should*)/(*ought to*)
मुझको + infinitive verb + होना	मुझको + infinitive verb + पड़ना	मुझको + infinitive verb + चाहिए
मुझको घर जाना है। (*I have to go home.*) / (*I must go home.*) / (*I'm supposed to go home.*)	मुझको घर जाना पड़ेगा। (*I will (really) have to go home.*)	मुझको घर जाना चाहिए। (*I should go home.*) / (*I ought to go home.*)

Sentences in which the 'real' or logical subject takes को and the verb agrees with the logical direct object, are very common in Hindi. We can call them indirect or impersonal constructions, or simply मुझको or को-constructions. Other common को-constructions involve मालूम knowing and पसंद liking.

A Compare the sentences and identify which involve(s) an indirect construction in Hindi.

1 मैं चॉकलेट पसंद करता हूँ। (*I like chocolate.*)
2 मुझको चॉकलेट पसंद है। (*Chocolate pleases me.*)
3 मुझे मालूम है। (*I know.*)
4 मैं जानती हूँ। (*I know.*)
5 आप क्या चाहते हैं? (*What do you want?*)
6 आप को क्या चाहिए? (*What do you want?*)

Mild obligation

1 A मुझको construction with the infinitive verb + होना *to be* as an auxiliary or secondary verb gives the sense of mild obligation. The present, past or future tenses of होना can be used in this construction, but not the perfective (हुआ, हुए, हुई, हुईं) or continuous (हो रहा है, हो रहा था etc.) of होना:

आपको यह काम कल करना था। (*You were (supposed) to do this work yesterday.*)

मुझको यह काम तुरंत करना होगा। (*I will have to do this work right away.*)

Don't forget that मुझको has the alternative form मुझे, as do other pronouns in को constructions such as तुझको and तुझे, उसको and उसे, हमको and हमें etc.

2 If there is a direct object in the sentence, then the infinitive verb and होना agree with it. The infinitive follows the agreement pattern of inflecting adjectives i.e. ending in -आ for masculine singular, -ए for masculine plural and -ई for feminine singular and plural. Direct objects in the examples are underlined:

	Singular	Plural
Masculine	मुझको यह अख़बार पढ़ना था। (*I had to read this newspaper.*)	मुझको ये अख़बार पढ़ने थे। (*I had to read these newspapers.*)
Feminine	मुझको यह किताब पढ़नी थी। (*I had to read this book.*)	मुझको ये किताबें पढ़नी थीं। (*I had to read these books.*)

Verbs that can have a direct object are transitive verbs, whereas verbs that cannot have a direct object are intransitive. Verbs of motion, such as आना to come and जाना to go or verbs that indicate a change of state such as उठना to get up and बैठना to sit are intransitive.

3 If there is no direct object mentioned in the sentence, or if the infinitive verb is intransitive then both the infinitive verb and the auxiliary default to the masculine singular form:

मुझको <u>पढ़ना है</u> । (*I have to read.*)

मुझको दफ़्तर <u>जाना था</u> । (*I had to go to the office.*)

4 If the direct object is marked by a postposition e.g. को, then the infinitive verb and the auxiliary form of होना default to the masculine singular:

हमें यही फ़िल्म <u>देखनी थी</u> ।   vs.   हमें इसी फ़िल्म को <u>देखना था</u> ।

(*We were supposed to watch this film.*)   vs.   (*We were supposed to watch this (particular) film.*)

B   Read the text and complete the table.

आज दोपहर को मुझे अपने दोस्तों के साथ एक नई फ़िल्म देखनी है। उसके बाद हमें होटल में खाने के लिए जाना है। शायद सात या साढ़े सात बजे मुझे रेल गाड़ी लेनी होगी, क्योंकि मुझे आठ बजे तक घर पहुँचना है। कल मुझे सुबह-सुबह उठना है क्योंकि कॉलेज जाकर मुझे बहुत काम करना है। मुझे दो निबंध लिखने हैं और क्लास में एक प्रस्तुति भी देनी है। उसके बाद मुझे अपनी बहिन से मिलना है।

Obligation construction	Agreeing with a direct object?	Direct object
1 देखनी है	Yes	फ़िल्म
2 जाना है	No	–
3		
4		
5		
6		
7		
8		
9		

5 Negative sentences are formed by placing नहीं before the verb:

आज राम को स्कूल नहीं जाना है क्योंकि आज रविवार है। (*Today, Ram doesn't have to go to school because it's Sunday.*)

6 In colloquial speech, expressions with मुझको + the infinitive verb + the appropriate form of होना can also express '*want*', depending on the context. In informal speech the pronoun + को can be omitted, without affecting the meaning:

आपको क्या पीना है? (*What do you want to drink?*) मुझे चाय पीनी है। (*I want to drink tea.*)

(आपको) क्या खाना है? (*What do you want to eat?*) समोसे खाने हैं। (*I want to eat samosas.*)

Some Hindi speakers replace को *with* ने *when expressing mild obligation using the infinitive verb +* होना, *although this is not considered grammatically correct in standard Hindi, it is not uncommon in certain regional varieties of Hindi:*

आपने क्या खाना है? मैंने कुछ नहीं खाना क्योंकि मैंने घर जाना है।

(What do you want to eat?) (I don't want to eat anything because I have to go home.)

Strong obligation

1   In a similar construction to that of mild obligation, a मुझको construction involving the infinitive verb + पड़ना gives the sense of strong obligation, with the implication that external circumstances are the cause of the obligation. The auxiliary verb पड़ना can be in any tense:

व्यायाम करने के लिए हमें हर रोज़ जिम जाना पड़ता है। (*In order to exercise we must / have to go to the gym every day.*)

कल मैंने कुछ नहीं किया इसलिए मुझे आज बहुत काम करना पड़ रहा है। (*I didn't do anything yesterday therefore I'm having to do a lot of work today.*)

2   When पड़ना is used in the present or past imperfective, it expresses an action that has to or had to be done habitually or regularly:

बचपन में मुझे हर रोज़ स्कूल जाना पड़ता था। आजकल मुझे हर रोज़ दफ़्तर जाना पड़ता है।
(*When I was a child (in childhood), I had to go to school every day. Nowadays I have to go to the office every day.*)

3   As with the mild obligation construction using होना, if there is a direct object in the sentence, then the infinitive and पड़ना agree with the direct object. If no direct object is mentioned, or if it is marked by a postposition, e.g. को, then the infinitive and पड़ना default to the masculine singular:

हमें हर रोज़ वरज़िश <u>करनी पड़ती है</u>। (*We have to exercise every day.*)

<u>मुझे देखना पड़ेगा</u>। (*I'll have to see.*)

4   In general, negative sentences are formed by placing नहीं before the verb. However, if पड़ना is in the subjunctive then न is used:

मुझे दिल्ली नहीं जाना पड़ेगा। (*I won't have to go to Delhi.*)

शायद मुझे दिल्ली न जाना पड़े। (*Perhaps I won't / may not have to go to Delhi.*)

C   **Answer the questions using the information in brackets.**

1   कल जावेद को क्या ख़रीदना था? (*Fresh vegetables from the market*)
    कल उसको मंडी से ताज़ी सब्ज़ियाँ ख़रीदनी थीं।

2   माता जी को क्या पढ़ना पड़ेगा? (*Today's newspapers*)

    _____

3   दिनेश को कहाँ जाना है? (*To the gym*)

    _____

4   पिछले हफ़्ते सीमा को क्या बेचना पड़ा? (*Her car*)

    _____

5   शाम को बच्चों को किस से मिलना था? (*Their friends*)

    _____

6   हमें क्या भेजना होगा? (*One or two emails*)

    _____

D Transform the sentences using the verb in brackets and keeping the same tense.

1 मैं हर रोज़ व्यायाम करती हूँ। (पड़ना)

मुझे हर रोज़ व्यायाम करना पड़ता है।

2 गीता की ज़िन्दगी बहुत व्यस्त है। वह हर दिन काम करती है। (पड़ना)

_____

3 कल रात मुझे अच्छी नींद नहीं आयी। इसलिए आज मैं जल्दी सोऊँगा। (होना)

_____

4 आप कौनसी किताब पढ़ेंगे? (होना)

_____

5 पिता जी अपनी सेहत का ख़्याल रखेंगे। (पड़ना)

_____

6 राम ने परीक्षा के लिए बहुत तैयारी की। (पड़ना)

_____

Moral obligation

1 A construction similar to those of mild and strong obligation is a को-construction that involves the infinitive + चाहिए. In this construction चाहिए remains unchanged, but the infinitive follows the same rules of agreement seen with mild and strong obligation:

मुझे अपना काम करना चाहिए। (*I should/ought to do my work.*)

आप को मेरी किताब पढ़नी चाहिए। (*You should read my book.*)

When used with a noun, चाहिए *expresses* want *or* need, *but when used with an infinitive it expresses* should *or ought to:*

मुझे एक कप चाय चाहिए।   vs.   मुझे एक कप चाय पीनी चाहिए।
(I want a cup of tea.)   (I should drink a cup of tea.)

2 To express *should* or *ought to* in the past tense, the past tense form of the verb होना (था, थे, थी or थीं) is added, and it agrees with the direct object. However, if there is no direct object or if the direct object is marked by a postposition, then the past tense form of होना defaults to the masculine singular form, था:

हमें घर जाना चाहिए।   vs.   हमें घर जाना चाहिए था।
(*We should go home.*)   (*We should have gone home.*)

तुम्हें वह नई फ़िल्म देखनी चाहिए।   vs.   तुम्हें वह नई फ़िल्म देखनी चाहिए थी।
(*You should watch that new film.*)   (*You should have watched that new film.*)

3 Negative sentences are formed by placing नहीं before the verb:

हमें झूठ नहीं बोलना चाहिए। (*We shouldn't lie.*)

उन्हें ये बातें नहीं कहनी चाहिए थीं। (*They shouldn't have said these things.*)

💡 **E** Read and identify the different forms of obligation, the corresponding infinitive verbs, and the relevant direct object, if any.

Obligation with होना, पड़ना or चाहिए	Infinitive verb	Direct object

कल सीमा को घर जल्दी जाना होगा क्योंकि उसके पति जावेद का जन्म दिन है। उसे मालूम नहीं कि उसे जावेद के लिए क्या तोहफ़ा ख़रीदना चाहिए। असल में पिछले साल वह जावेद का जन्म दिन भूल गयी थी, फिर उसे जावेद से बहुत बातें सुननी पड़ीं। इसलिए इस साल सीमा को जावेद के जन्म दिन की तारीख़ डायरी में लिखनी पड़ी ताकि वह उसके जन्म दिन की तारीख़ भूल न जाए। लेकिन अब सीमा की समझ में नहीं आ रहा कि जावेद को क्या तोहफ़ा चाहिए होगा? मेरे विचार में सीमा को जावेद से पूछ लेना चाहिए था। आपको क्या लगता है? सीमा को क्या करना चाहिए?

F Match the statements with the correct advice.

1 आज मैंने कुछ नहीं खाया, मुझे भूख लग रही है।　　a तुम्हें गरम कपड़े पहनने चाहिए।

2 आज मैंने बहुत काम किया, मैं थक गया हूँ।　　b आप को थोड़ी सी चाय पीनी चाहिए।

3 मुझे सर्दी लग रही है।　　c तुम्हें कुछ खाना खाना चाहिए।

4 मुझे प्यास लगी है, मैं कुछ गरम पीना चाहती हूँ।　　d आप को पंखा चलाना चाहिए।

5 मैं बीमार हूँ।　　e तुम्हें भारतीय भाषाएँ भी सीखनी चाहिए।

6 मैं स्वस्थ रहना चाहता हूँ।　　f आप को सोना या आराम करना चाहिए।

7 इस कमरे में बहुत गर्मी है।　　g तुझे डॉक्टर के पास जाना चाहिए।

8 मैं भारतीय संस्कृति के बारे में सीखना चाहती हूँ।　　h आप को हर रोज़ वरज़िश करनी चाहिए।

G Transform the चाहिए expressions in F to पड़ना expressions in the future tense.

a *तुम्हें गरम कपड़े पहनने पड़ेंगे।*

b _____

c _____

d _____

e _____

f _____

g _____

h _____

Unit 14 हमें योग का अभ्यास करना चाहिए। 　151

Vocabulary

H Complete with the correct translation from the box.

> लाभ / दिमाग़ / प्रशंसा / लोकप्रियता / दुनिया भर / शारीरिक / प्रशंसक / लोकप्रिय / स्वास्थ्य / पूरी दुनिया / लाभदायक / मन / क्रिया / स्वस्थ / प्रक्रिया / शरीर

1 body _____ bodily/physical _____

2 mind _____ brain _____

3 action _____ process _____

4 health _____ healthy _____

5 popular _____ popularity _____

6 praise _____ someone who gives praise/fan/follower _____

7 benefit _____ beneficial _____

8 the whole world _____ the whole world _____

📖 Reading

I Read the blog article extract about yoga and अंतर्राष्ट्रीय योग दिवस (*International Yoga Day*). Then answer the questions in Hindi.

1 योग का अभ्यास कब से चल रहा है, और आज इसे कौन करता है?

_____

2 भारत में योग का अर्थ क्या है?

_____

कहते हैं कि भारत में योग का अभ्यास हज़ारों सालों से चल रहा है। आम तौर से लोगों का विचार है कि जब कोई योग की बात करता है, वह केवल शरीर को स्वस्थ और तंदुरुस्त रखने के लिए कुछ शारीरिक आसनों की बात करता है। लेकिन असल में योग का अर्थ इससे कहीं गहरा है। भारत में योग एक आध्यात्मिक प्रक्रिया है, जिसमें योग करने वाले अपने शरीर, मन और आत्मा को एक साथ लाने की कोशिश करते हैं। आजकल केवल भारत में ही नहीं, बल्कि दुनिया भर में योग की लोकप्रियता फैल गयी है, यहाँ तक कि अंतर्राष्ट्रीय योग दिवस २१ जून को कई देशों में मनाया जाता है। लेकिन आप जो भी मानते हैं, यह बात तो स्पष्ट है कि आज योग के प्रशंसक और अभ्यास करने वाले पूरी दुनिया में मिलते हैं, और उन्हें पूरा विश्वास है कि योग के अनेक लाभ हैं।

J Now, read someone's comment on the blog in which they give their advice on the benefits of yoga. Then, answer the questions.

मेरे सारे दोस्त जिम जाते हैं, और मैं भी सोचता था कि स्वस्थ रहने के लिए मुझे भी जिम जाना होगा, हालाँकि मुझे जिम जाना पसंद नहीं। फिर किसी ने मुझे सुझाव दिया कि मुझे योग का अभ्यास करना चाहिए। इस के बाद मैंने योग के फ़ायदों के बारे में किताब में पढ़ा, और फिर मैंने योग करना शुरू भी किया। अब मैं इस के बारे में आपको भी बताना चाहता हूँ और यह सलाह देना चाहता हूँ कि आप को भी योग करना चाहिए। योग अभ्यास करने से सब से पहले मुझे लगा कि इसे करने से दिमाग़ से तनाव दूर होता है, और साथ ही रात को अच्छी नींद भी आती है। कुछ ही हफ़्तों के बाद मैंने यह भी महसूस किया कि मेरा शरीर संतुलित रहता है, यानी योग मेरे तन और मन दोनों पर अच्छा प्रभाव डालता है। आज मेरे लिए सब से बड़ी बात यह है कि मुझे जिम नहीं जाना पड़ता। अगर आप काम करते हैं या फिर आप पढ़ते हैं, जो भी आप करते हैं, अगर आपकी भागमभाग भरी ज़िंदगी है, तो आपको भी योग ज़रूर करना चाहिए।

1 लेखक को योग के फ़ायदों के बारे में कहाँ से जानकारी मिली?

_____

2 लेखक हमें क्या सलाह देना चाहता है?

_____

3 शुरू-शुरू में योग करने के प्रभाव क्या थे?

_____

4 किसको योग करना चाहिए?

_____

V		
आध्यात्मिक (adj)		*spiritual*
आत्मा (m)		*soul*
फैलना (vi)		*to spread*
स्पष्ट (adj)		*clear*
सुझाव (m)		*suggestion*
सलाह (f)		*advice*
तनाव (m)		*tension*
महसूस करना (vt)		*to feel*
संतुलित (adj)		*balanced*
भागमभाग (f)		*hustle and bustle*

K For some extra practice, identify the obligation expressions in the advice in the Reading in J. Ensure that you're clear which form of obligation each one is and what each infinitive verb is agreeing with.

L Complete with a synonym from the reading passage.

Sanskritic loanwords	Perso-Arabic loanwords	Translation
_____	तंदुरुस्त	healthy, fit
_____	फ़ायदा	benefit, advantage
_____	ख़्याल	idea, opinion
_____	सिर्फ़	only
वास्तव में	_____	in fact
_____	मतलब	meaning
_____	भरोसा	faith, belief
_____	असर	influence, effect
मित्र	_____	friend

M Match the Hindi phrases with the correct translation.

> बहुत ज़्यादा टी.वी. देखना / पौष्टिक आहार / नियमित रूप से व्यायाम करना / देर से सोना / ज़्यादा शराब पीना / ताज़े फल / अच्छी नींद / ताज़ी सब्ज़ियाँ / सिगरेट पीना / कंप्यूटर का ज़्यादा उपयोग

Healthy living	Unhealthy living
_____ (doing regular exercise)	_____ (watching too much TV)
_____ (good sleep)	_____ (drinking too much alcohol)
_____ (nourishing food)	_____ (smoking cigarettes)
_____ (fresh fruit)	_____ (going to bed late)
_____ (fresh vegetables)	_____ (too much computer use)

Writing

N Write a blog comment (80–100 words) offering advice about staying healthy. You could include:

▶ स्वस्थ रहने के लिए आप क्या करती हैं / करते हैं।

▶ या क्या नहीं करतीं / करते, और क्यों।

▶ आपके विचार में लोगों को स्वस्थ रहने के लिए क्या करना चाहिए।

▶ आपकी सलाह क्या है, और सलाह का पालन करने के लाभ क्या हैं।

_____

_____

_____

_____

_____

_____

_____

_____

_____

_____

Self-check

Tick the box which matches your level of confidence.

1 = very confident   2 = need more practice   3 = not confident

कृपया अपने आत्मविश्वास के स्तर के अनुसार निम्न वर्गों में से एक को चिन्हित करें।

1 = पूर्ण आत्मविश्वास   2 = अभ्यास की आवश्यकता   3 = अल्प आत्मविश्वास

	1	2	3
Express different degrees of obligation (*have to, must* and *should*).			
Understand the rules of verb agreement in expressions of obligation.			
Can understand significant points in everyday material such as blogs and magazine articles (CEFR B1).			
Can report, give an opinion and offer advice relating to topics of personal interest (CEFR B1).			

15 स्वाद के अनुसार।

According to taste

In this unit you will learn how to:

✓ Use the imperative.

✓ Form the conjunctive participle.

CEFR: Can understand detailed instructions reliably (CEFR B2); Can provide instructions on how to do something, like writing a recipe (CEFR B1).

Meaning and usage

The imperative

1 The imperative form of the verb is used to make requests or give someone orders, commands or instructions:

पतीले में थोड़ा पानी उबालिए। (*Boil some water in a pot.*)

दो चम्मच चीनी डालिए। (*Add (literally: put) two spoons of sugar.*)

 A Highlight the commands related to तुम and आप. Identify a pattern in the way they are formed.

1 तू कहाँ जा रहा है? इधर आ और यहाँ बैठ।

2 तुम क्या कर रहे हो? यहाँ आओ और हमारे साथ बैठो।

3 आप घर कैसे जाएँगे? मेरे पास गाड़ी है। आइए गाड़ी में बैठिए।

		Commands	Pattern of formation
1	तू	*आ, बैठ*	Same as the verb stem.
2	तुम		
3	आप		

How to form the imperative

1   There are three main forms of the imperative corresponding to the three pronouns for *you*, तू, तुम and आप. The appropriate imperative depends on the form of *you* used to address someone:

Form of *you*	Imperative formation	Example
तू - intimate (singular)	verb stem	देख (*Look.*)
तुम - casual/informal (singular and plural)	verb stem + -ओ	देखो (*Look.*)
आप - formal/respectful (singular and plural)	verb stem + -इए or इये	देखिए or देखिये ((*Please) look.*)

There is no difference in meaning or pronunciation between the two आप form imperatives, they are merely different ways of spelling.

B   Complete the chart using the correct form of the imperative.

Verb stem	तू	तुम	आप
खा (*eat*)		खाओ	खाइए
रख (*put, keep*)	रख		
जा (*go*)	जा		जाइए
डाल (*put, pour*)	डाल		डालिए
सुन (*listen*)		सुनो	

2   Verb stems ending in -ई shorten the vowel to -इ and often add a -य after it:

पी → पियो and जी → जियो, as in the expression खाओ, पियो और जियो, literally meaning *eat, drink and live*, similar to the saying *eat, drink and be merry.*

3   Verb stems that end in the long vowel -ऊ shorten the vowel to -उ:

छू → छुओ, e.g. मत छुओ *Don't touch!*

4   Several common verbs have irregular imperatives:

Verb stem	तू	तुम	आप
ले (*take*)	ले	लो	लीजिए
दे (*give*)	दे	दो	दीजिए
कर (*do*)	कर	करो	कीजिए
पी (*drink*)	पी	पियो	पीजिए

A regular imperative करिए of the आप form of the verb करना to do exists in colloquial Hindi but the irregular कीजिए is more common. There's no difference in meaning between the two.

5 The infinitive form of the verb can be used for a future request or order with someone who you would address as तुम or आप:

कल शाम को घर पर ड्रिंक्स के लिए आना । (*Come over (to the house) for drinks tomorrow evening.*)

6 When expressing *don't* or *do not* with an imperative, the negative particles न or मत are used. न tends to be used with the आप imperative, and मत is generally used with the तू, तुम and infinitive forms of the imperative:

गोश्त को अभी मत पकाओ । (*Don't cook the meat yet.*)

कल खाने पर न आइए, अगले हफ़्ते आइए । (*Don't come for dinner tomorrow, come next week.*)

7 It's not uncommon to state the pronoun for *you*, तू, तुम and आप, in an imperative statement:

तुम आलू छीलो । (*You peel the potatoes.*)

आप पानी उबालिए । (*You boil the water.*)

C Complete the sentences with the correct तू, तुम and आप, imperative and the relevant negative particle where required.

1 बच्चो, तुम घर के अंदर नहीं, बाहर जाकर *खेलो* (खेलना) ।
2 मैंने सुना है कि तुम बहुत अच्छा खाना पकाते हो । हमें भी कुछ पकाकर __________ (खिलाना) ।
3 मुझे मालूम है कि आप को समोसे बहुत पसंद हैं । एक और __________ (लेना) ।
4 पिता जी, आप यहाँ __________ (आना) और चाय __________ (पीना) ।
5 आप खाना पकाना शुरू __________ (करना), मेरा इंतज़ार __________ __________ (नहीं करना) ।
6 तुमसे पहले भी कह चुका हूँ कि तुम सिगरेट __________ __________(नहीं पीना) ।

The rules of when to use न and मत are not strict. मत can be used with the आप form if the request needs to be more forceful, stern or urgent. न can be used with तू, तुम and infinitive forms to soften the request, e.g. कुछ न कहो । कुछ भी न कहो । (Don't say anything. Don't say anything at all.).

D Read the recipe for *masala chai* and underline the imperatives.

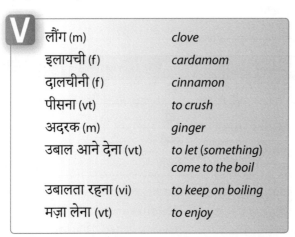

V

लौंग (m)	*clove*
इलायची (f)	*cardamom*
दालचीनी (f)	*cinnamon*
पीसना (vt)	*to crush*
अदरक (m)	*ginger*
उबाल आने देना (vt)	*to let (something) come to the boil*
उबालता रहना (vi)	*to keep on boiling*
मज़ा लेना (vt)	*to enjoy*

सब से पहले लौंग, इलायची और दालचीनी को पीसकर उन्हें एक छोटे पतीले में डालो। फिर पानी डालो और उबालना शुरू करो। इस के बाद चाय की पत्ती और अदरक डालकर उबाल आने दो। अब स्वाद के अनुसार चीनी डालकर दूध भी डालो और कुछ देर तक उबालते रहो। अब मसाले वाली चाय तैयार है। कप में डालो, पियो और मज़ा लो।

E Convert all the तुम requests in the recipe for *masala chai* into आप requests.

तुम request	आप request
डालो	डालिए

More polite forms of the imperative

1   A more courteous version of the imperative involves adding -गा to the आप form of the imperative, i.e. adding -इएगा or -इयेगा to the verb stem. This translates as somewhat equivalent to *Would you please…?*:

मेरे लिए ये सब्ज़ियाँ काटिएगा। (*Would you please cut these vegetables for me?*)

2   An imperative formed by adding -एँ to the verb stem may be used as a very polite command or request. This is common in a more Urdu register of Hindi:

आप यहाँ बैठें और चाय पिएँ। (*Please take a seat here and please have some tea.*)

The form of the imperative ending -एँ is the same as the आप verb form of the subjunctive. The subjunctive is often used to express desire or possibility, so using it as an imperative is like expressing a desire or making a suggestion.

3   A compound verb (which is formed from a verb stem and a secondary verb, often लेना or देना), can make a request slightly more polite:

Imperative without using a compound verb	Imperative using a compound verb
अपना खाना खाओ। (*Eat your food.*)	अपना खाना खा लो। (*(Please) have your food.*)
मुझे एक कप चाय दो। (*Give me a cup of tea.*)	मुझे एक कप चाय दे दो। (*(Please) give me a cup of tea.*)

4   The word कृपया or the phrase कृपया करके, an approximate equivalent to *please* or *kindly*, is used in formal Hindi with the आप form or politer forms of the imperative. It is more common in written rather than spoken Hindi, and appears in public signs and notices:

कृपया (करके) हिन्दी बोलिए। (*Please speak Hindi.*)

कृपया (करके) अपने जूते बाहर उतारें। (*Kindly take off your shoes outside.*)

Although there is no exact word for please *in Hindi, due to the influence of English, the English word* please *is sometimes used by Hindi speakers. Furthermore, the Urdu expression* मेहरबानी करके, *meaning* kindly, *may also be used.* मेहरबानी करके खाना परोसिए । (Please serve the food.)

5 A command can be softened using ज़रा, which means *just a little.* When used with the imperative, it could be thought of as expressing something like *if you don't mind*:

ज़रा मुझे सब्ज़ी मंडी ले जाओ । (*Take me to the vegetable market if you don't mind.*)

6 The verb सकना *to be able to, can* may be used to make a polite request in an expression similar to the English *Could you?*:

क्या आप मेरी मदद कर सकते हैं? (*Could you (please) help me?*)

7 Other respectful and extremely polite ways of making a request can involve preceding the request with phrases such as:

क्या आप मेरे लिए एक कष्ट करेंगे? (*Would you go to the trouble for me?*)

क्या मैं आप को एक तकलीफ़ दे सकता हूँ? (*Could I trouble you with something?*)

मेरी एक गुज़ारिश है । (*I have a request.*)

आप से निवेदन है कि.... (*You are requested to…*)

F Match the imperatives with their equivalent polite forms.

1	मसाले अलमारी में रखो ।	a	क्या आप मेरे लिए चाय बना सकते हैं?
2	मेरे लिए चाय बनाइए ।	b	आप से निवेदन है कि आप अपनी कुर्सी पर बैठे रहें ।
3	पैसे पिता जी से लो ।	c	आप मेहरबानी करके हमें दो प्लेट बिरयानी दे दें ।
4	आप अपनी कुर्सी पर बैठे रहिए ।	d	ज़रा मसाले अलमारी में रख दो ।
5	यह थाली मेज़ पर रखिए ।	e	दाल और चावल दे दो ।
6	दाल और चावल दो ।	f	पैसे पिता जी से ले लो ।
7	हमें दो प्लेट बिरयानी दीजिए ।	g	कृपया करके यह थाली मेज़ पर रख लीजिएगा ।

G Identify what makes the politer forms in F more polite.

a _____

b _____

c _____

d _____

e _____

f _____

g _____

Meaning and usage

The conjunctive participle or absolutive

1   The *conjunctive participle,* sometimes known as the *absolutive,* links two actions. It is used to express *having done something* or *after doing something,* or can simply be translated using *and*:

घर <u>पहुँचकर</u> चाय बनाऊँगा । (*After getting home, I'll make tea.*) / (*I'll get home and make tea.*)

आलू <u>काटकर</u> पानी में उबालने डाल दो । (*After cutting/having cut the potatoes, put them in water to boil.*) / (*Cut the potatoes and put them in water to boil.*)

आराम से <u>बैठकर</u> अपना खाना खा लो । (*Sit comfortably and have your food.*)

H   **Highlight the conjunctive participle in the sentences and identify how it is formed.**

1   अपना खाना पकाकर जल्दी से खा लो । (*Cook your food, and eat (it) quickly.*)

2   खाना खाकर बर्तन धो लो । (*After eating the food, wash the dishes.*)

3   बर्तन धोकर आराम करो । (*After washing the dishes, have a rest.*)

How to form the conjunctive participle

1   The conjunctive participle is formed by adding the suffix -कर to the verb stem:

देख<u>कर</u> (*having seen/watched*) / (*after seeing/watching*)

खा<u>कर</u> (*having eaten*) / (*after eating*)

2   When forming the conjunctive participle, the verb करना *to do* is the sole exception. It forms its conjunctive participle by adding -के to the verb stem, and never by adding -कर:

खाना ख़त्म कर<u>के</u> वह अपने दोस्तों से मिलने गई । (*She finished her food and went to meet her friends.*).

In colloquial speech, the conjunctive participle of any verb can be formed with -के instead of -कर, though -कर tends to be the standard in written and formal language:

खाना खाकर / खाना खाके (After eating)

फ़िल्म देखके / फ़िल्म देखकर (After watching the film)

I **Identify the pairs of linked actions, and the tense of the secondary verb.**

हर शाम गीता टेनिस खेलती है। टेनिस <u>खेलकर</u> वह बस से घर <u>जाती है</u>। घर पहुँचकर वह कपड़े बदलती है। फिर टी.वी. देखती है। थोड़ा टी.वी. देखकर वह अपना खाना बनाती है। लेकिन कल शाम को वह काफ़ी थकी हुई थी। इसलिए घर आकर उसने टेक-अवे मँगवाया।

First action (Conjunctive participle)	Second action (Secondary verb)	Tense
खेलकर	*जाती है*	Present (imperfective)

3 In sentences containing the conjunctive participle the secondary verb can be in any tense. Therefore, in perfective tenses the secondary verb dictates whether to use ने or not. Compare these example sentences, both involving the transitive verb खाना *to eat* which takes ने in the perfective tense, and the intransitive verb जाना *to go* which does not take ने in the perfective tense:

हम<u>ने</u> घर जाकर खाना खाया। (*After going home, we ate food.*)

हम खाना खाकर घर गए। (*After eating food, we went home.*)

4 Repeating the verb stem in a conjunctive participle indicates an action is being repeated, being performed thoroughly or is occurring continuously:

समोसे <u>खा-खाकर</u> मेरा पेट भर गया, और भोजन के लिए जगह नहीं रही। (*Having kept on eating samosas, my stomach got full and there was no room for dinner.*)

उनकी बातों को <u>सुन-सुनकर</u> भी मुझे कुछ समझ न आया। (*Even having (carefully) listened to what they said, I couldn't understand anything.*)

J **Use an appropriate conjunctive participle to replace any के बाद expressions.**

1 घर पहुँचने के बाद मुझे फ़ोन करना। *घर पहुँचकर मुझे फ़ोन करना।*

2 अख़बार पढ़ने के बाद उसने अपना काम ख़त्म किया। _____

3 दाल को आठ घंटे भिगोने के बाद उसे पकाइए। _____

4 मैंने अपने हाथ धोने के बाद खाना खाया। _____

5 फ़िल्म देखने के बाद हम रेस्टोरेंट गए। _____

6 आप से मिलने के बाद बाज़ार जाऊँगी। _____

K Combine the pairs of sentences using the conjunctive participle.

1 मैं सात बजे उठती हूँ। मैं चाय बनाती हूँ।

मैं सात बजे उठकर चाय बनाती हूँ। or *सात बजे उठकर मैं चाय बनाती हूँ।*

2 बच्चे स्कूल से आते हैं। बच्चे अपना होमवर्क करते हैं।

_____

3 हम बाज़ार से सब्ज़ियाँ ख़रीदेंगे। हम खाना तैयार करेंगे।

_____

4 राजू ने सिनेमा में फ़िल्म देखी। राजू घर गया।

_____

5 गीता घर गयी। गीता ने टी.वी. देखा।

_____

6 हम आप के घर आएँगे। हमें अच्छा खाना मिलेगा।

_____

Vocabulary

L Find the odd one out.

1 कड़ाही | पतीला | तवा | चाकू | बर्तन
2 चाकू | छुरी | काँटा | चम्मच | ढक्कन
3 नमकीन | मीठा | गरम | कड़वा | खट्टा
4 मसालेदार | काली मिर्च | हल्दी | जीरा | धनिया
5 टमाटर | प्याज़ | लहसुन | आटा | अदरक

M Complete the chart using words in the box. Make sure you know what the words mean.

> उबालना / बर्तन माँजना / तलना / काटना / पीसना / छीलना / कद्दूकस करना /
> झाड़ू लगाना / भिगोना / कचरा फेंकना / चूल्हा साफ़ करना / पकाना / भूनना

Activity related to cooking and preparing food	Other kitchen activities
उबालना (to boil)	*बर्तन माँजना* (to wash the dishes)

📖 Reading

N Look at the ingredients for cooking *dal makhani*, and put them in the correct columns.

4-5 लोगों के लिये । आवश्यक सामग्री:

काली साबुत उड़द की दाल - 100 ग्राम (1/2 कप)

राजमा - 50 ग्राम (1/4 कप)

टमाटर - 4 (मीडियम साइज़)

हरी मिर्च - 2-3

अदरक - 2 इंच लंबा टुकड़ा

क्रीम या मक्खन - 2-3 टेबल स्पून

जीरा - 1/2 छोटी चम्मच

हल्दी पाउडर - एक चौथाई छोटी चम्मच

लाल मिर्च पाउडर - एक चौथाई छोटी चम्मच

गरम मसाला - एक चौथाई छोटी चम्मच से कम

नमक - स्वादानुसार (एक छोटी चम्मच)

हरा धनिया - आधी छोटी कटोरी (बारीक कटा हुआ)

Vegetables and pulses	Spices	Other items

O Read the recipe instructions and answer the questions.

पकाने की विधि:

उड़द की दाल और राजमा को ८ घंटे या रात भर पानी में भिगो दीजिए। इसमें से पानी निकालकर इसे धोइए। फिर प्रेशर कुकर में दाल, राजमा और नमक डालकर २ कप पानी के साथ उबलने रख दीजिए। प्रेशर कुकर में सीटी बजने के बाद गैस धीमी कर दीजिए और दाल को ५ या ६ मिनट धीमी आँच पर पकने दीजिए। उसके बाद गैस बंद कर दीजिए।

अदरक का आधा हिस्सा छीलकर, टमाटर और हरी मिर्च के साथ मिक्सी में बारीक पीस लीजिए और बाक़ी अदरक कद्दूकस कर लीजिए या उसे छोटा-छोटा काट लीजिए। एक कढ़ाई में घी गरम कीजिए और उसमें जीरा डालकर अच्छी तरह से भून लीजिए। उसके बाद अदरक, हल्दी पाउडर, धनिया पाउडर और लाल मिर्च पाउडर डालकर चम्मच से ख़ूब चलाइए। अब इस मसाले में टमाटर, हरी मिर्च का पेस्ट और क्रीम डालकर चम्मच से चलाइए और भूनिए जब तक कि मसाले से तेल बाहर न आ जाए।

अब प्रेशर कुकर में पकाई हुई दाल और राजमा में इस मसाले को मिला दीजिए। फिर आधा कप पानी मिला दीजिए (अगर आप ज़्यादा पतली दाल चाहते हैं तो उसी के अनुसार पानी डाल दीजिए) और उसे ३ या ४ मिनट तक पकने दीजिये। गैस बंद करके, गरम मसाला और आधा हरा धनिया मिला दीजिए। दाल मक्खनी तैयार है। अब इसे बड़े परोसने वाले बर्तन में डालिए, और हरा धनिया और मक्खन डालकर सजाइए। दाल मक्खनी को नान, पराठे, चपाती या चावल के साथ खाईए और इसका भरपूर मज़ा लीजिए।

1 उड़द की दाल और राजमा को धोकर क्या करना है?

____

2 गैस कब बंद करनी चाहिए?

____

3 मसाले को कब तक भूनना चाहिए?

____

4 दाल में मसाले मिलाने के बाद कितना पानी डाल सकते हैं?

____

5 दाल किस के साथ खा सकते हैं?

____

V

आँच (f)	*flame*	चलाना (vt)	*here: to stir*
पकने देना (vt)	*to allow to cook*	पकाया हुआ (adj)	*cooked*
मिक्सी (f)	*food processor*	मिलाना (vt)	*here: to mix*
कढ़ाई (f)	*a deep frying pan (like a wok)*	परोसने वाला बर्तन (m)	*serving dish*

P Identify the conjunctive participles and imperatives in the recipe, and highlight any imperatives involving compound verbs.

Foodstuffs and spices feature in a number of Hindi proverbs. Two common ones are: दाल में कुछ काला है (There's something black in the dal.), *which corresponds to the English saying* (There's something fishy going on.), *and* ऊँट के मुँह में जीरा (Cumin in a camel's mouth), *which is equivalent to the English* (a drop in the ocean).

Q Match the adverbs used for sequencing with the correct meanings.

1	फिर → c	**a**	*first of all*
2	पहले	**b**	*first*
3	इतने में	**c**	*then*
4	सब से पहले	**d**	*after this*
5	उसके पहले	**e**	*before that*
6	इसके बाद	**f**	*meanwhile*
7	आख़िर में / अंत में	**g**	*now*
8	अब	**h**	*again, for a second time*
9	दुबारा	**i**	*finally, in the end*

 # Writing

R   Write a short recipe (80–100 words) of a dish that you have enjoyed. State your ingredients and describe the main stages of the process. Try to include the following language features:

▶ imperatives when giving the instructions

▶ conjunctive participles when linking the different stages of the process

▶ adverbs for sequencing

_____

_____

_____

_____

_____

_____

_____

_____

_____

_____

Self-check

Tick the box which matches your level of confidence.

1 = very confident   2 = need more practice   3 = not confident

कृपया अपने आत्मविश्वास के स्तर के अनुसार निम्न वर्गों में से एक को चिन्हित करें।

1 = पूर्ण आत्मविश्वास   2 = अभ्यास की आवश्यकता   3 = अल्प आत्मविश्वास

	1	2	3
Use the imperative.			
Form the conjunctive participle.			
Can understand detailed instructions reliably (CEFR B2).			
Can provide instructions on how to do something, like writing a recipe (CEFR B1).			

16 हम यह फ़िल्म देख चुके हैं।

We've already seen this film

In this unit you will learn how to:

- ✔ Use modal verbs to express (in)ability and completion.
- ✔ Use compound verbs to convey particular nuances of meaning.

CEFR: Can understand significant points in everyday material such as newspaper and magazine articles (CEFR B1); Can write a review of a film, book or play (CEFR B2).

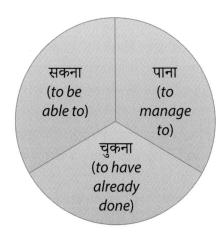

Meaning and usage

Modal verbs

1 A modal verb is a type of auxiliary or secondary verb. In Hindi, the modal verbs सकना, पाना and चुकना express aspects such as ability, possibility and completion:

हम शाम को सिनेमा जा सकते हैं। (*We <u>can</u> go to the cinema in the evening.*)

क्या आप हमारे साथ आ पाएँगे? (*Will you <u>manage</u> to come with us?*)

हम वह फ़िल्म देख चुके हैं। (*We <u>have already</u> seen that film.*)

2 Both सकना and पाना express ability or possibility, and can be used interchangeably. However, पाना conveys more of a sense of *managing to do something* and it is more often used in negative sentences to express an inability to do something due to factors beyond one's control:

अगले हफ़्ते पल्लवी हमारी दावत में नहीं आ सकेगी।
(*Pallavee won't be able to come to our dinner party next week.*)

अगले हफ़्ते पल्लवी हमारी दावत में नहीं आ पाएगी क्योंकि उसको दफ़्तर जाना है।
(*Pallavee won't manage to come to our dinner party next week because she has to go to the office.*)

3 The verb चुकना means *having finished doing something* or *having already done something*:

क्या आप अपना भोजन खा चुके हैं? (*Have you finished eating your meal?*)

हम यह टी.वी. कार्यक्रम देख चुके हैं। (*We've already seen this TV programme.*)

The verb पाना *also occurs as an independent, non-modal verb and most commonly means* to obtain *or* to get. राम ने स्कूल में अच्छे नंबर पाए। (*Ram got good marks at school.*)

Using modal verbs

1 Using modal verbs involves the stem of the main verb, which is followed by the conjugated form of the modal verb:

गा सकना → क्या आप कुछ लोकप्रिय फ़िल्मी गाने <u>गा सकते हैं</u>?
(*to be able to sing*) → (*Can you sing any popular film songs?*)

देख पाना → आज दादी अपनी मनपसंद धारावाहिक कार्यक्रम नहीं <u>देख पाएँगी</u>।
(*to manage to see*) → (*Grandmother won't manage to see her favourite soap opera today.*)

बन चुकना → बंगाली उपन्यास देवदास पर आधारित कई फ़िल्में <u>बन चुकी हैं</u>।
(*to have already been made*) → (*Several films based on the Bengali novel* Devdas *have already been made.*)

2 Modal verbs never stand alone. They can only occur with the stem of another verb:

क्या तुम हिन्दी बोल सकते हो? जी हाँ, मैं बोल सकता हूँ।
(*Can you speak Hindi?*) (*Yes, I can (speak).*)

3 Modal verbs do not take ने in the perfect tense, even if the verb stem used with the modal verb belongs to a ने verb, i.e. a transitive verb that takes ने:

हम ने यह फ़िल्म देखी है। (*We've seen this film.*)

हम यह फ़िल्म देख चुके हैं। (*We've already seen this film.*)

4 Negative modal sentences are formed by placing नहीं either before or after the verb stem:

मैं इस हफ़्ते मुंबई जा नहीं सकती। vs. मैं इस हफ़्ते मुंबई नहीं जा सकती। (*I can't go to Mumbai this week.*)

चुकना *is rarely used in negative sentences since it refers to an action that has already been completed.*

5 Whilst the verb पाना can be used in all tenses, सकना and चुकना are used in all tenses except the continuous tense. Additionally, as चुकना expresses completion of an action, it is mostly used in the perfective tense.

A Read the conversation and complete the table.

"कल हम सब दोस्त फ़िल्म देखने जा रहे हैं। क्या तुम भी हमारे साथ चल सकती हो?"

"मैं नहीं आ पाऊँगी क्योंकि लंदन से मेरा एक दोस्त मुझसे मिलने आ रहा है।"

"तो क्या हुआ? वह भी हमारे साथ आ सकता है।"

"लेकिन उसको हिन्दी नहीं आती।"

"कोई बात नहीं। हम कोई अंग्रेज़ी भाषा की फ़िल्म देख सकते हैं। हाल ही में स्पाइडर-मैन की नई फ़िल्म रिलीज़ हुई है।"

"वह तो मैं देख चुकी हूँ। क्या हम और कोई फ़िल्म नहीं देख सकते?"

"ज़रूर देख सकते हैं।"

Modal verb construction	Verb stem	Tense
1 *चल सकती हो*	*चल*	Present imperfective (habitual)
2		
3		
4		
5		
6		
7		

B Identify the phrases from the conversation in A that match the translations.

1 I won't be able to come: _____

2 I've already seen that: _____

3 Of course we can: _____

Using the verb आना to express ability

1 The verb आना *to come* can be used in the imperfective tense in a मुझको or मुझे construction to express *can* or *being able to do something* or *knowing how to do something*. In this construction आना agrees with the activity you *can do*, or the thing that you *know how to do*:

मुझे तबला बजाना <u>आता है</u> । (*I can play the tabla. / I know how to play the tabla.*)

मुझे हिन्दी <u>आती है</u> लेकिन मुझे तमिल नहीं <u>आती</u> । (*I know Hindi, but I don't know Tamil.*)

C Transform the आना sentences into सकना sentences.

1 मुझे हिन्दी आती है।
   मैं हिन्दी बोल सकता हूँ।

2 क्या आपको गुजराती आती है?

3   गीता को तबला बजाना आता है।

_____

4   मेरे बेटे को मज़ेदार खाना पकाना आता है।

_____

5   दादी माँ, क्या आप को गाना गाना आता है?

_____

6   यहाँ किसको उर्दू पढ़ना आता है?

_____

D   Transform the sentences into **पाना** sentences.

1   बच्चे बीमार हैं इसलिए वे स्कूल नहीं जाएँगे।
    बच्चे बीमार हैं इसलिए वे स्कूल नहीं जा पाएँगे।

2   राम और उसकी दोस्त कोमल ठीक समय पर सिनेमा कभी नहीं पहुँचते।

_____

3   काम इतना ज़्यादा है कि मुझसे एक दिन में ख़त्म नहीं होगा।

_____

4   कल रात उन्होंने फ़िल्म नहीं देखी।

_____

5   मौसम ख़राब होने की वजह से मैं पिकनिक पर नहीं गई।

_____

6   क्षमा कीजिए, मेरे भाई ने आपको ई-मेल नहीं भेजा।

_____

E   Complete the sentences using the verbs in brackets and the correct form of **चुकना**.

1   मेरी बहिन तीन बार हॉलीवुड *जा चुकी है*। (जाना)

2   पिता जी, क्या आप अपना काम ख़त्म _____ हैं? (करना)

3   मैं कहती हूँ कि मैं यह किताब _____ हूँ। (पढ़ना)

4   आमिर ख़ान की नई फ़िल्म पिछले हफ़्ते ही रिलीज़ _____ थी। (होना)

5   जब हम हवाई अड्डे पहुँचे तब हमारी फ़्लाइट _____ थी। (निकलना)

6   निर्देशक को पिछले साल ही अपनी फ़िल्म के लिए पुरस्कार _____ था। (मिलना)

Meaning and usage

Expressing nuances using compound verbs

1   Compound verbs are used in Hindi to express subtle shades of meaning and convey particular nuances of expression:

Using a simple verb	Using a compound verb
वह जल्दी से अपनी सीट पर <u>बैठा</u> । (*He quickly <u>sat</u> on his chair.*)	वह जल्दी से अपनी सीट पर <u>बैठ गया</u> । (*He quickly <u>sat down</u> on his chair.*)
क्या आपने इ-मेल <u>भेजा</u>? (*Did you <u>send</u> the email?*)	क्या आपने इ-मेल <u>भेज दिया</u>? (*Did you <u>send over</u> the email?*)

 There are no real fixed rules about when to use a compound verb. The best way to learn how to use them is by exposure to the written and spoken language and mimicking usage.

How to form compound verbs

1   Compound verbs are formed with the stem of the main verb and the conjugated form of the secondary verb. The three most common compound verbs involve जाना *to go*, लेना *to take* and देना *to give*:

सो जाना → कल वह काफ़ी जल्दी <u>सो गई</u> । (*Yesterday she went to sleep quite early.*)

खा लेना → वह हमेशा वक़्त पर भोजन <u>खा लेता है</u> । (*He always eats dinner on time.*)

भेज देना → मैं कल आप को ई-मेल <u>भेज दूँगी</u> । (*I'll send you the email tomorrow.*)

2   In a compound verb, the secondary verbs, जाना *to go*, लेना *to take* and देना *to give*, lose their original meanings and add a subtle nuance to the meaning of the main verb:

Simple verb		Compound verb	
बैठना	(*to sit*)	बैठ जाना	(*to sit down*)
रुकना	(*to stop*)	रुक जाना	(*to come to a stop*)
पढ़ना	(*to read*)	पढ़ देना	(*to read (aloud) to someone*)
लिखना	(*to write*)	लिख देना	(*to write out (for someone)*)
लिखना	(*to write*)	लिख लेना	(*to write down (for oneself)*)

3   Compound verbs with जाना indicate a sense of completion or a change of state from one condition to another:

हम जूस का पूरा डब्बा <u>पी गए</u> । (*We drank (up) the whole carton of juice (to completion).*)

आम तौर से मैं सुबह बहुत जल्दी <u>उठ जाती हूँ</u> । (*I usually get up very early in the morning.*)

4   Compound verbs with लेना *to take* and देना *to give* both express a sense of completion. Additionally, लेना conveys a sense of *taking*, with the benefit of the action flowing towards the subject of the verb, whereas देना has a sense of *giving*, with an action done for someone else's benefit:

Simple verb	Compound verb with लेना	Compound verb with देना
मैंने पत्र लिखा। (*I wrote the letter.*)	मैंने पत्र लिख लिया। (*I wrote the letter (for myself).*)	मैंने पत्र लिख दिया। (*I wrote the letter (for someone else).*)
इसको पढ़ो। (*Read this.*)	इसको पढ़ लो। (*Read this (to yourself).*)	इसको पढ़ दो। (*Read this (out aloud).*)

When making a request, using a compound verb makes the request sound slightly more polite:

दो टिकट दो। *vs.* दो टिकट दे दो। (*Give me two tickets (please).*)

कुछ खाओ। *vs.* कुछ खा लो। (*Have something to eat (please).*)

5   In some instances, the meaning of a compound verb can be slightly removed from the original meaning of the main verb:

Simple verb		Compound verb	
लेना	(*to take*)	ले जाना	(*to take away*)
आना	(*to come*)	आ जाना	(*to arrive*)
होना	(*to be*)	हो जाना	(*to become*)

6   Compound verbs in the perfect tense are only used with the postposition ने when both the main verb and secondary verb are ने verbs. In the first example both main and secondary verbs are ने verbs, and in the second example the main verbs are ने verbs, and the secondary verbs (जाना) are not ने verbs:

दिनेश ने पाँच पकोड़े खा लिए। फिर उस ने सारी चाय भी पी ली।
(*Dinesh ate five pakoras. Then he drank all the tea too.*) (*For his own benefit.*)

दिनेश पाँच पकोड़े खा गया। फिर वह सारी चाय भी पी गया।
(*Dinesh ate five pakoras. Then he drank all the tea too.*) (*To completion.*)

7   Compound verbs do not usually occur in negative sentences, and are never used in the continuous tense or in constructions with the modal verbs सकना, पाना or चुकना.

F   **Transform the compound verb sentences into a sentence using the modal verb चुकना.**

  1   पिता जी घर पहुँच गए हैं।

   पिता जी घर पहुँच चुके हैं।

  2   फ़िल्म सात बजे शुरू हो गई थी।

3 मेरा सारा काम ख़त्म हो गया है।

_____

4 संगीता और दिनेश ने खाना खा लिया है।

_____

5 क्या आपके दोस्तों ने यह फ़िल्म देख ली है?

_____

6 दिनेश ने हमारे लिए दो टिकटें खरीद ली हैं।

_____

G Complete the sentences using the compound verbs.
1 क्या पिता जी अभी तक घर नहीं आए? हाँ, वे तो दोपहर में ही *आ गए थे*। (आ जाना)
2 क्या आप ने आज का अख़बार पढ़ा? जी हाँ मैंने _____। (पढ़ लेना)
3 बच्चे अपना स्कूल का काम कब करेंगे? उन्होंने तो सारा काम _____। (कर लेना)
4 दादी जी, क्या आप टी.वी. पर वह नया कार्यक्रम देखेंगी? जी हाँ, बेटे, मैं _____। (देख लेना)
5 तुम माता जी को कब फ़ोन करोगी? चिंता मत करो, मैं उन्हें आज शाम को फ़ोन _____। (कर देना)
6 क्या आप ने दिनेश को टिकटों के पैसे नहीं दिए? मैंने तो उसे उसी दिन ही पैसे _____। (दे देना)

Vocabulary

H Complete with the translations with the words in the box.

संगीत / मदद / पुलिस अफ़सर / कामयाब / लोकप्रिय / प्यार / दोस्त / ख़तरनाक / डाकू / आम /
सहायता / चोर / साधारण / गीत / कामयाबी / निर्देशक / दुश्मन / प्रेम / ख़तरा / लोकप्रियता / निर्देशन

1 popular _____ popularity _____
2 success _____ successful _____
3 director _____ direction _____
4 danger _____ dangerous _____
5 bandit/dacoit _____ thief _____ police officer _____
6 friend _____ enemy _____
7 love _____ love _____
8 ordinary _____ ordinary _____
9 song _____ music _____
10 help _____ assistance _____

I Complete the definitions with the words in the box.

यादगार / इतिहास / ज़बान / कमाना / संवाद / थकना / गिरफ़्तार / मुलाक़ात

1 जब आप नौकरी करते हैं और आपको पैसे मिलते हैं तो इसको कहते हैं पैसे _____ ।
2 जब पुलिसवाला चोर को पकड़ता है वह उस चोर को _____ करता है।
3 अगर आपको किसी बात की बहुत याद आ रही है तो वह एक _____ बात है।
4 जब दो लोग आपस में बातें कर रहे हैं इसको एक _____ कहते हैं।
5 आपके मुँह में जिस अंग से आप बातें करते हैं और जिस से आप खाने का स्वाद लेते हैं वह आप की
   _____ है।
6 जब आप किसी से मिलते हैं इसे एक _____ कहते हैं।

J Complete the chart with the words and phrases in the box.

मार-धाड़ वाली फ़िल्म / निर्देशक / हास्य फ़िल्म / संगीतकार / त्रासदी / निर्माता / प्रेम कहानी /
अभिनेता / डरावनी फ़िल्म / रोमांस वाली फ़िल्म / अभिनेत्री / संगीत निर्देशक

Film genre	Cast or crew member
(action film) *मार-धाड़ वाली फ़िल्म*	(director) *निर्देशक*
(love story) _____	(actor) _____
(romantic film) _____	(actress) _____
(horror film) _____	(music director) _____
(comedy) _____	(musician) _____
(tragedy) _____	(producer) _____

📖 Reading

K Read the first part of a film review of the cult Hindi film *Sholay*. Identify the modal verbs and compound verbs.

सन् १९७५ में १५ अगस्त को, यानी भारत के स्वतंत्रता दिवस पर, शोले फ़िल्म रिलीज़ हुई थी। शुरू-शुरू में यह फ़िल्म कुछ ख़ास नहीं चली। पर कुछ ही दिनों बाद इस फ़िल्म की कामयाबी बढ़ने लगी, यहाँ तक कि यह फ़िल्म १९७५ की सब से ज़्यादा रुपए कमाने वाली फ़िल्म बन गयी। आप कह सकते हैं कि इस तरह यह फ़िल्म रातों-रात सनसनी बन गयी। इस फ़िल्म की लोकप्रियता का अंदाज़ा इस बात से लगाया जा सकता है कि यह फ़िल्म मुम्बई के मिनर्वा सिनेमाघर में लगातार ५ सालों तक चलती रही।

L Now, continue reading the film review and decide whether the statements are सही या ग़लत (*true or false*). Correct the false statements.

> फ़िल्म की कहानी काफ़ी साधारण है, पर रमेश सिप्पी के निर्देशन ने फ़िल्म में कुछ मार-धाड़, कुछ प्यार, और कुछ हँसी-मज़ाक़ के साथ-साथ कुछ अनमोल जादू डाल दिया। रिटायर्ड पुलिस अफ़सर ठाकुर बलदेव सिंह (संजीव कुमार) ख़तरनाक डाकू गब्बर सिंह (अमजद ख़ान) को गिरफ़्तार करते हैं, पर गब्बर जेल से भाग जाता है। बदला लेने के लिए वह ठाकुर के पूरे परिवार को मार देता है। ठाकुर गब्बर को पकड़ने के लिए दो चोरों की सहायता लेता है – जय (अमिताभ बच्चन) और वीरू (धर्मेन्द्र) जो एक दूसरे के जिगरी दोस्त हैं। इनकी मुलाक़ात राधा (जया बच्चन) और बसंती (हेमा मालिनी) से होती है। और, यहाँ से कहानी शुरू होती है।
>
> हिन्दी सिनेमा के इतिहास में शोले का नाम सब से ऊपर है। इस फ़िल्म को सैकड़ों बार देखकर भी लोग नहीं थकते । फ़िल्म के यादगार संवाद और आकर्षक गीत आज भी लोगों की ज़बानों पर नाच रहे हैं।

1 इस फ़िल्म के निर्देशक का नाम बलदेव सिंह है।   सही / ग़लत

_____

2 अभिनेता संजीव कुमार डाकू गब्बर सिंह की भूमिका अदा करते हैं।   सही / ग़लत

_____

3 गब्बर सिंह जेल से भागने में कामयाब हो पाता है।   सही / ग़लत

_____

4 जय और वीरू एक दूसरे के दुश्मन हैं।   सही / ग़लत

_____

5 शोले फ़िल्म को देख देख कर लोग थकते नहीं।   सही / ग़लत

_____

V			
स्वतंत्रता दिवस (m)	*independence day*	हँसी-मज़ाक़ (m)	*fun and laughter*
कमाना (vt)	*to earn*	जादू (m)	*magic*
रातों-रात सनसनी (f)	*overnight sensation*	बदला (m)	*revenge*
अंदाज़ा लगाना (m)	*to estimate, to guess*	मार देना (vt)	*to kill*
चलता रहना (vi)	*to keep on going*	भूमिका अदा करना (vt)	*to play a role*

 # Writing

M Read the film review again in the Reading and then write a similar review (80–100 words) of a film that you have seen. You could include:

► फ़िल्म कब बनी या कब रिलीज़ हुई।

► फ़िल्म का निर्देशक कौन था।

► किस शैली की फ़िल्म है।

► मुख्य पात्र और फ़िल्म की कहानी का विवरण।

► फ़िल्म आपको कैसे लगी।

_____

_____

_____

_____

_____

_____

_____

_____

_____

_____

Self-check

Tick the box which matches your level of confidence.

    1 = very confident   2 = need more practice   3 = not confident

कृपया अपने आत्मविश्वास के स्तर के अनुसार निम्न वर्गों में से एक को चिन्हित करें।

    1 = पूर्ण आत्मविश्वास   2 = अभ्यास की आवश्यकता   3 = अल्प आत्मविश्वास

	1	2	3
Use modal verbs to express (in)ability and completion.			
Use compound verbs to convey particular nuances of meaning.			
Can understand significant points in everyday material such as newspaper and magazine articles (CEFR B1).			
Can write a review of a film, book or play (CEFR B2).			

17 भारत में क्या क्या बनता है?

What things are made in India?

In this unit you will learn how to:

- Understand and use passive forms of verbs in different tenses.
- Recognize the difference between intransitive and transitive verbs.
- Use causative verbs to express getting something done by someone else.

CEFR: Can find specific information in everyday texts such as leaflets (CEFR A2); Can write short texts conveying factual information (CEFR B1).

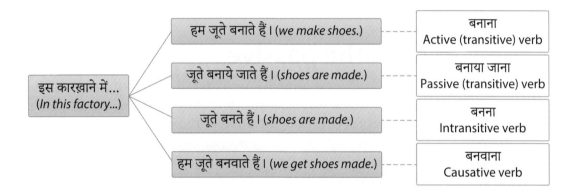

इस कारख़ाने में... (*In this factory...*)

हम जूते बनाते हैं। (*we make shoes.*)	बनाना Active (transitive) verb
जूते बनाये जाते हैं। (*shoes are made.*)	बनाया जाना Passive (transitive) verb
जूते बनते हैं। (*shoes are made.*)	बनना Intransitive verb
हम जूते बनवाते हैं। (*we get shoes made.*)	बनवाना Causative verb

Meaning and usage

The passive

1 The passive form contrasts with the active form, putting the emphasis on the action rather than the person who performs the action:

Active	Passive
हम हर रोज़ दफ़्तर में काम करते हैं। (*We work in the office every day.*)	हर रोज़ दफ़्तर में काम किया जाता है। (*Work is done in the office every day.*)

A   Match the sentences with the correct meanings and identify the passive sentences.

1   महाराष्ट्र में मराठी बोलते हैं।   a   Marathi is spoken in Maharashtra. _____

2   महाराष्ट्र में मराठी बोली जाती है।   b   They speak Marathi in Maharashtra. _____

3   बीपीओ क्षेत्र में आईटी का काम किया जाता है।   c   People do IT work in the BPO sector. _____

4   बीपीओ क्षेत्र में लोग आईटी का काम करते हैं।   d   IT work is done in the BPO sector. _____

5   मुंबई में हिन्दी फ़िल्में बनाते हैं।   e   Hindi films are made in Mumbai. _____

6   मुंबई में हिन्दी फ़िल्में बनाई जाती हैं।   f   They make Hindi films in Mumbai. _____

2   In general, Hindi tends to avoid the passive if the person who performs the action is referred to, in which case it is more usual to use an active verb rather than a passive:

Therefore instead of saying गाड़ी राज के द्वारा ठीक की गयी। (*The car was fixed by Raj.*), it would be more common to say राज ने गाड़ी ठीक की। (*Raj fixed the car.*).

The passive in Hindi occurs more often in journalistic, scholarly or official writing rather than in the spoken language.

How to form the passive

1   The passive in Hindi is based on the perfective participle as the main verb, and जाना *to go* as the secondary verb. The perfective participle is formed by adding the appropriate ending (-आ, -ए or -ई) to the verb stem depending on gender and number:

Infinitive	Masculine singular perfective participle	Masculine plural perfective participle	Feminine singular and plural perfective participle	Meaning
देखना (*to see*)	देखा	देखे	देखी	(*seen*)
सुनना (*to hear*)	सुना	सुने	सुनी	(*heard*)

Compared to the passive in Hindi, the English passive is also formed with the perfective participle of the main verb, but instead of using the verb to go *as a secondary verb, English uses the verb* to be.

2   Several common verbs have irregular perfective participles:

	Masculine singular	Masculine plural	Feminine singular and plural	Meaning
करना (*to do*)	किया	किए	की	(*done*)
लेना (*to take*)	लिया	लिए	ली	(*taken*)
देना (*to give*)	दिया	दिए	दी	(*given*)
पीना (*to drink*)	पिया	पिए	पी	(*drunk*)

3   Verb stems that end in a vowel add -य to the stem before adding the masculine singular ending: e.g. बना → बनाया *made*, and पका → पकाया *cooked*.

4   Both the main and secondary verbs agree with the subject of the passive sentence, which would in fact be the direct object of a corresponding active sentence. Changes in tense are reflected in जाना:

Passive	Active
कपड़े धोए जाएँगे। (*The clothes will be washed.*) (subject = *clothes*)	धोबी कपड़े धोएगा। (*The dhobi will wash the clothes.*) (direct object = *clothes*)
अमृतसर में पंजाबी बोली जाती है। (*Punjabi is spoken in Amritsar.*) (subject = *Punjabi*)	अमृतसर में लोग पंजाबी बोलते हैं। (*People speak Punjabi in Amritsar.*) (direct object = *Punjabi*)

5   When the subject of a passive sentence is followed by a postposition, for example को, the verb remains in the masculine singular form:

चोर पकड़े गए।   →   चोरों को पकड़ा गया।
(*Thieves were caught.*)   (*The thieves were caught.*)

6   In situations where you refer to someone or something that performs the passive action, the postpositions के द्वारा *by means of*, के हाथों *by the hands of* or से *by* can be used:

पुलिस द्वारा चोर पकड़े गए। (*The thieves were caught by the police.*)

ये स्वादिष्ट खाना बावर्ची के हाथों पकाया गया है। (*This tasty food has been made by the chef.*)

हमें वहाँ बस से पहुँचा दिया जाएगा। (*We will be dropped off there by the bus.*)

B   **Read the paragraph and highlight the passive forms. Then, complete the chart.**

माना जाता है कि भारत में वाहन उद्योग दुनिया के सबसे बड़े वाहन उद्योगों में से एक है। हर साल कई लाख वाहनों का उत्पादन किया जाता है। भारत सरकार के द्वारा १९९१ में आर्थिक उदारीकरण किया गया था। इसके बाद लगातार भारत में वाहन उद्योग में वृद्धि देखी गई है। कुछ ही साल पहले भारत एशिया का चौथा सबसे बड़ा वाहन निर्यातक बन गया। अनुमान किया जाता है कि २०५० तक भारत की सड़कों पर वाहनों की संख्या ६० करोड़ से अधिक हो जाएगी।

	Passive verb	Infinitive	Meaning
1	*माना जाता है*	*मानना*	(It) is believed
2			
3			
4			
5			

V
वाहन उद्योग (m)	*vehicle industry*
उत्पादन (m)	*production*
आर्थिक उदारीकरण (m)	*economic liberalization*
वृद्धि (f)	*growth*
निर्यातक (m)	*exporter*
अनुमान करना (vt)	*to estimate*

7   Passives that involve the verb जाना itself as the main verb use a regular form of the perfective participle of जाना (जाया, जाए or जाई) rather than the usual irregular form (गया, गए or गई):

आप को हवाई अड्डे तक टैक्सी में ले जाया जाएगा ।
(*You will be taken to the airport by taxi.*)

8   Negative passive sentences with से express a sense of inability:

संपादक से अख़बार पढ़ा नहीं जाता क्योंकि उनकी ऐनक उनके पास नहीं है ।
(*The editor can't read the newspaper as he doesn't have his glasses.*)

पासवाले कारख़ाने में शोर होने के कारण मुझ से सोया नहीं गया ।
(*I couldn't sleep because of noise from the nearby factory.*)

Don't confuse the passive with a compound verb involving जाना *to go. Remember that the passive is formed with the perfective participle of the main verb, whereas a compound verb is formed with the stem of the main verb:*

Passive	Compound verb
वह भोजन खाया जाएगा । (*That food will be eaten.*)	वह भोजन खा जाएगा । (*He will eat the food.*)
वह मिठाई खाई जाएगी । (*That dessert will be eaten.*)	वह मिठाई खा जाएगी । (*She will eat the dessert.*)

C   **Match the first part of each sentence with the correct verb.**

1	भारत के समुद्री इलाक़ों में मछली बहुत		a	बोली जाती है ।
2	हमारे घर में नाश्ते के समय फल बहुत		b	बनाए जाते हैं ।
3	अस्पतालों में हर दिन हज़ारों मरीज़ों का इलाज		c	खाए जाते हैं ।
4	भारत से पूरी दुनिया में दवाइयाँ निर्यात		d	खाई जाती है ।
5	कपड़े उद्योग के कारख़ानों में अनेक प्रकार के कपड़े		e	बोली जाती हैं ।
6	राजस्थान में संगमरमर की मूर्तियाँ		f	की जाती हैं ।
7	भारत के हर प्रदेश में क्षेत्रीय भाषाएँ		g	बनाई जाती हैं ।
8	दुनिया के विभिन्न देशों में अंग्रेज़ी		h	किया जाता है ।

Intransitive verbs expressing the passive

1   Hindi has a number of inherently passive verbs that can be used to convey the sense of a passive sentence without actually using the passive form of a verb. Such verbs are intransitive, yet have transitive counterparts. The transitive counterparts may be used in the passive form:

Intransitive verb	Transitive verb	Passive equivalent based on transitive counterpart
बनना (*to be made*)	बनाना (*to make*)	बनाया जाना (*to be made*)
बिकना (*to be sold*)	बेचना (*to sell*)	बेचा जाना (*to be sold*)
पकना (*to be cooked*)	पकाना (*to cook*)	पकाया जाना (*to be cooked*)

2 Intransitive verbs that are inherently passive are simply used in an active form:

Intransitive verb (active construction)	Transitive verb (passive construction)
इस कारख़ाने में जूते बनते हैं।	इस कारख़ाने में जूते बनाए जाते हैं।
(Shoes are made in this factory.)	
आपकी दुकान में किताबें बिक रही थीं।	आपकी दुकान में किताबें बेची जा रही थीं।
(Books were being sold in your shop.)	

3 The English translations of the examples of the active and passive constructions in the previous chart are the same, yet there is a subtle difference in meaning. Using the intransitive verb conveys a general statement about something happening or being done, whilst using the transitive verb in the passive alludes to the existence of the person(s) performing the action:

Intransitive active verb	Transitive passive verb
अच्छी साड़ियाँ वाराणसी में बनती हैं।	अच्छी साड़ियाँ वाराणसी में बनाई जाती हैं।
(Good saris are made in Varanasi.)	*(Good saris are made in Varanasi.)*
[Made as a general statement]	[Implying that they are made by someone]

D **Convert the intransitive active verbs into transitive passive forms using the verb in brackets.**

1 इस फ़िल्म स्टूडियो में बहुत सी फ़िल्में बनती थीं। (बनाना)
इस फ़िल्म स्टूडियो में बहुत सी फ़िल्में बनाई जाती थीं।

2 चेन्नई में कई प्रकाशक हैं जहाँ उर्दू की किताबें छपती हैं। (छापना)

_____

3 पूरी मुम्बई के लोगों के कपड़े धोबी घाट पर धुलते हैं। (धोना)

_____

4 आज रात के भोजन के लिए क्या पक रहा है? (पकाना)

_____

5 कल से इस दुकान में बनारसी साड़ियाँ सस्ते दामों में बिकेंगी। (बेचना)

_____

6 कारख़ाने में एक ऐसी मशीन है जिससे हर प्रकार के जूते बन सकते हैं। (बनाना)

_____

Transitive and intransitive verb pairs are often characterized by a lengthening of the vowel: पकना to be cooked / पकाना to cook, बनना to be made, / बनाना to make, कटना to be cut / काटना to cut. *Other pairs might involve consonant change as well as vowel lengthening:* बिकना to be sold / बेचना to sell *and* धुलना to be washed / धोना to wash.

Meaning and usage

Transitive and intransitive pairs of verbs

1   Hindi has a number of transitive and intransitive pairs of verbs that have the same meaning when translated into English, but which both convey a different sense in Hindi. The transitive verb focuses on the action that someone performs, whereas the intransitive verb focuses on the action itself or the outcome of the action:

Transitive	Intransitive
खोलना *(to open)*	खुलना *(to open)*
दुकानवाली अपनी दुकान नौ बजे खोलती है।	उसकी दुकान नौ बजे खुलती है।
(The shopkeeper opens her shop at nine o'clock.)	*(Her shop opens at nine o'clock.)*
उबालना *(to boil)*	उबलना *(to boil)*
चाय वाला दूध उबाल रहा है।	दूध चूल्हे पर उबल रहा है।
(The tea-maker is boiling the milk.)	*(The milk is boiling on the stove.)*

2   When using a transitive verb, it can sometimes imply that the action was deliberate:

Transitive	Intransitive
तोड़ना *(to break)*	टूटना *(to break)*
बच्चे ने बोतल तोड़ दी।	बोतल गिरकर टूट गई।
(The child broke the bottle.)	*(The bottle fell and broke.)*

3   Conjunct verbs also appear in transitive and intransitive pairs with the verbs करना *to do* and होना *to be, to happen* respectively:

Transitive	Intransitive
बंद करना *(to close), (to shut)*	बंद होना *(to close), (to shut)*
वकील अपना दफ़्तर पाँच बजे बंद करता है।	वकील का दफ़्तर पाँच बजे बंद होता है।
(The lawyer shuts his office at five o'clock.)	*(The lawyer's office shuts at five o'clock.)*

E   **Complete the sentences using the correct transitive or intransitive verb forms.**

1   कल सुबह हम बच्चों को नौ बजे _____ । (उठाएँगे / उठेंगे)

2   कल सुबह बच्चे नौ बजे _____ । (उठाएँगे / उठेंगे)

3   माँ चाय के लिए पानी _____ । (उबाल रही है / उबल रही है)

4   चाय पतीले में _____ । (उबाल रही है / उबल रही है)

5   ड्राइवर ने लाल-बत्ती पर गाड़ी नहीं _____ । (रोकी / रुकी)

6   गाड़ी लाल-बत्ती पर नहीं _____ । (रोकी / रुकी)

7   शाम को बाज़ार कितने बजे _____? (बंद करेगा / बंद होगा)

8   दुकानदार अपनी दुकान कितने बजे _____? (बंद करेगा / बंद होगा)

Meaning and usage

Causative verbs

1   Causative verbs express an action where the subject of the sentence causes someone else to perform the action. If the person carrying out the action is mentioned, they are marked by the postposition से:

बादशाह शाहजहाँ ने सत्रहवीं शताब्दी में ताज महल बनवाया।
(*The Emperor Shah Jehan had the Taj Mahal built in the seventeenth century.*)

शाहजहाँ ने बीस हज़ार मज़दूरों से काम करवाया।
(*Shah Jehan had the work done by twenty thousand labourers.*)

2   Causative verbs may have intransitive and transitive counterparts:

Intransitive	Transitive	Causative
बनना (*to be made*)	बनाना (*to make*)	बनवाना (*to get someone to make something*)
निकलना (*to exit*)	निकालना (*to take out*)	निकलवाना (*to get someone to take something out*)
बैठना (*to sit*)	बिठाना (*to seat someone*)	बिठवाना (*to have someone seated*)

3   Certain transitive verbs, which do not have an intransitive counterpart, may have two causative forms: a first causative and a second causative. In the first causative, the subject of the sentence performs the action, whilst in the second causative the subject causes someone else to perform the action:

Transitive	First causative	Second causative
पढ़ना (*to study*)	पढ़ाना (*to teach (to cause someone to study or learn)*)	पढ़वाना (*to get someone to teach*)
सुनना (*to listen*)	सुनाना (*to recite (to cause someone to listen)*)	सुनवाना (*to get someone to recite something*)

हम सात बजे भोजन <u>खाते</u> हैं। (*We <u>eat</u> dinner at seven o'clock.*)

हम सात बजे बच्चों को भोजन <u>खिलाते</u> हैं। (*We <u>feed</u> the children dinner at seven o'clock.*)

हम सात बजे बच्चों को आया से भोजन <u>खिलवाते</u> हैं। (*We <u>have</u> the children <u>fed</u> dinner by the nanny at seven o'clock.*)

Many first causative verbs are characterized by the -आ ending of the verb stem and most second causative verbs are characterized by the -वा ending of the verb stem as you can see in the pairs of verb stems: खिला/खिलवा, बना/बनवा, बिठा/बिठवा.

F **Read the passage and complete the chart.**

पिछले हफ़्ते मैं अपने बच्चों के साथ आगरे गया। मैं उन्हें ताज महल दिखाना चाहता था। आजकल स्कूल में उनकी अध्यापिका उनको मुग़ल इतिहास के बारे में पढ़ा रही हैं। उन्हें सिखाया गया है कि बादशाह शाहजहाँ ने ताज महल का निर्माण करवाया था। कहानी यह है कि शाहजहाँ ने ताज महल अपनी रानी मुमताज़ की याद में बनवाया था। कहते हैं कि ताज महल बनाने में बीस हज़ार मज़दूरों ने बीस साल तक काम किया। ताज महल देखने के बाद मैं बच्चों के साथ होटल गया जहाँ मैंने बच्चों को कुछ खाना खिलाया और कोल्ड-ड्रिंक भी पिलाई।

First causative	Second causative
दिखाना	

4 A small number of causative verbs have two forms that are interchangeable and have no significant difference in meaning:

कराना = करवाना (*to get someone to do (something)*)

दिलाना = दिलवाना (*to get someone to give (something)*)

G **Complete the causative verb sentences with the appropriate profession.**

माली / दर्ज़ी / बढ़ई / डॉक्टर / धोबी / प्रकाशक / व्यापारी / सफ़ाईवाली / नाई

1 हम _____ से हर रोज़ अपना घर साफ़ करवाते हैं।

2 आप ने _____ से दो अलमारियाँ क्यों बनवाईं?

3 मैंने _____ से अपने बाल कल ही कटवाए हैं।

4 क्या तुम अपने कपड़े _____ से धुलवाओगे?

5 मैं _____ से आपकी शादी के लिए एक नया जोड़ा सिलवाऊँगी।

6 माँ अपनी नई कविताओं का संग्रह दिल्ली के एक _____ से छपवा रही हैं।

Vocabulary

H **Complete with the words from the box.**

दूर / व्यंजन / स्थित / उत्पादक / विक्रेता / दूरी / केंद्र / हस्तशिल्प / खाना-पीना / स्थिति / शिल्पकार / बुनना / केंद्रीय / उत्पाद / ऊन / बिक्री

1 centre _____ central _____

2 situated _____ situation _____

3 far _____ distance _____

4 food and drink _____ dish _____

5 vendor _____ sale _____

6 wool _____ to knit/to weave _____

7 produce _____ producer _____

8 handicraft _____ artisan _____

I Match the definitions with the words in the box. There are some extra words.

> विदेश / माल / उत्पादक / बुज़ुर्ग / पर्यटक / केंद्र / आगे जाकर

1 हमारे परिवार के बूढ़े सदस्य। _____

2 भविष्य में। _____

3 वह देश जो हमारा अपना देश नहीं है। _____

4 दूसरे देशों में घूमने-फिरने वाला। _____

5 कोई भी सामान जो बाज़ार में बिकता है। _____

📖 Reading

J Read the information leaflet about the handicrafts bazaar Dilli-Haat, and answer the questions.

1 दिल्ली-हाट में किस प्रकार की चीज़ें बिकती हैं?

_____

2 आई.एन.ए. के नज़दीक स्थित दिल्ली-हाट की शाखा के खुलने और बंद होने का समय क्या है?

_____

दिल्ली-हाट एक ऐसा मार्केट है जहाँ पर भारत के हर प्रदेश की बनी हुई हस्तशिल्प वस्तुएँ ख़रीदी जा सकती हैं। केंद्रीय दिल्ली में आई.एन.ए. मेट्रो स्टेशन से पाँच मिनट की दूरी पर स्थित दिल्ली-हाट दिल्ली की सबसे पहले खुलनेवाली दिल्ली-हाट की शाखा थी। अब इसकी शाखाएँ कई अन्य स्थानों पर भी खुल गई हैं। आई.एन.ए. के नज़दीक वाली दिल्ली-हाट की शाखा हफ़्ते के सातों दिन खुली रहती है। यह शाखा हर दिन सुबह साढ़े दस बजे खुलती है, और शाम के सात बजे तक विक्रेता अपनी-अपनी दुकानें बंद कर लेते हैं। हालाँकि खाने-पीने के स्टॉल रात के दस बजे तक खुले रहते हैं। यहाँ पर भारत के प्रत्येक राज्य के स्वादिष्ट व्यंजनों का आनंद उठाया जा सकता है, चाहे वे सिक्किम के मोमोज़ हों, जम्मू के कबाब, या गुजराती ढोकला।

K Now, read the passage about one of the artisans at Dilli-Haat and then decide if the statements are सही या ग़लत (*true or false*). Correct the ones that are false.

> भारत के हर कोने से शिल्पकार दिल्ली-हाट आते हैं जहाँ वे अपने हस्तशिल्प के उत्पाद बेचते हैं। इस समय दिल्ली-हाट में ऊन से बने हुए उत्पादों की ख़ास बिक्री चल रही है। कश्मीर के रहनेवाले सलीम के परिवार में ऊन से बनी हुई वस्तुएँ बनाने की परम्परा कई पीढ़ियों से चली आ रही है। सलीम बताता है कि उसके घर में शालें कैसे बनाई जाती हैं - "हम ऊन-बाज़ार से ऊन ख़रीदते हैं। फिर हम ख़ुद अपने हाथों से अपने घर पर ही शालों को बुनते हैं। इन पर हम अपने बुज़ुर्गों से बारीक-बारीक कढ़ाई करवाते हैं। मेरे घर में कढ़ाई की कला कई पीढ़ियों से चली आ रही है। मैं भी यह कला सीख रहा हूँ, और आगे जाकर मैं इसे अपने बच्चों को भी सिखाऊँगा। जब शालें बन जाती हैं और बिकने के लिए तैयार हो जाती हैं तो हम इन्हें बाज़ार ले जाते हैं। हम कुछ माल कश्मीर में आए हुए पर्यटकों को बेच देते हैं, और कुछ माल विदेश में भिजवाते हैं। बाक़ी माल हम दिल्ली-हाट जैसी जगहों पर ले आते हैं जहाँ पर आम तौर से सारा माल बिक जाता है। इस के बाद हम कश्मीर लौटकर नए बने हुए माल को बेचने की तैयारी फिर से करते हैं।

1 भारत के हर राज्य के शिल्पकारों का सामान दिल्ली-हाट में बिकता है।

सही / ग़लत _____

2 सलीम दिल्ली में रहता है?

सही / ग़लत _____

3 सलीम किसी और से शालें बुनवाने के बाद अपने हाथों से उन पर कढ़ाई करता है।

सही / ग़लत _____

4 भविष्य में सलीम के बच्चे भी कढ़ाई करने की कला सीखेंगे।

सही / ग़लत _____

5 सलीम का माल केवल भारत में बिकता है।

सही / ग़लत _____

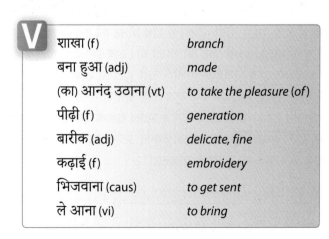

V		
शाखा (f)	branch
बना हुआ (adj)	made
(का) आनंद उठाना (vt)	to take the pleasure (of)
पीढ़ी (f)	generation
बारीक (adj)	delicate, fine
कढ़ाई (f)	embroidery
भिजवाना (caus)	to get sent
ले आना (vi)	to bring

L Highlight the passive forms and second causative verbs in the Reading passages.

M Find synonyms from the Reading that match the words.

1 प्रत्येक *every* _____

2 राज्य *state* _____

3 चीज़ *thing* _____

4 स्थान *place* _____

5 मज़ेदार *tasty* _____

6 वक़्त *time* _____

Writing

N What kinds of products is your country or local region known for? Write a short promotional leaflet (80–100 words) for tourists. Include:

▶ किस तरह की चीज़ें मिलती हैं।

▶ कहाँ बनाई जाती हैं।

▶ कौन इन्हें बनाता है।

▶ कहाँ बिकती हैं।

_____

_____

_____

_____

_____

_____

_____

_____

_____

_____

Self-check

Tick the box which matches your level of confidence.

    1 = very confident   2 = need more practice   3 = not confident

कृपया अपने आत्मविश्वास के स्तर के अनुसार निम्न वर्गों में से एक को चिन्हित करें।

    1 = पूर्ण आत्मविश्वास   2 = अभ्यास की आवश्यकता   3 = अल्प आत्मविश्वास

	1	2	3
Understand and use passive forms of verbs in different tenses.			
Recognize the difference between intransitive and transitive verbs.			
Use causative verbs to express getting something done by someone else.			
Can find specific information in everyday texts such as leaflets (CEFR A2).			
Can write short texts conveying factual information (CEFR B1).			

18 आप को क्या लगता है?
What do you think?

In this unit you will learn how to:

✅ Use the verb लगना in a variety of situations.

✅ Express *to let* and *to allow* using the oblique infinitive with देना.

✅ Express *to meet, to get* and *to be available* using the verb मिलना.

> **CEFR:** Can identify significant points in everyday material such as newspapers and magazines and summarize extracts from news interviews (CEFR B2); Can prepare questions for an interview, and report on real or imaginary events (CEFR B1).

Meaning and usage

The verb लगना

1   The verb लगना has many uses, often relating to a sense of experiencing. These include *to seem, to think, to feel, to strike, to catch (an illness), to apply* or *to stick*. It also expresses *to take (a length of time), to cost (an amount of money)* and *to begin*. It is used with indirect or direct constructions in all tenses and being intransitive, it doesn't take ने in the perfective tenses.

लगना with indirect constructions

1   In an indirect construction, i.e. a construction with को, such as मुझको (or its alternative form मुझे), the verb लगना can express *to seem* or *to appear*:

अनुष्का को लगता है कि विराट एक अच्छा क्रिकेट खिलाड़ी है | (*It seems to Anushka that Virat is a good cricket player.*) / (*Anushka thinks that Virat is a good cricket player.*)

2 The को element, e.g. मुझको/मुझे, can be omitted to convey a general statement:

लगता है कि आज बारिश नहीं होगी । (*It seems like/It looks like it won't rain today.*)

3 The verb लगना can express *to feel*. In such expressions, the subject of the sentence is the emotion or sensation being felt, therefore the verb agrees with this:

शतरंज के खिलाड़ी को <u>गर्मी</u> लग रही है । (*The chess player is feeling hot.*)

कभी-कभी हमें अंधेरे से <u>डर</u> लगता है । (*We sometimes feel scared of the dark.*)

4 In relation to certain afflictions or illnesses, लगना conveys *to feel, to strike* or *to catch*:

मुझे भूख लगी है । (*I'm hungry.*) (*Literally: Hunger has struck me.*)

उसे फ़ुटबॉल खेलते समय चोट लग गई । (*Whilst playing football, s/he got injured.*) (*Literally: s/he got struck by an injury.*)

In many situations involving indirect expression, लगना *can be thought of as* meaning to strike. *This may lead to clumsy translations, but might make the choice of which tense to use in Hindi more accurate.*

A Match the sentences with the meanings.

1	हमें प्यास लगी है ।	**a**	*We are feeling thirsty.*
2	हमें प्यास लगती है ।	**b**	*We should feel thirsty.*
3	हमें प्यास लग रही है ।	**c**	*We will feel thirsty.*
4	हमें प्यास लगेगी ।	**d**	*We can/could feel thirsty.*
5	हमें प्यास लग सकती है ।	**e**	*We feel thirsty (generally).*
6	हमें प्यास लगनी चाहिए ।	**f**	*We feel thirsty (right now).*

लगना in direct constructions

1 In direct constructions, i.e. where the subject agrees in gender and number with the verb, लगना can mean *to be fixed, to be attached* or *to be stuck to*:

इस कमरे में ए.सी. लगा है, और दीवारों पर कुछ तस्वीरें लगी हैं । (*There's an air conditioner (fixed) in this room, and there are pictures (stuck) on the walls.*)

2 The verb लगना can also express *to be laid out, to be collected* or *to be arranged*:

फ़र्श पर किताबों का ढेर लगा है हालाँकि कमरे में कई अलमारियाँ लगी हैं । (*There's a pile of books (laid out) on the floor, although there are several shelves (arranged/fixed) in the room.*)

3 लगना can also mean *to seem* or *to appear* in direct constructions:

वह परेशान लग रहा था । (*He seemed anxious.*)

आपके फ़ुटबॉल के जूते महँगे लगते हैं । (*Your football shoes look expensive.*)

4 When लगना expresses *to seem* or *to appear* in a direct construction, the person making the perception takes को:

सचिन को वह फ़िल्म डरावनी लगी । (*That film seemed scary to Sachin.*) (*Sachin found that film scary.*)

मुझे बबीता अच्छी लगती है । (*Babita seems nice to me.*) (*I like Babita.*)

5 Other meanings of लगना include *to be busy* doing something or *to be engaged* in something, *to be related to someone*, or *for something to be switched on*:

मेरा भाई अपने काम में लगा है । (*My brother is busy in his work.*)

कपिल मेरे चाचा लगते हैं । (*Kapil is my uncle.*)

टी.वी. लगा हुआ था । (*The TV was on.*)

As you can gather, लगना *has many meanings and is used in a range of idiomatic expressions. In this respect it could be compared to the English verb* to get *which has multiple functions and meanings.*

B **Read the text and complete the table with the instances of लगना.**

Direct लगना expression	Agrees with	Indirect लगना expression	Agrees with
लगे	*ए.सी.*		

युवराज के घर में ए.सी. नहीं लगे हैं इसलिए गर्मी के मौसम में उसे हमेशा अपने घर में बहुत ज़्यादा गर्मी लगती है । उसे मेरे घर पर आना अच्छा लगता था क्योंकि मेरे घर में हर कमरे में एक ए.सी. यूनिट लगा है । पिछली बार जब वह आया था वह सारा दिन ए.सी. में बैठा रहा जिससे उस को ज़ुकाम लग गया । मेरी माँ, जो युवराज की चाची लगती हैं, बहुत गुस्सा हुईं । उन्होंने युवराज को डाँटा । अब युवराज को हमारे घर पर आने से डर लगता है ।

C **Complete the sentences using the correct form of the verb लगना in the box.**

> लगेगी / लगती है / लगता है / लगेंगी / लग रहे थे / लगता था / लगे हैं / लगता

1 हमें _____ कि आज हमारी टीम जीतेगी ।

2 बबीता के घर में सिर्फ़ पंखे _____ , ए.सी. नहीं ।

3 पहले मुझे क्रिकेट देखना बहुत अच्छा _____ । लेकिन आजकल अच्छा नहीं _____ ।

4 मई-जून के महीने में दिल्ली में सब को बहुत गर्मी _____ ।

5 जब आप जनवरी में शिमला जाएँगे आपको वहाँ काफ़ी सर्दी _____ ।

6 खेल जीतने के बाद सब खिलाड़ी ख़ुश _____ ।

लगना in expressions with a quantity

1 In relation to quantities, such as time or money लगना expresses *to take* and *to cost* respectively. The subject of the sentence is the value involved, i.e. the length of time or the amount of money:

दिल्ली से मुम्बई जाने के लिए कितना समय लगता है? (*How much time does it take to go from Delhi to Mumbai?*)

प्रथम श्रेणी के लिए कितने पैसे लगते हैं? (*How much money does it cost for first class?*)

2 If the person who is affected by the quantity is mentioned, they are marked by the postposition को:

दफ़्तर पहुँचने में <u>गीता को</u> एक घंटा लगता है लेकिन <u>मुझे</u> सिर्फ़ पैंतालीस मिनट लगते हैं ।
(*It takes <u>Gita</u> an hour to get to the office, but it only takes <u>me</u> forty-five minutes.*)

3 लगना can also be used with other quantities apart from time and money:

सलवार क़मीज़ बनाने में कितना कपड़ा लगेगा? (*How much fabric does it take to make a salwar kameez?*)

D **Answer the questions using the information in brackets.**

1 भोजन तैयार होने में कितना समय लगेगा? (*five minutes*) _____

2 आपको अपनी पढ़ाई ख़त्म करने में कितना समय लगेगा? (*at least two years*) _____

3 यहाँ से स्टेडियम जाने तक रिक्शे में कितने पैसे लगेंगे? (*over a hundred rupees*) _____

4 तुम्हें घर पहुँचने में कितना समय लगता है? (*quite some time*) _____

5 इस क्रिकेट मैच को ख़त्म होने में कितने घंटे लगेंगे? (*maybe an hour*) _____

6 टिकट ख़रीदने के लिए कितने पैसे लगे? (*not much money*) _____

Oblique infinitive + लगना

1 Following an oblique infinitive verb (i.e. an infinitive that ends in -ने), the verb लगना expresses *to begin*. It can be used in most tenses, though rarely in the continuous or future, and rarely in negative constructions:

जब भी उसकी टीम हारती है, वह <u>रोने</u> लगता है । (*Whenever his team loses, he starts to cry.*)

मैं उस से बात <u>करने</u> लगा, तो वह <u>हँसने</u> लगी । (*I started to talk to her and she started to laugh.*)

2 A direct case infinitive verb (i.e. an infinitive that ends in -ना) followed by the expression शुरू करना can also be used to express *to begin*, but the difference with using शुरू करना is that it implies more of a planned start of an action, whereas using लगना implies a greater sense of spontaneity:

थोड़ी सी प्रेरणा मिलते ही वह अपना निबंध लिखने लगी । (*As soon as she got some inspiration, she started writing her essay.*)

कल रात मैंने पिता जी को ई-मेल लिखना शुरू किया । (*I started writing an email to Father last night.*)

E **Transform the शुरू करना sentences into लगना ones keeping the tense the same.**

1 सात बजे मैं खाना पकाना शुरू करता हूँ। → _____

2 बच्चे स्कूल से आकर कम्प्यूटर पर खेलना शुरू करते हैं। → _____

3 हमारी बेटी ने यूनिवर्सिटी जाना शुरू किया। → _____

4 भारत जाकर हम लोगों ने हिन्दी बोलना शुरू किया। → _____

5 घर पहुँचते ही गीता ने टी.वी. देखना शुरू किया। → _____

6 मैंने सुबह आठ बजे काम करना शुरू किया। → _____

Meaning and usage

Oblique infinitive + देना

1 The oblique infinitive of a verb followed by देना expresses *to let* or *to allow* someone to do something. In this construction, the *someone* is marked by the postposition को:

कोच खिलाड़ियों को घर जल्दी जाने देते हैं। (*The coach lets the players go home early.*)

माँ हमें/हमको बहुत देर तक बाहर रहने नहीं देतीं। (*Mum doesn't let us stay out till very late.*)

2 In this construction, देना can occur in any tense, and since देना is a transitive verb, in the perfective tenses it takes ने:

मुझे नींद आ रही है। मुझे सोने दो। (*I'm feeling drowsy. Let me sleep.*)

आप ने उन्हें टी.वी. पर मैच देखने नहीं दिया। (*You didn't let them watch the match on TV.*)

F Match the sentences that go together.

1 बच्चे को ज़ुकाम लगा था।
2 मैं फ़ुटबॉल खेलना चाहता हूँ।
3 अगले साल हमें भारत जाना है।
4 वह बहुत थका हुआ है।
5 डरावनी फ़िल्म देखकर मुझे बहुत डर लगा।
6 मैं बहुत व्यस्त हूँ।

a आपने मुझे फ़िल्म क्यों देखने दी?
b माँ ने उसे स्कूल नहीं जाने दिया।
c उसे आराम करने दो।
d आप मुझे खेलने नहीं देते।
e मुझे अपना काम करने दीजिए।
f शायद पिताजी हमें जाने देंगे।

Meaning and usage

The verb मिलना

1 In *direct* constructions मिलना means *to meet* and the person being met takes से। In *indirect* constructions with को, मिलना expresses *to happen to meet*, i.e. an unplanned or chance meeting. The person being met is the subject of मिलना, and therefore agrees with मिलना:

Direct construction (planned meeting)	Indirect construction (chance meeting)
राजीव संगीता से क्रिकेट के मैदान पर मिला।	राजीव को संगीता क्रिकेट के मैदान पर मिली।
(*Rajiv met Sangeeta at the cricket ground.*)	(*Rajiv happened to meet Sangeeta at the cricket ground.*)

In perfective tenses मिलना *doesn't take* ने.

2 In indirect constructions, मिलना can also express *to get, to find* or *to obtain*. मिलना agrees with the subject, i.e. the thing that is obtained. The person receiving the thing takes को:

विजेता को प्रतियोगिता जीतने पर पुरस्कार मिलेगा।
(*The winner will get a prize on winning the competition.*)

हमें टेनिस मैच के लिए सस्ती टिकटें मिलीं।
(*We got cheap tickets for the tennis match.*)

3 If the receiver is not mentioned, the sense conveyed is *to be available*:

आपको टिकटें कहाँ से मिलीं? (*Where did you get the tickets from?*)

टिकटें ऑनलाइन मिलती हैं। (*The tickets are available online.*)

4 मिलना can also express *to resemble*, and in this context it is often paired up with the similar sounding or 'echo' verb जुलना *to be joined*. जुलना is rarely used on its own:

क्रिकेट और बेसबॉल के खेल एक-दूसरे से कुछ मिलते-जुलते हैं।
(*The sports of cricket and baseball somewhat resemble each other.*)

 'Echo' words can occur with various parts of speech in colloquial Hindi to generalize or intensify the sense of a word.

मैच जीतकर खिलाड़ियों ने ख़ूब <u>पार्टी-वार्टी</u> की और <u>धूम-धाम</u> से अपनी जीत मनाई। (*Having won the match, the players had a <u>party</u> [or some kind of gathering] and celebrated their victory with <u>pomp and show</u>.*)

G **Match the sentences with the correct meanings.**

1 राज गीता से मिला।   a *Gita happened to meet Raj (by chance).*
2 गीता राज से मिली।   b *Raj met Gita (intentionally).*
3 गीता को राज मिला।   c *Raj met him/her (intentionally).*
4 राज उससे मिला।   d *He met him/her (intentionally).*
5 उसे राज मिला।   e *He/she happened to meet Raj (by chance).*
6 वह उससे मिला।   f *Gita met Raj (intentionally).*

H **Complete the sentences with the correct option.**

1 बैडमिंटन के मैच के लिए टिकटें कहाँ से _____? मिलेगा / मिलेंगी / मिलती है
2 फ़ुटबॉल खेलने के जूते मुझे इस दुकान पर _____। मिला / मिली / मिले
3 मुझे बाज़ार में मेरा एक दोस्त _____। मिलता हूँ / मिला / मिली

4 तुम और तुम्हारे भाई की शक्लें _____ । मिलती-जुलती हैं/ मिलते-जुलते हैं/ मिलता-जुलता है
5 यहाँ थोड़ी-सी चाय-वाय _____ । मिल सकता है / मिल सकती है / मिल सकते हैं
6 भारत में क्रिकेट के बहुत फ़ैन _____ । मिलता है / मिलती है / मिलते हैं

Vocabulary

I   **Complete the sentences with the words in the box.**

> हार / जीत / गेंद / विजेता / प्रतियोगिता / पुरस्कार / के ख़िलाफ़ / अंतिम / खिलाड़ी

1 इस हफ़्ते इंडियन प्रीमियर लीग _____ का _____ मैच हुआ।
2 बेंगलुरु के रॉयल चैलेंजर्स _____ मुम्बई इंडियंस की टीम खेल रही थी।
3 बेंगलुरु की टीम ने ज़्यादा रन बनाए इसलिए वह _____ गई।
4 दूसरी टीम के कम रन बने, यानी वह _____ गई।
5 बेंगलुरु के एक बल्लेबाज़ को सर्वश्रेष्ठ _____ का _____ मिला।
6 बेंगलुरु के फ़ैन बहुत ख़ुश हुए कि उनकी टीम इस साल आई.पी.एल. की _____ बनी।

> *Cricket is the most popular sport in India. In 2007, the Indian Premier League or IPL was set up. This is a professional cricket league comprising teams from across the country. Successful cricket players, such as Sachin Tendulkar and Virat Kohli, are huge celebrities in India.*

J   **Complete the translations with the correct words in the box.**

> बल्लेबाज़ / जीवित / प्रोत्साहन / विशेषता / लोकप्रियता / कामयाब / दशक / लोकप्रिय / दशमलव /
> जीवन / दस / कामयाबी / दिलचस्पी / विशेष / बल्लेबाज़ी / प्रोत्साहित करना / दिलचस्प

1 ten _____ decade _____ decimal _____
2 encouragement _____ to encourage _____
3 batsman/batswoman _____ batting _____
4 interesting _____ interest _____
5 successful _____ success _____
6 special _____ speciality _____
7 popular _____ popularity _____
8 life _____ alive _____

Reading

K Read the first part of a magazine article about an interview with female cricketer Mitali Raj, then decide if the statements are **सही या ग़लत** (*true or false*). Correct the false statements.

1 महिला क्रिकेट के इतिहास में सबसे ज़्यादा रन बनानेवाली बल्लेबाज़ को दुनिया की नंबर वन महिला क्रिकेटर की रैंकिंग मिली थी।

सही / ग़लत _____

2 लेख के अनुसार भारतीय टीम का अगला मुक़ाबला अगस्त में न्यूज़ीलैंड में होगा।

सही / ग़लत _____

बल्लेबाज़ी में सर्वश्रेष्ठ हैं मिताली राज

2013 में मिताली राज को दुनिया की नंबर वन महिला क्रिकेटर की रैंकिंग मिली थी, और आज तक वे भारतीय महिला क्रिकेट के इतिहास में सबसे ज़्यादा रन बनानेवाली बल्लेबाज़ हैं। इन्हें भारतीय महिला क्रिकेट का तेंदुलकर भी कहा गया है। भारतीय टीम का अगला मुक़ाबला अब अगस्त में होगा जब न्यूज़ीलैंड की टीम भारत का दौरा करेगी। इस से पहले करते हैं हम मिताली से एक ख़ास मुलाक़ात।

L Now, read the interview, and answer the questions that follow.

मेरा सबसे पहला सवाल यह है कि नब्बे के दशक में जब महिला क्रिकेट में कोई विशेष दिलचस्पी नहीं रखता था, आपने क्रिकेट की दुनिया में प्रवेश किया। क्या आपको नहीं लगा कि यह एक मुश्किल क़दम हो सकता है?

मैं बस क्रिकेट खेलना चाहती थी, और हर क़दम पर मेरे माता-पिता मेरे साथ रहे हैं। वे भी चाहते थे कि मैं एक कामयाब क्रिकेटर बनूँ। उनके प्रेम और प्रोत्साहन ने ही मुझे अपने जीवन की दिशा चुनने का हौसला दिया है।

आपने क्रिकेट खेलना कब शुरू किया?

मेरे पिता जी क्रिकेट खेलते थे और मैं उनके साथ क्रिकेट देखने जाया करती थी। तब से मुझे क्रिकेट देखने का शौक़ लगा। जब मैं आठ साल की थी हम कुछ परिवारों के साथ छुट्टी पर गए। वहाँ सब बच्चे लड़के थे, और मैं ही एक लड़की थी। ज़ाहिर था कि वे सब क्रिकेट खेलेंगे। मैं भी उनके साथ खेलने लगी। मुझे बैटिंग करने का शौक़ तब से शुरू हुआ।

इंग्लैंड और ऑस्ट्रेलिया में महिला क्रिकेट की लोकप्रियता बढ़ रही है। भारत में महिला क्रिकेट को इस स्तर पर पहुँचने में कितना समय लगेगा?

इस देश में महिला क्रिकेट को लोकप्रिय बनाने के लिए आई.पी.एल. जैसे प्लेटफ़ॉर्म की ज़रूरत है। टेनिस और बैडमिंटन जैसे खेल टी.वी. के माध्यम से घर-घर तक पहुँच रहे हैं। इस वजह से लोग इन खेलों से जुड़ते हैं। अगर महिला क्रिकेट को ऐसा मंच मिले तो इसकी लोकप्रियता ज़रूर बढ़ेगी।

आज की युवा लड़कियाँ जिन्हें महिला क्रिकेट में प्रवेश करने की इच्छा है, आप उन्हें क्या सलाह देंगी?

मैं उन्हें बस इतना कहूँगी कि ख़ूब क्रिकेट खेलो, मेहनत करो, अपने सपने पूरे करो।

V		
मुलाक़ात (f)		*meeting, interview*
प्रवेश (m)		*entrance*
क़दम (m)		*step*
प्रेम (m)		*love*
दिशा (f)		*direction*
हौसला (m)		*courage*
स्तर (m)		*level*
इच्छा (f)		*desire*

1 मिताली के माता-पिता की इच्छा क्या थी?

2 मिताली को क्रिकेट की दुनिया में प्रवेश करने का हौसला कहाँ से मिला?

3 मिताली का क्रिकेट देखने का शौक़ कैसे शुरू हुआ?

4 टी.वी. महिला क्रिकेट की लोकप्रियता के लिए क्या कर सकता है?

5 मिताली के अनुसार, आज की लड़कियों को क्रिकेट की दुनिया में प्रवेश करने के लिए क्या करना चाहिए?

M Complete the table with a synonym from the Reading.

Sanskritic loanwords	Perso-Arabic loanwords	Translation
_____	_____	special
प्रतियोगिता	_____	competition
कारण		reason
_____	औरत	woman
प्रश्न	_____	question
सफल	_____	successful
_____	ज़िन्दगी	life
स्पष्ट	_____	clear
_____	ख़ानदान	family

Writing

N Write a report for a magazine (80–100 words) about an imaginary interview you have conducted of a sportsperson. Include:

▶ मुलाक़ात कब और कहाँ हुई।

▶ खिलाड़ी और उनके खेल के बारे में कुछ जानकारी।

▶ खिलाड़ी के लिए सवाल।

▶ खिलाड़ी के जवाब।

_____

_____

_____

_____

_____

_____

_____

_____

_____

_____

Self-check

Tick the box which matches your level of confidence.

    1 = very confident   2 = need more practice   3 = not confident

कृपया अपने आत्मविश्वास के स्तर के अनुसार निम्न वर्गों में से एक को चिन्हित करें।

    1 = पूर्ण आत्मविश्वास   2 = अभ्यास की आवश्यकता   3 = अल्प आत्मविश्वास

	1	2	3
Use the verb लगना in a variety of situations.			
Express *to let* and *to allow* using the oblique infinitive with देना.			
Express *to meet, to get* and *to be available* using the verb मिलना.			
Can identify significant points in everyday material such as newspapers and magazines and summarize extracts from news interviews (CEFR B2).			
Can prepare questions for an interview, and report on real or imaginary events (CEFR B1).			

19 इस कहानी को पढ़ते रहिए।

Keep on reading this story

In this unit you will learn how to:

✓ Use adjectival and adverbial participles when describing events.

✓ Express *to keep on doing* or *to go on doing* and *to do habitually*.

CEFR: Can read factual texts on subjects with a satisfactory level of comprehension (CEFR B1); Can write straightforward, detailed descriptions of events (CEFR B1).

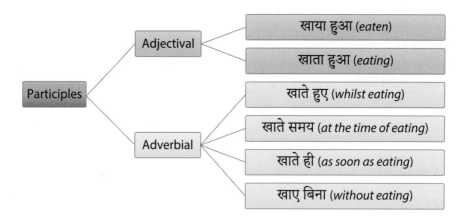

Meaning and usage
Participles

1 Imperfective and perfective participles are formed from verbs, and can be used as adjectives or as adverbs. When used adverbially, they express an action performed simultaneously with the main verb in a sentence:

उड़ती हुई चिड़िया अपना घोंसला ढूँढ़ रही थी। (*The flying bird was looking for its nest.*)

पका हुआ खाना फ्रिज में रख दो। (*Put the cooked food in the fridge.*)

फ़िल्म देखते हुए हम बातें कर रहे थे। (*We were talking whilst watching the film.*)

2   Imperfective participles refer to an action that is in progress or incomplete, whereas perfective participles convey a state that is an outcome of a completed action:

	Adjectival	Adverbial
Imperfective participle	उबलते हुए पानी से चाय बना लो। (*Make tea with the <u>boiling</u> water.*)	वह कुर्ता पहनते हुए गा रहा था। (*He was singing <u>whilst putting on</u> the kurta.*)
Perfective participle	उबले हुए पानी को चूल्हे से उतार दो। (*Take the <u>boiled</u> water off the stove.*)	वह कुर्ता पहने हुए सो रहा था। (*He was sleeping <u>wearing (having put on)</u> the kurta.*)

3   Imperfective participles used as adjectives are most commonly placed in front of the noun they refer to. They can be translated into English using either a single verb ending in *-ing* or often as a phrase:

हँसती हुई लड़की (*the <u>laughing</u> girl/the girl <u>who is laughing</u>*)

खुलता हुआ दरवाज़ा (*the <u>opening</u> door/the door <u>that is opening</u>*)

4   Perfective participles used as adjectives can usually be translated into English using an English perfective participle or as a phrase:

मेरी फटी (हुई) क़मीज़ कहाँ है? (*Where is my <u>torn</u> shirt?*) (*Where is my shirt <u>which is torn</u>.*)

दरवाज़े को खुला (हुआ) मत छोड़ो। (*Don't leave the door <u>open</u>.*)

5   Adjectival perfective participles of stative verbs are generally translated into English as a verb ending in *–ing*:

कवि सोया हुआ है। (*The poet is <u>sleeping</u> (<u>asleep</u>).*)

अभिनेत्री कहाँ बैठी हुई है? (*Where is the actress <u>sitting</u> (<u>seated</u>)?*)

When using stative verbs, the difference in meaning between an imperfective and perfective participles is not always apparent in English:

बैठते हुए उस ने मुझे कुछ कहा।

(*S/he said something to me <u>whilst sitting</u>.*) (*i.e. whilst in the process of sitting down.*)

बैठे हुए उस ने मुझे कुछ कहा।

(*S/he said something to me <u>whilst sitting</u>.*) (*i.e. whilst in the state of being seated.*)

A   **Identify whether the underlined participles are adjectival or adverbial, and then translate the sentences.**

1   <u>खुले हुए</u> दरवाज़े को बंद कर दो। _____

2   मैं चाय <u>पीते हुए</u> अख़बार पढ़ रही थी। _____

3   काम <u>करते हुए</u>, हम टी.वी. देख रहे थे। _____

4   <u>भागता हुआ</u> बच्चा कहाँ जा रहा है? _____

5   बस में <u>बैठे हुए</u> मैंने नाश्ता खाया। _____

How to form adjectival and adverbial participles

1   The imperfective participle is formed by adding the appropriate imperfective ending (-ता, -ते or -ती) to the verb stem depending on gender and number.

देखना → देखता / देखते / देखती

पहनना → पहनता / पहनते / पहनती

2   The perfective participle is formed by adding the appropriate perfective participle ending (-आ, -ए or -ई) to the stem depending on gender and number.

देखना → देखा / देखे / देखी

पहनना → पहना / पहने / पहनी

3   There are a small number of irregular perfective participles:

	Masculine singular	Masculine plural	Feminine singular and plural
करना (*to do*)	किया	किए	की
लेना (*to take*)	लिया	लिए	ली
देना (*to give*)	दिया	दिए	दी
पीना (*to drink*)	पिया	पिए	पी
जाना (*to go*)	गया	गए	गई

4   In forming perfective participles, verb stems that end in a vowel add -य to the stem before adding the masculine singular ending.

आना (*to come*) → आया

पकाना (*to cook*) → पकाया

5   Imperfective and perfective participles are often followed by perfective forms of the verb होना *to be* (हुआ, हुए or हुई) as an auxiliary, although in colloquial Hindi speakers may drop the auxiliary with no change in meaning:

कमरे में बैठे (हुए), लेखक अपने संपादक का इंतज़ार कर रहा था।
(*(Whilst)* <u>sitting</u> *in the room, the author was waiting for his editor.*)

6   When used adjectivally, participles and the auxiliary follow the same rules of agreement as variable adjectives, i.e. they end in either -आ, -ए or -ई. Participles used adverbially take the -ए ending and हुए form of the auxiliary:

	Masculine singular	Masculine plural	Feminine singular and plural
Imperfective participle of उबलना	उबलता हुआ (*boiling*)	उबलते हुए (*boiling*)	उबलती हुई (*boiling*)
Perfective participle of उबलना	उबला हुआ (*boiled*)	उबले हुए (*boiled*)	उबली हुई (*boiled*)

The adverbial perfective participle of the verb पीना *to drink* पिए हुए, *translates as drunk, i.e. intoxicated by alcohol!*

B Complete the chart with the correct form of the participles, and appropriate auxiliaries.

Participle type	Infinitive	Masculine singular	Masculine plural	Feminine singular and plural
Imperfective	बैठना (*to sit*)	बैठता हुआ	_____ _____	बैठती हुई
Perfective	बैठना (*to sit*)	_____ _____	बैठे हुए	_____ _____
Imperfective	आना (*to come*)	_____ _____	आते _____	आती हुई
Imperfective	जाना (*to go*)	जाता हुआ	_____ _____	_____ हुई

 C Read the passage and complete the chart.

शाम को लेखिका अपने दफ़्तर में बैठे हुए अपनी अगली किताब पर काम कर रही थी। उसके फ़ोन की घंटी बजी। यह सोचते हुए कि किसका फ़ोन होगा, उसने फ़ोन उठाया। उसके संपादक का फ़ोन था। संपादक ने हँसते हुए कहा - "मैंने अभी-अभी तुम्हारे लिखे हुए कुछ पृष्ठ पढ़े हैं। मुझे बहुत अच्छे लगे। अगला हिस्सा कब तैयार होगा?" मुस्कुराते हुए लेखिका ने कहा - "इस समय हमारे घर पर मेहमान आए हुए हैं। अगले हफ़्ते आपको तैयार किए गए बाक़ी हिस्से भेज दूँगी।" फ़ोन को रखते हुए लेखिका ने अपने मन में सोचा - "संपादक हँस क्यों रहा था? शायद वह पिए हुए था!"

Imperfective participle construction	Perfective participle construction
1 *सोचते हुए*	1 *बैठे हुए*
2	2
3	3
4	4

Further uses of adjectival and adverbial participles

1 An adverbial imperfective participle followed by समय or वक़्त expresses *at the time of*, whereas an adverbial imperfective participle followed by ही expresses *as soon as*:

Form	Meaning
adverbial imperfective participle + समय / वक़्त	*at the time of*
लिखते समय	*At the time of writing.*
adverbial imperfective participle + ही	*as soon as*
पहुँचते ही (वह)	*As soon as (s/he) arrived.*

अपनी नई पुस्तक <u>लिखते समय</u> लेखिका अमेरिका में रह रही थी।
(*At the time of (whilst) writing her new book, the writer was living in America.*)

नृत्य की प्रस्तुति <u>ख़त्म करते ही</u> नर्तकी घर चली गई।
(*As soon as she finished the dance presentation, the dancer went home.*)

2   In participle constructions involving समय, वक़्त or ही, if the subject of the participle differs from the subject of the main verb, then the subject of the participle is followed by the possessive particle के if it is a noun (although, if the subject of the participle is an inanimate, then के is optional), or if it is a pronoun it takes the possessive form ending in -ए:

	Participle Subject	Participle + ही, समय or वक़्त	Main verb subject	Rest of the sentence including the main verb
Animate	गीता के	जागते ही	रमेश	ने खाना बनाना शुरू किया।
	(As soon as Gita woke up, Ramesh started making the food.)			
Possessive pronoun	मेरे	पहुँचते ही	उस	ने मुझे फ़ोन किया।
	(As soon as I arrived, s/he phoned me.)			
Inanimate	नाटक (के)	ख़त्म होते ही	दर्शक	तालियाँ पीटने लगे।
	(As soon as the play finished, the audience started clapping.)			

3   Using बिना before or after a perfective participle ending in -ए expresses *without*. As with participle constructions involving समय, वक़्त or ही, if the subject of the participle + बिना differs from the subject of the main verb, then the subject of the participle takes के if it is a noun (although के is optional if the subject of the participle is an inanimate), or it takes the possessive form if it is a pronoun:

चाय <u>पिए बिना</u> वह घर चली गई। or चाय <u>बिना पिए</u> वह घर चली गई।
(*She went home without drinking tea.*)

दर्शकों <u>के</u> <u>आए बिना</u> फ़िल्म कैसे शुरू हो सकती है? or दर्शकों <u>के</u> <u>बिना आए</u> फ़िल्म कैसे शुरू हो सकती है?
(*How can the film start without the audience having arrived?*)

D   Combine the sentences using the imperfective participle and the item in brackets.

1   गायक गाना गा रहा था। गायक रो रहा था। (समय)
    गाना गाते समय गायक रो रहा था।

2   चित्रकार चित्र बना रहा था। वह मुस्कुरा रहा था। (समय)

   _____

3   मंत्री भाषण दे रहा था। लोग हँस रहे थे। (समय)

   _____

4   मैं आराम कर रही थी। मेरी सहेली का फ़ोन आया। (वक़्त)

   _____

5 हम सिनेमाघर पहुँचे। फ़िल्म शुरू हो गई। (ही)

_____

6 फ़िल्म शुरू हुई। किसी के फ़ोन की घंटी बजी। (ही)

_____

E Complete the sentences with the correct option in the box.

> पढ़े बिना / पिए बिना / सोचे बिना / सुनाए बिना / देखे बिना / दिए बिना / खाए बिना

1 कवि अपनी नई कविता *सुनाए बिना* अपने घर चला गया।
2 नर्तकी अपनी प्रस्तुति _____ मंच से उतर गई।
3 नाश्ता _____ पिताजी दफ़्तर नहीं जा सकते।
4 लोकप्रिय लेखक की पिछली किताब _____ मैंने उसकी नई किताब ख़रीद ली।
5 अपना मनपसंद टी.वी. कार्यक्रम _____ दादी जी भोजन नहीं खाएँगी।
6 शराब _____ गायक कभी नहीं गाना गाता।

4 An imperfective participle ending in -ए is used to indicate the passing of time since the beginning of an activity that is still ongoing, whereas a perfective participle ending in -ए is used to indicate the passing of time since the completion of an event or incident:

आपको यह फ़िल्म <u>देखते हुए</u> कितनी देर हो गई है? (*How long have you been watching this film?*)

आपको यह फ़िल्म <u>देखे हुए</u> कितनी देर हो गई है? (*How long has it been <u>since</u> you watched this film?*)

F Match the sentences with the correct meanings.

1 महेश को शास्त्रीय संगीत सीखते हुए पाँच साल हो गए हैं।	a It's been two months since I read this book on modern literature.
2 महेश को शास्त्रीय संगीत सीखे हुए पाँच साल हो गए हैं।	b I've been reading this book on modern literature for two months.
3 मुझे इस आधुनिक साहित्य की किताब को पढ़े हुए दो महीने हो गए हैं।	c We've been going to India for a few decades.
4 मुझे इस आधुनिक साहित्य की किताब को पढ़ते हुए दो महीने हो गए हैं।	d Mahesh has been learning classical music for five years.
5 हमें भारत गए हुए कई दशक हो गए हैं।	e Mahesh learnt classical music five years ago.
6 हमें भारत जाते हुए कई दशक हो गए हैं।	f It's been a few decades since we went to India.

5 Repeated imperfective participles ending in -ए express a continuing or repetitive action:

पुस्तक <u>पढ़ते पढ़ते</u> वह सो गया। (*He fell asleep whilst reading the book (continuously).*)

अध्यापक हमें बात <u>समझाते समझाते</u> थक गए।

(*The teacher got tired of explaining the matter to us over and over again.*)

6   Repeated imperfective participles ending in -ए followed by either of the verbs बचना *to be saved*, रहना *to stay, remain* or रुकना *to stop* as the main verb, expresses an action that almost occurred but did not get completed:

वह बात करते करते रह गई । (*She stopped speaking mid-way.*)

वह गिरते गिरते बच गया । (*He almost fell.*)

7   Repeated perfective participles used adjectivally can express a continuing or ongoing action:

हम गैलरी में चित्रकार के इंतज़ार में खड़े खड़े ऊब गए ।
(*We got bored standing around in the gallery waiting for the artist.*)

घर में दिन भर बैठे बैठे वह लैपटॉप पर फ़िल्में देखती रहती है ।
(*Sitting around at home all day, she keeps on watching films on the laptop.*)

To keep on doing and *to go on doing*

1   The imperfective participle followed by रहना *to stay, to remain* expresses *to keep on doing*. The imperfective participle and रहना agree with the subject, and tense is reflected in रहना, although this structure is never used in the continuous tense:

मेरी संगीत प्रेमी बहिन लोकगीत सुनती रहती है ।
(*My music-loving sister keeps on listening to folk-songs.*)

2   A similar construction involving the imperfective participle followed by जाना *to go* expresses *to go on doing*:

वह सारी रात एक पत्रिका के लिए लेख लिखता गया ।
(*All night long he went on writing an article for a magazine.*)

The subtle difference between using रहना *and* जाना *is that using* रहना *expresses a sense of continuation, whereas* जाना *can imply a deliberate continuation or a sense of progression to the action:*

वह किताब पढ़ता रहा । (He kept on reading the book.)

वह किताब अंत तक पढ़ता गया । (He went on reading the book to the end.)

G   Transform the sentences using the verb रहना.
1   मेरा दोस्त कविता लिखता है। → *मेरा दोस्त कविता लिखता रहता है।*
2   मैं अपने लैपटॉप पर गाने डाउनलोड करती हूँ। → _____
3   कॉलेज में हम आधुनिक साहित्य पढ़ते हैं। → _____
4   लेखक नई किताबें लिखेगा। → _____
5   संगीतकार ने अपना सितार बजाया। → _____

H   Repeat G using जाना instead of रहना.

Meaning and usage

Habitual actions expressed with a perfective participle

1 The perfective participle followed by करना expresses a regularly or habitually performed action. In this structure, sometimes called the *regular habitual*, the perfective participle ends in -आ, and any changes to the subject and tense are reflected in करना. This form does not occur in perfective tenses.

दादा जी नियमित रूप से सब कुछ इन्टरनेट पर <u>पढ़ा करते हैं</u> । (*Grandad regularly reads everything on the internet.*)

2 Sentences in the *regular habitual* that involve the perfective participle of जाना use the form जाया, not the irregular गया:

इस से पहले दादा जी हर रोज़ पुस्तकालय <u>जाया करते थे</u> । (*Previously Grandad used to go the library every day.*)

Although the English translation of a sentence using the regular habitual form of the verb may be the same as that using the imperfective tense, the regular habitual form places an emphasis on the regular or repetitive occurrence of an action.

I **Match the incomplete sentences with the correct verb forms.**

1	बचपन में मेरी दादी मुझे कहानियाँ	a	लाया करते थे ।
2	हम अक्सर कला की प्रदर्शनियाँ देखने	b	सुनाया करती थीं ।
3	पिता जी हमारे लिए हर हफ़्ते पुस्तकें	c	सुना करता है ।
4	मेरा भाई रेडियो पर संगीत के कार्यक्रम	d	किया करेंगे ।
5	तुम मेरे साथ हिन्दी में ही बात	e	किया करो ।
6	भारत जाकर हम हिन्दी में ही बात	f	जाया करते हैं ।

Vocabulary

J **Complete the translations with the words in the box.**

नज़र / राष्ट्रपति / विवादास्पद / नियम / एक / साबित / विवाद / प्रदर्शनी / नियमित रूप से / अंतर्राष्ट्रीय / एकल / सबूत / प्रदर्शित करना / नज़रिया / राष्ट्र / प्रदर्शन

1 one _____ solo _____

2 to exhibit _____ exhibition _____ demonstration _____

3 rule, regulation _____ regularly _____

4 debate, controversy _____ controversial _____

5 sight, glance, view _____ point of view _____

6 proof _____ proved _____

7 nation _____ international _____ President (head of the nation) _____

K **Complete the sentences with the correct words in the box.**

प्रशंसा / जीवन / प्राप्त / विवादास्पद / आधुनिक / सदी / प्रदान

1 एक सौ साल का समय एक __________ के बराबर है।
2 अगर कोई चीज़ आप को मिलती है वह चीज़ आपको __________ होती है।
3 अगर आपको कोई चीज़ दी जाती है वह चीज़ आपको __________ की जाती है।
4 जब आप किसी के बारे में कुछ अच्छा कह रहे हैं, आप उनकी __________ कर रहे हैं।
5 वर्तमान या आजकल या इस समय की कोई भी चीज़ को __________ कह सकते हैं।

Reading

L **Read the first part of the brief obituary of a famous Indian artist and answer the questions.**

1 लेख में किन शहरों का ज़िक्र किया गया है?

____

2 मुम्बई में रहते हुए एम.एफ़. हुसैन क्या करते थे?

____

मक़बूल फ़िदा हुसैन का निधन

मशहूर भारतीय चित्रकार मक़बूल फ़िदा हुसैन जिन्हें एम.एफ़. हुसैन के नाम से भी जाना जाता था, का निधन लन्दन में 9 जून 2011 को 95 साल की उम्र में हुआ। हुसैन का जन्म 17 सितंबर 1915 को महाराष्ट्र के पंढ़रपुर शहर में हुआ। वे बहुत छोटे थे जब उनकी माँ की मृत्यु हो गयी। माँ के देहांत के बाद हुसैन अपने पिता के साथ इंदौर में रहने लगे। बीस साल की उम्र में वे मुम्बई चले गए। मुम्बई पहुँचते ही उन्होंने स्कूल ऑफ़ आर्ट्स में दाखिला लिया। कॉलेज में पढ़ते हुए वे फ़िल्मों के पोस्टर बनाने का काम भी करते रहे, जिस के लिए उन्हें बहुत कम पैसे मिलते थे। आख़िरकार 1952 में उनकी पहली एकल प्रदर्शनी ज़्युरिक में हुई। इसके बाद उनकी प्रदर्शनियाँ यूरोप और अमेरिका में नियमित रूप से लगती रहीं।

M Now, read the rest of the obituary and then answer the questions.

अंतर्राष्ट्रीय स्तर पर एम.एफ़. हुसैन बीसवीं सदी के सबसे प्रसिद्ध भारतीय चित्रकार थे। उन्हें 'भारत का पिकासो' भी कहा जाता था। उनके चित्र लाखों अमेरिकी डॉलर में बिकते थे। हालाँकि हुसैन को अपने जीवन में प्रशंसा और आलोचना दोनों ही प्राप्त हुईं। उनके कुछ चित्र काफ़ी विवादास्पद साबित हुए जिस की वजह से हुसैन के ख़िलाफ़ भारत के कई इलाक़ों में प्रदर्शन भी हुए।

एक कामयाब और प्रसिद्ध चित्रकार होते हुए भी, हुसैन भारत के आम लोगों से जुड़े हुए रहना चाहते थे। उनका नज़रिया था कि कला को स्टूडियो और आर्ट गैलरियों से बाहर कहीं दूर ले जाना चाहिए ताकि आम जनता को इसे देखने का अवसर मिले। इसलिए उन्होंने रामायण और महाभारत की कथाओं पर आधारित अपने चित्रों को भारत के अनेक गाँवों में प्रदर्शित किया।

हुसैन के निधन पर भारत के राष्ट्रपति ने भाषण देते हुए कहा कि भारत में ही नहीं, बल्कि पूरी दुनिया में लोग हुसैन को हमेशा याद रखेंगे। उनके चित्रों ने उन्हें बेहद लोकप्रियता प्रदान करते हुए उनकी जगह भारतीय आधुनिक कला के क्षेत्र में हमेशा के लिए बना दी है।

1 हुसैन को सबसे प्रसिद्ध भारतीय चित्रकार किस स्तर पर माना जाता था?

____

2 हुसैन के ख़िलाफ़ प्रदर्शन कहाँ हुए और क्यों?

____

3 आम जनता से जुड़े रहने के लिए हुसैन ने क्या किया?

____

4 हुसैन के देहांत के बाद किस ने भाषण दिया?

____

V

(का) ज़िक्र करना (vt)	*to mention*
निधन (m)	*death*
दाखिला (m)	*admission, entrance*
आलोचना (f)	*criticism*
के ख़िलाफ़ (postp)	*against*
आम जनता (f)	*general public*
आधारित (adj)	*based*
क्षेत्र (f)	*field, area*

N Complete the table using a synonym from the Reading.

Sanskritic loanwords	Perso-Arabic loanwords	Translation
_____	पैदाइश	birth
_____	ज़िन्दगी	life
_____	मौत	death
प्रसिद्ध	_____	famous
अंत में	_____	finally, in the end
शताब्दी	_____	century
_____	मौक़ा	opportunity, occasion
दृष्टिकोण	_____	point of view

मृत्यु *is etymologically related to European words linked to death such as the Spanish* muerte, French mort, *and English* mortuary. *Interestingly* mort *sounds like* मौत. *Thinking about word relationships can give clues to meanings and help with learning words.*

Writing

O Write a brief obituary or biography (80–100 words) of an artist, writer or poet of your choice. You could include:

▶ उनका जन्म और निधन कब हुआ।

▶ वे किस क्षेत्र में मशहूर या कामयाब थे / थीं।

▶ उनके जीवन की विशेष घटनाएँ।

▶ उनके परिवार के बारे में जानकारी।

_____

_____

_____

_____

_____

_____

_____

Self-check

Tick the box which matches your level of confidence.

1 = very confident   2 = need more practice   3 = not confident

कृपया अपने आत्मविश्वास के स्तर के अनुसार निम्न वर्गों में से एक को चिन्हित करें।

1 = पूर्ण आत्मविश्वास   2 = अभ्यास की आवश्यकता   3 = अल्प आत्मविश्वास

	1	2	3
Use adjectival and adverbial participles when describing events.			
Express *to keep on doing* or *to go on doing* and *to do habitually*.			
Can read factual texts on subjects with a satisfactory level of comprehension (CEFR B1).			
Can write straightforward, detailed descriptions of events (CEFR B1).			

20 अगर मैं प्रधान मंत्री बनूँ।

If I become Prime Minister...

In this unit you will learn how to:

✅ Use *if...then* statements to convey conditionals.

✅ Express shades of meaning with compound verbs.

CEFR: Can understand specialized articles outside one's field, using a dictionary occasionally (CEFR B2); Can write accounts, describing feelings and stating reasons for actions (CEFR B1).

 अगर (*if*)

 तो (*then*)

अगर मैं प्रधान मंत्री होती **तो** मैं हर बच्चे को निःशुल्क शिक्षा प्रदान करती।
(*If I were Prime Minister (then) I would provide free education to every child.*)

Meaning and usage

Conditional sentences

1 Conditional sentences are made up of an अगर *if* statement followed by a तो *then* statement:

अगर प्रधान मंत्री रैली पर आएँगे तो हम उन्हें देखने जाएँगे। (*If the Prime Minister comes to the rally, then we'll go to see him/her.*)

2 In spoken Hindi, अगर can be dropped, but तो cannot be dropped. This contrasts to English where *if* cannot be dropped, but *then* may be dropped:

प्रधान मंत्री नहीं आएँगे तो हम घर पर रहेंगे। (*If the Prime Minister doesn't come, we'll stay at home.*)

 In a more formal register, यदि *can be used instead of* अगर *and in colloquial speech* जो *or* जब *may be used instead of* अगर.

3 Conditional sentences broadly fit into two categories:

1 Possible and probable conditions relating to present and future conditions:	2 Improbable or unfulfilled conditions, relating to past conditions:
अगर माया चुनाव लड़ेगी तो वह जीतेगी। *(If Maya contests the election, (then) she'll win.)* (It is possible/probable that Maya will win.)	अगर माया चुनाव लड़ती तो वह जीतती। *(If Maya had contested the election, (then) she would have won.)* (The fact is that Maya didn't contest the election, so the condition remains unfulfilled.)

Forming possible and probable conditional sentences

1 Conditional sentences in Hindi for possible and probable conditions, relating to the present and future can be formed using combinations of the present tense, imperative, future tense and perfective tense:

<table>
<tr><th>अगर (if) statement</th><th>तो (then) statement</th></tr>
<tr><td rowspan="3">Present tense
अगर आप हिन्दी सीख रहे हैं
(If you're learning Hindi...)</td><td>Present tense
तो आप मुझ से हिन्दी में बात कर सकते हैं।
(...then you can talk to me in Hindi.)</td></tr>
<tr><td>Imperative
तो आप मुझ से हिन्दी में बात कीजिए।
(...then talk to me in Hindi.)</td></tr>
<tr><td>Future tense
तो आप मुझ से हिन्दी में बात कर सकेंगे।
(...then you'll be able to talk to me in Hindi.)</td></tr>
</table>

<table>
<tr><td>Future tense
अगर आप हिन्दी सीखेंगे
(If you (will) learn Hindi...)</td><td rowspan="2">Future tense
तो आप मुझ से हिन्दी में बात कर सकेंगे।
(...then you'll be able to talk to me in Hindi.)</td></tr>
<tr><td>Perfective tense
अगर आप ने हिन्दी सीखी है
(If you've learnt Hindi...)</td></tr>
</table>

2 English often uses the present tense when referring to the possibility or probability of a future condition, but Hindi only uses a future tense verb:

अगर आप उत्तर भारत जाएँगे तो आप राजधानी दिल्ली की सैर ज़रूर कर सकेंगे।
(If you (will) go to north India, then you'll definitely be able to visit the capital Delhi.)

अगर आप दिल्ली जाएँगे तो आप राष्ट्रपति भवन और संसद भवन देख सकेंगे।
(If you (will) go to Delhi, then you'll be able to see the president's house and parliament building.)

3 Conditional sentences with a subjunctive verb express more uncertainty than if the subjunctive were not used. Subjunctive *if* statements can be paired with *then* statements using the subjunctive, present tense, future tense or imperative:

<table>
<tr><th>अगर (if) statement</th><th>तो (then) statement</th></tr>
<tr><td rowspan="4">Subjunctive
अगर आप भारत आएँ
(If you (were to) come to India, . . .)</td><td>Subjunctive
तो शायद हम वहाँ मिलें।
(. . . then perhaps we might meet there.)</td></tr>
<tr><td>Present tense
तो हम वहाँ मिल सकते हैं।
(. . . then we can meet there.)</td></tr>
<tr><td>Future tense
तो हम वहाँ मिलेंगे।
(. . . then we will meet there.)</td></tr>
<tr><td>Imperative
तो मुझ से वहाँ मिलें।
(. . . then meet me there.)</td></tr>
</table>

A Highlight the conditional sentences, and identify the verb tenses. Then complete the table.

भविष्य में प्रदीप सरकार के लिए काम करना चाहता है। वह जानता है कि अगर वह मेहनत करेगा तो उसे एक अच्छी नौकरी मिल सकेगी। पढ़ाई ख़त्म करने के बाद, अगर वह चाहे तो वह किसी मंत्रालय में काम ढूँढ़ने की कोशिश कर सकता है। इस से पहले उसे सरकारी परीक्षाएँ देनी पड़ेंगी। हालाँकि अगर प्रदीप परीक्षाओं में कामयाब न रहे तो फिर वह क्या कर सकता है? मुझे विश्वास है कि अगर प्रदीप को राजनीति की दुनिया में नौकरी न मिले तो उसे ज़रूर किसी और क्षेत्र में अच्छी नौकरी मिल ही जाएगी।

Conditional sentence	अगर *if* statement tense	तो *then* statement tense
1	Future	Future
2		
3		
4		

Forming improbable or unfulfilled conditional sentences

1 Conditional sentences for improbable or unfulfilled conditions are formed using the imperfective participle in both clauses i.e the verb form that ends in -ता, -ती or -ते:

अगर आप भारत आते तो आप मुझ से मिलते। (*If you came to India, you would have met me.*)

Improbable or unfulfilled conditional sentences refer to situations that did not occur, and therefore the condition could not be fulfilled. These sentences are sometimes known as hypothetical or contrary-to-fact sentences.

2 The imperfective participle of the verb होना *to be,* (होता, होती, होते or होतीं) occurs as an auxiliary when expressing improbable or unfulfilled conditions in various past tenses:

अगर आप भारत <u>आए होते</u> तो आप मुझ से मिलते । (*If you <u>had come</u> to India, you would have met me.*)

अगर आप भारत <u>आ रहे होते</u> तो आप मुझ से मिलते । (*If you <u>were coming</u> to India, you would have met me.*)

B **Match the conditional sentence halves.**

1	अगर सरकार को जनता का सहयोग न मिले	a	तो भ्रष्टाचार हटाना मुश्किल काम होगा ।
2	अगर तुम्हें स्कूल की परीक्षाओं में अच्छे नंबर मिलेंगे	b	तो तुम्हें विश्वविद्यालय में दाख़िला मिल सकेगा ।
3	अगर मैं इस देश की प्रधान मंत्री होती	c	तो मैं युवा पीढ़ी को उच्च शिक्षा नि:शुल्क प्रदान करती ।
4	अगर आनेवाले आम चुनाव में इस पार्टी को बहुमत मिलेगा	d	तो आप को मालूम होता कि दुनिया में क्या हो रहा है ।
5	अगर सरकार देश का आर्थिक विकास चाहती है	e	तो पार्टी का नेता प्रधान मंत्री बनेगा ।
6	अगर आप हर रोज़ समाचार पत्र पढ़ते	f	तो उसे बेरोज़गारी की समस्या हटानी पड़ेगी ।

C **Combine the sentence pairs to form an improbable or unfulfilled conditional sentence.**

1 आपको अपनी पार्टी का समर्थन नहीं मिला । आप पार्टी का नेता नहीं बने ।
   अगर आपको अपनी पार्टी का समर्थन मिलता तो आप पार्टी का नेता बनते।

2 आप पार्टी के नेता नहीं बने । आप आम चुनाव में खड़े नहीं हुए ।

   _____

3 आप चुनाव में खड़े नहीं हुए । आप नहीं जीते ।

   _____

4 आपकी पार्टी चुनाव में नहीं जीती । आप इस देश के प्रधान मंत्री नहीं बने ।

   _____

5 आप प्रधान मंत्री नहीं बने । आप ने देश के विकास के लिए कुछ नहीं किया ।

   _____

6 आप ने देश की तरक़्क़ी के लिए क़दम नहीं उठाए । जनता की समस्याएँ कम नहीं हुईं ।

   _____

Meaning and usage
Compound verbs

1   In Hindi, compound verbs are used to express subtle shades of meaning:

Non-compound verb	Compound verb
मंत्री कुर्सी पर बैठा। (*The minister <u>sat</u> on the chair.*)	मंत्री कुर्सी पर बैठ गया। (*The minister <u>sat down</u> on the chair.*)
क्या उसने ई-मेल भेजा? (*Did s/he <u>send</u> the email?*)	क्या उसने ई-मेल भेज दिया? (*Did s/he <u>send over</u> the email?*)

2   Compound verbs are formed with the stem of the main verb and the conjugated form of a secondary verb. Common secondary verbs include पड़ना *to fall*, उठना *to rise, to get up*, बैठना *to sit*, रखना *to put, to place, to maintain*, डालना *to put, to pour* and निकलना *to exit, to emerge*, or its transitive counterpart निकालना *to extract*. Within a compound verb construction the secondary verb loses its original meaning and only adds a nuance to the meaning of the main verb.

3   Compound verbs with पड़ना indicate a sudden, unexpected, or involuntary action:

मंत्री को मिलने पर छोटा बच्चा रो पड़ा। (*On meeting the minister, the young child burst into tears.*)

4   Compound verbs involving उठना give a sense of suddenness and intensity to the main verb:

चुनाव में उम्मीदवार की जीत के बारे में सुनते ही उसके सारे समर्थक नाच उठे। (*On hearing about the candidate's victory in the elections, all of his supporters broke into a dance.*)

5   Compound verbs with बैठना describe an action that may be carried out as an impulse or may have been carried out by mistake:

लोग समझ बैठे कि नई सरकार में भ्रष्टाचार कम होगा। (*People (mistakenly) believed that there would be less corruption in the new government.*)

6   Compound verbs using रखना express an action that has been performed beforehand:

बच्चों ने गणतंत्र दिवस के जश्न के लिए पहले से ही अपने नए कपड़े पहन रखे थे। (*The children had already gone and put on their new clothes for the Republic Day celebration.*)

7   Compound verbs with डालना indicate an urgent, intense, violent or reckless action:

सरकार के ख़िलाफ़ प्रदर्शन करते हुए लोगों ने संसद की खिड़कियाँ तोड़ डालीं। (*Whilst demonstrating against the government people went and broke the windows of parliament.*)

8   Compound verbs with निकलना or निकालना express an action that happens suddenly or unexpectedly, and may also involve a sense of emerging or moving away:

आशा है कि प्रधान मंत्री जनता की कुछ समस्याओं का हल ढूँढ़ निकालेंगे। (*We hope the Prime Minister will manage to seek out a solution to the problems of the people.*)

When to use or not to use compound verbs can best be learnt by exposure to written and spoken Hindi. The only general rules are that compound verbs do not tend to occur in negative sentences, and are never used in the continuous tense or with the modal verbs सकना, पाना or चुकना.

D Read the text and highlight all instances of compound verbs, identifying the main and secondary verb. Then, complete the table.

पिछले साल की बात है जब आम चुनाव का अभियान चल रहा था। सब राजनीतिज्ञ और नए उम्मीदवार रैलियाँ कर रहे थे। हम लोग भी एक रैली देखने गए। वहाँ बहुत भीड़ थी। दो जवान उम्मीदवारों के बीच बहस शुरू हो गई। उन्हें एक दूसरे की राय अच्छी नहीं लगी होगी। सब के सामने वे दोनों लड़ पड़े, यहाँ तक कि यह लग रहा था कि वे एक दूसरे को मार डालेंगे। लड़ाई कुछ मिनटों तक चलती रही लेकिन अंत में कुछ सुरक्षा कर्मचारी कहीं से आ निकले और दोनों उम्मीदवारों को मुश्किल से अलग कर दिया गया। मुझे नहीं लगता कि उन में से किसी ने चुनाव जीता।

	Main verb	Secondary verb
1		
2		
3		
4		
5		

E Choose the correct verb in brackets to complete the sentence.
1 अपनी पढ़ाई से तंग आकर छात्र ने अपनी सारी किताबें फाड़ _____ । (निकालीं / डालीं)
2 हम मंत्री की बातों पर पूरा विश्वास कर _____ । (उठे / बैठे)
3 हम ने यात्रा पर जाने का सारा इंतज़ाम पहले से ही कर _____ था। (रखा / निकाला)
4 पता नहीं क्यों, पर मेरा भाषण सुनकर सारे लोग हँस _____ । (पड़े / डाले)
5 अपनी कुर्सी के नीचे चूहा देखकर मैं ज़ोर से चीख़ _____ । (उठा / बैठा)

F For some extra practice translate the sentences in E and explain the nuance conveyed by the secondary verb.
1 _____
2 _____
3 _____
4 _____
5 _____

Unit 20 अगर मैं प्रधान मंत्री बनूँ। **217**

Vocabulary

G Complete the chart using the words in the box. Provide the definitions as in the examples. Use a dictionary to help you.

सरकारी / क़ानूनी/ ग़ैर-सरकारी / सामाजिक / समाजवाद / भ्रष्ट / न्याय / राष्ट्र / क़ानून / राष्ट्रवाद / समाजवादी / मंत्री / राष्ट्रपति / मंत्रालय / न्यायालय / अंतर्राष्ट्रीय

राजनीति (*politics*) राजनैतिक (*political*) राजनीतिज्ञ (*politician*)	समाज (*society*)	राष्ट्रीय (*national*) राष्ट्रवादी (*nationalist*)	ग़ैर-क़ानूनी (*illegal*)
प्रधान मंत्री (*Prime Minister*)	भ्रष्टाचार (*corruption*)	सरकार (*government*)	अन्याय (*injustice*)

H Complete the paragraph using the words in the box. There is an extra word in the box.

प्रधान मंत्री / मतदाता / उम्मीदवार / गठबंधन / संविधान / समर्थन / दल / संसद / लोकतांत्रिक / बहुमत

आम-चुनाव के दौरान (1) ________ बनने के (2) ________ जनता का (3) ________ पाने के लिए देश भर की यात्रा करते हैं। भारत दुनिया का सबसे बड़ा (4) ________ देश है इसलिए अंत में (5) ________ ही फ़ैसला करते हैं कि (6) ________ में किस राजनैतिक (7) ________ को सब से ज़्यादा सीटें मिलेंगी। अगर किसी एक दल को (8) ________ न मिले तो अक्सर (9) ________ सरकार बनती है।

Reading

I Read the first part of an election manifesto for a forthcoming general election and answer the question.

1 क्या यह पार्टी पिछले आम चुनाव जीतने में कामयाब रही, और आनेवाले चुनाव में यह लोगों से क्या माँग रही है?

____

V

समर्थन (m)	*support*	लागू करना (vt)	*to implement*
संघर्ष (m)	*struggle*	चुनौती (f)	*challenge*
बहुमत (m)	*majority*	अल्पसंख्यक (m)	*minority*
घोषणा-पत्र (m)	*manifesto*	कल्याण (m)	*welfare*

पिछले आम चुनाव में जनता के समर्थन और पार्टी कार्यकर्ताओं की कड़ी मेहनत और संघर्ष के कारण हमारी पार्टी भारी बहुमत से जीती थी। नतीजतन हमें जनता की सेवा करने का अवसर मिला था। हमने उसी दिन से अपनी पार्टी के घोषणा-पत्र को लागू करना शुरू कर दिया था। अनेक चुनौतियों का सामना करते हुए भी, हमने जनता से किए गए एक-एक वादे को पूरा किया। हमने समाज के प्रत्येक वर्ग जैसे कि किसानों, युवाओं, ग़रीबों, अल्पसंख्यकों, महिलाओं, और व्यापारियों के कल्याण के लिए योजनाएँ प्रारंभ कीं, और इन योजनाओं को पूरा भी किया। हमें आशा है कि हमें दुबारा देश की सेवा करने का अवसर मिलेगा, इसलिए आनेवाले चुनाव में हम फिर से जनता का समर्थन माँगते हैं।

J Now, read the next part of the manifesto and answer the questions.

V

प्राथमिकता (f)	*priority*	नौकरशाही (f)	*bureaucracy*
कृषि (f)	*agriculture*	दण्डित करना (vt)	*to punish*
वित्तीय (adj)	*financial*	सहयोग (m)	*co-operation*
स्नातक स्तर (m)	*degree level*	रोज़गार (m)	*employment*
स्थापना करना (vt)	*to establish*	पलायन (m)	*fleeing, escape*

हमारी सरकार निम्न योजनाओं को प्राथमिकता देगी:

कृषि विकास और किसानों के लिए योजनाएँ – हम मानते हैं कि देश का विकास किसानों की तरक़्क़ी के बिना नहीं हो सकता। इसलिए हम कृषि विकास को प्राथमिकता देंगे। उदाहरण के लिए किसानों को वित्तीय सहायता देने का प्रबंध किया जाएगा और हर खेत को पानी देने के लिए व्यवस्था की जाएगी।

शिक्षा क्षेत्र के लिए योजनाएँ – युवा पीढ़ी और देश के भविष्य के लिए शिक्षा की अहमियत को ध्यान देते हुए, ग़रीब छात्रों की उच्च शिक्षा के लिए प्रबंध किया जाएगा और लड़कियों को स्नातक स्तर तक की शिक्षा नि:शुल्क प्रदान की जाएगी। इस के साथ नए विश्वविद्यालयों की स्थापना की जाएगी।

भ्रष्टाचार को हटाने की योजनाएँ – भारत में सभी क्षेत्रों में भ्रष्टाचार अपनी जड़ें जमा चुका है। हमारी सरकार सभी तरह के भ्रष्टाचार को दूर करने का वादा करती है। चाहे वह नौकरशाही में फैला भ्रष्टाचार हो, या राजनैतिक स्तर का भ्रष्टाचार। हमारी सरकार इस के ख़िलाफ़ कड़े क़ानून बनाएगी और भ्रष्टाचारियों को दण्डित भी करेगी। इस के लिए हमें आम जनता का सहयोग भी चाहिए क्योंकि भ्रष्टाचार में सरकार और जनता दोनों के लोग शामिल होते हैं।

आर्थिक विकास और रोज़गार – देश में बेरोज़गारी एक बहुत बड़ी समस्या बन चुकी है। इस को दूर करने के लिए और युवाओं को रोज़गार उपलब्ध कराने के लिए हमारी सरकार आर्थिक विकास की नई नीतियाँ बनाने का वादा करती है जिससे शहरी और ग्रामीण क्षेत्र की महिलाओं और युवाओं को रोज़गार मिल सके और गाँव के लोगों को गाँव छोड़कर शहर की ओर पलायन न करना पड़े।

1 कृषि विकास को प्राथमिकता क्यों दी जा रही है?

_____

2 ग़रीब छात्रों और लड़कियों की शिक्षा के लिए क्या योजनाएँ प्रारंभ की जाएँगी?

_____

3 घोषणा-पत्र के अनुसार यह सरकार भ्रष्टाचार हटाने के लिए क्या क़दम उठाएगी?

_____

4 गाँव के लोग गाँव छोड़कर शहर की तरफ़ क्यों भाग रहे हैं?

_____

K Identify words from the Reading that match the English.

1 importance _____

2 free of cost _____

3 bureaucracy _____

4 political _____

5 economic _____

6 rural _____

Writing

L Write a brief statement (80–100 words) outlining a few points that you would include in your manifesto if you were standing for Prime Minister. Try to use some conditional statements, and consider mentioning:

▶ देश की सबसे बड़ी समस्याएँ क्या हैं।

▶ किन क्षेत्रों में ज़्यादा ध्यान दिया जाना चाहिए।

▶ भविष्य के लिए योजनाएँ क्या होंगी।

▶ जनता आप का समर्थन क्यों करे।

_____

_____

_____

_____

_____

_____

_____

Self-check

Tick the box which matches your level of confidence.

1 = very confident   2 = need more practice   3 = not confident

कृपया अपने आत्मविश्वास के स्तर के अनुसार निम्न वर्गों में से एक को चिन्हित करें।

1 = पूर्ण आत्मविश्वास   2 = अभ्यास की आवश्यकता   3 = अल्प आत्मविश्वास

	1	2	3
Use *if...then* statements to convey conditionals.			
Express shades of meaning with compound verbs.			
Can understand specialized articles outside one's field, using a dictionary occasionally (CEFR B2).			
Can write accounts, describing feelings and stating reasons for actions (CEFR B1).			

Unit 1

A

	Personal pronoun	The noun(s) it replaces
2	वे	रवि और गीता (मेरे दोस्त)
3	हम	राजीव, रवि और गीता
4	वे	(शिमला की) पहाड़ियाँ
5	वे	(काफ़ी) टूरिस्ट

B

1 यह 2 वह 3 हम 4 वे 5 तुम; तुम 6 मैं; वह (or यह)

C

1 मेरी 2 हमारा 3 तुम्हारी; उसकी 4 हमारा; हमारे 5 आपके; इनके

D

1 c 2 e 3 b 4 a 5 d

E

1 अपने 2 मेरा 3 आपके 4 अपने 5 आपकी 6 अपने; हमारे

F

1 F: राहुल कपूर लन्दन में रहता है।

2 F: राहुल के माता पिता का घर चंडीगढ़ में है।

3 F: राहुल दिल्ली में अकेला है।

G

1 इस समय राहुल दिल्ली में है।

2 राहुल लन्दन में काम करता है?

3 चंडीगढ़ और दिल्ली में ख़ास फ़र्क़ यह है कि चंडीगढ़ साफ़ और शांत शहर है जबकि दिल्ली में बहुत भीड़, शोर और प्रदूषण है।

4 रवि राहुल के बचपन का बहुत अच्छा दोस्त है। वह मुंबई में रहता है। वह शादीशुदा है और उसकी पत्नी भी बहुत अच्छी है।

5 जी नहीं। रवि शादीशुदा है लेकिन राहुल शादीशुदा नहीं है।

H

1 अपना घर

2 मेरे माता-पिता

3 उनका अपना घर

4 मेरे विचार

5 मेरा दोस्त

6 मेरे बचपन

7 उसकी पत्नी

8 मेरी शादी

I

1 समय – the remaining words are conjunctions.

2 मेरा – मेरा is a possessive pronoun. The remaining words are personal pronouns.

3 केवल – the remaining words are postpositions.

4 शादीशुदा – the remaining words are family members.

5 बचपन – the remaining words are nationalities.

J

1 a 2 f 3 c 4 b 5 d 6 e

K

1 d 2 c 3 a 4 g 5 b 6 f 7 e

Unit 2

A

Corresponding pronouns	Form of the verb होना
मैं	हूँ
मैं	हूँ
यह	है
वह	है
वे	हैं
हम	हैं
आप	हैं

B

	Singular		Plural	
1st person	मैं हूँ	(I am)	हम हैं	(we are)
2nd person	तू है	(you are)	तुम हो	(you are) (informal, familiar)
		(informal, close, intimate)	आप हैं	(you are) (respectful, formal)
3rd person	यह है	(he/she/it/this is)	ये हैं	(they/these are)
	वह है	(he/she/it/that is)	वे हैं	(they/those are)

C

1 हूँ 2 हो 3 हैं 4 हूँ 5 है 6 है 7 हैं 8 हूँ 9 हो

D

1 था 2 थी 3 था; थे 4 थे; थी 5 थे; थीं 6 था; थी

E

Past tense	Perfective tense	Past tense auxiliary	Participle construction
2	3	(1)	6
4	8	5	10
13	11	7	14
17	18	9	
		12	
		15	
		16	
		19	

F

2 शाम को गंगोत्री में बहुत सर्दी होती है।

3 बनारस की गलियों में बहुत गायें होती हैं।

4 मदुरई के मंदिर में बहुत लोग होते हैं।

5 इस बाज़ार में सब्ज़ियाँ सस्ती होती हैं।

6 हरिद्वार में गंगा नदी का पानी बहुत ठंडा होता है।

G

1 रहीं 2 रहीं 3 रहा 4 रहा 5 रही 6 रहा 7 रहा

H

1 b 2 e 3 a 4 c 5 f 6 d

I

1 लोग आगरा जाते हैं ताज महल देखने के लिए, और वाराणसी जाते हैं मंदिरों में दर्शन करने के लिए (मंदिरों में पूजा करने के लिए) और गंगा नदी में स्नान करने के लिए।

J

1 सही

2 ग़लत । दिल्ली से आगरे तक कृष्ण और जॉन रेल गाड़ी से गए। आगरे में स्टेशन से ताज महल तक जाने के लिए टैक्सी का इंतज़ाम किया।

3 ग़लत । शाहजहाँ ने ताज महल का निर्माण अपनी रानी की याद में किया था।

4 सही

5 सही

K

1 आकर्षित करना

2 स्नान करना

3 पूजा करना

4 निर्माण करना

5 इंतज़ाम करना

6 शुरू होना

7 पार करना

8 भोजन करना

L

Sanskrit loanwords	Perso-Arabic loanwords	Translation
समय	वक़्त	*time*
यात्रा	सफ़र	*journey*
प्रसन्न	ख़ुश	*happy*
केवल	सिर्फ़	*only*
दृश्य	नज़ारा	*view, scene*
की ओर	की तरफ़	*towards*
सुन्दरता	ख़ूबसूरती	*beauty*
सुन्दर	ख़ूबसूरत	*beautiful*

Unit 3

A

This is my house. There are two rooms in the house. In a/one corner of the big room, there is a table, and on it is a/the TV. In the small room there is a window. Look outside. In the garden is a/some man. The man is my father.

B

Masculine		Feminine	
Type 1	Type 2	Type 1	Type 2
कमरा *(room)*	मकान *(house)*	झोंपड़ी *(hut, shed)*	सड़क *(street)*
दरवाज़ा *(door)*	शहर *(city)*	खिड़की *(window)*	दुकान *(shop)*
	दफ़्तर *(office)*		छत *(roof)*
	पानी *(water)*		दीवार *(wall)*

C

1 दरवाज़े *(doors)*

2 बाग़ीचे *(gardens)*

3 पुल *(bridges)*

4 मंदिर *(temple)*

5 चाबियाँ *(keys)*

6 बत्तियाँ *(lights)*

7 चादरें *(sheets)*

8 बोतलें *(bottles)*

D

1 अलमारी	6 तस्वीरें
2 रसोईघर	7 दीवारें
3 खिड़कियाँ	8 बिल्लियाँ
4 मकान	9 दफ़्तर
5 दरवाज़े	10 कुत्ते

E

1 बड़ा दरवाज़ा (*big door*)

2 छोटे दरवाज़े (*small doors*)

3 बड़ी खिड़कियाँ (*big windows*)

4 छोटी खिड़की (*small window*)

5 छोटी खिड़कियाँ (*small windows*)

F

2 Inflecting / Feminine singular

3 Invariable / Feminine plural

4 Inflecting / Feminine plural

5 Invariable / Feminine plural

6 Invariable / Masculine plural

G

2 नए-से मकान

3 दूसरी जगहें

4 लाल फूल

5 मेरे सुन्दर बाग़ीचे

6 हमारी सस्ती-सी गाड़ियाँ

7 ये बड़े ख़ाली कमरे

H

1 ज़्यादा बड़ा (*bigger*) / सबसे बड़ा (*biggest*)

2 ज़्यादा छोटा (*smaller*) / सबसे छोटा (*smallest*)

3 सबसे सुन्दर (*most beautiful*)

4 ज़्यादा मुश्किल (*more difficult*)

5 सबसे होशियार (*cleverest*)

I

1 सही 2 सही 3 सही 4 सही 5 ग़लत

J

2 महँगा 3 छोटा 4 गंदा 5 ख़ास 6 अच्छा 7 ख़ूबसूरत 8 ख़तरनाक

K

1 e invariable

2 c inflecting

3 g inflecting

4 d inflecting

5 b invariable

6 a inflecting

7 f invariable

L

सोने का कमरा *(bedroom)*	रसोई *(kitchen)*	बाग़ीचा *(garden)*
शीशा *(mirror)*, चादर *(sheet)*, कम्बल *(blanket)*, पलंग *(bed)*, मच्छरदानी *(mosquito net)*	बर्तन *(utensil)*, नल *(tap)*, चाक़ू *(knife)*, थाली *(plate)*, चूल्हा *(stove)*	फूल *(flower)*, पेड़ *(tree)*, पौधा *(plant)*, गमला *(flower pot)*

M

तकिया *(pillow)*, अलमारी *(cupboard)*, पंखा *(fan)*, प्याला *(cup)*, चम्मच *(spoon)*, मिक्सी *(food processor)*, पतीला *(cooking pot)*, पत्ता *(leaf)*, घास *(grass)*

N

1 रसोई में चूल्हा और फ्रिज है, दीवारों पर बड़ी अलमारियाँ लगी हुई हैं, और पानी के लिए मोटर भी लगी हुई है।

2 दूसरी मंज़िल पर तीन सोने के कमरे हैं। ख़ास फ़र्क़ यह है कि दो कमरे बड़े हैं, और एक कमरा छोटा है। दूसरा फ़र्क़ है कि बड़े कमरों में दो-दो खिड़कियाँ हैं, लेकिन छोटे कमरे में सिर्फ़ एक खिड़की है।

O

1 बाग़ सुन्दर है। उसमें फूल और पेड़ लगे हुए हैं। बच्चों के खेलने के लिए या बड़ों के मॉर्निंग वॉक के लिए अच्छा है।

2 एक छोटी दुकान पाँच मिनट पैदल जाने पर मिलेगी, और बड़ी दुकानें भी दूर नहीं हैं।

3 बाक़ी सुविधाओं तक पहुँचने में गाड़ी से दस या पंद्रह मिनट लगेंगे।

4 फ़्लैट किसी छोटे परिवार के लिए अच्छा रहेगा।

5 ज़्यादा जानकारी के लिए आप उन्हें फ़ोन या ई-मेल कर सकते हैं।

Unit 4

A

1 लन्दन से

2 मेरे साथ

3 मेरे परिवार में

B

1 c 2 a 3 e 4 b 5 d 6 f

C

1 घर में 2 माँ से 3 बहिन को 4 कल तक 5 बस से 6 दीवार पर

D

Simple postpositions	Compound postpositions
को (to)	के बाद (after)
में (in)	के लिए (for)
को (to)	से पहले (before)
को (to)	के बारे में (about)

E

Nouns/noun-phrase in the oblique	Corresponding postposition
1 मेरे दो भाईयों	के बारे में
2 मुम्बई	में
3 समंदर	के नज़दीक
4 एक छोटे फ़्लैट	में
5 शुक्रवार	को
6 अपने दोस्तों	के साथ

F

2 ख़ुले दरवाज़े के पास

3 आपकी लाल गाड़ी से

4 छोटे लड़के के लिए

5 छोटे लड़कों के लिए

6 मेरे होशियार भाई के लिए

G

1 d 2 b 3 f 4 c 5 a 6 e

H

1 हमारे छोटे 2 मेरे 3 पुराना दोस्त 4 मेरे घर 5 मेरे दोस्त 6 उनके दोनों बच्चों 7 मेरे 8 दुकानों 9 मेरे भाई

I

2 वे हमारे साथ सिनेमा गईं ।

3 वे आपके बारे में /तुम्हारे बारे में / तेरे बारे में बात कर रहे थे ।

4 वे हमारे लिए खाना पका रहे हैं ।

5 वे मेरी तरफ़ देख रहे थे ।

6 वे मेरे बाद कम्प्यूटर का इस्तेमाल कर सकते हैं ।

J

2 माताजी की छोटी दुकान आज बंद है ।

3 उस औरत के बच्चे कहाँ रहते हैं?

4 उन विद्यार्थियों की किताबें मेज़ पर पड़ी हैं ।

5 मेरे बेटे के नए घर का दरवाज़ा लाल है ।

6 इन छोटे बच्चों के बड़े भाई का नाम क्या है?

K

1 b 2 a 3 d 4 c 5 f 6 e

L

2 उसकी दो बहिनें हैं ।

3 उसके लम्बे बाल हैं ।

4 उनका एक बेटा है ।

5 उनकी एक बेटी भी है ।

6 उसका नाम मीना है ।

M

1 की 2 के पास 3 के 4 में 5 की 6 को

N

1 मनीष रवि का मामा है ।

2 मनीष की एक बहिन अपने पति और बेटे के साथ विदेश में रहती है, यानि मनीष की बहिन, बहनोई और भाँजा ।

O

1 मनीष के पिता जी बड़े दयालु और उदार व्यक्ति हैं, और उनकी माता जी बहुत ईमानदार और मेहनती औरत हैं ।

2 मनीष का एक ही चाचा है ।

3 मनीष की दो बुआएँ ज़िंदा हैं।

4 मनीष के चाचा और दोनों छोटी बुआएँ अपने-अपने कामों में व्यस्त रहते हैं।

P

1 बीवी-बच्चों (बीवी-बच्चे)

2 माँ-बाप / माता-पिता

3 देहांत हो गया (देहांत हो जाना) / इस दुनिया में नहीं रहीं (इस दुनिया में नहीं रहना)

4 भगवान की कृपा से

5 कोई कसर नहीं छोड़ी (कोई कसर नहीं छोड़ना)

6 प्यारा / शरारती / दयालु / उदार / ईमानदार / मेहनती

Unit 5

A

Masculine	Feminine
मैं बोलता हूँ	मैं बोलती हूँ
तू बोलता है	तू बोलती है
यह / वह बोलता है	यह / वह बोलती है
हम बोलते हैं	हम बोलती हैं
तुम बोलते हो	तुम बोलती हो
आप बोलते हैं	आप बोलती हैं
ये / वे बोलते हैं	ये / वे बोलती हैं

B

1 b 2 c 3 c 4 a 5 c 6 b

C

1 रहते हैं

2 करती हूँ

3 जाते (हैं)

4 धोते (हैं)

5 देखतीं or देखती हैं; पढ़ती हैं

6 कहती हैं; पीती हैं

D

1 रहते थे

2 करती थी

3 जाते थे

4 धोते थे

5 देखती थीं; पढ़ती थीं

6 कहती थीं; पीती थीं

E

1 f 2 a 3 b 4 g 5 d 6 e 7 c

F

1 c 2 d 3 a 4 f 5 b 6 h 7 e 8 g

G

2 <u>अक्सर</u> मंगलवार को सीमा <u>काम करती है</u>।

3 <u>आम तौर से</u> बुधवार को सीमा <u>घर पर रहती है</u>।

4 गुरुवार को सीमा <u>हमेशा</u> <u>बाज़ार जाती है</u>।

5 <u>आम तौर से</u> शुक्रवार को सीमा अपने दोस्तों से मिलती है।

6 <u>कभी कभी</u> शनिवार को सीमा <u>फ़ुटबॉल खेलती है</u>।

7 रविवार को सीमा <u>दिन भर</u> <u>सोती है</u>।

H

1 समाचार 2 मज़ेदार 3 कपड़े 4 रिश्तेदार 5 विश्वविद्यालय 6 नज़दीक

I

3 2 1 7 8 5 4 6

J

1 c 2 a 3 b 4 d 5 f 6 e

K

1 शाम – The remaining words are related to study/education.

2 अख़बार – The remaining words are related to foodstuffs.

3 रिश्तेदार – The remaining words are related to farming/livestock.

4 नज़दीक – The remaining words are related to clothes and washing.

5 विश्वविद्यालय – The remaining words are related to family.

6 बचपन – The remaining words are related to writing/correspondence.

L

1 पंकज के पिताजी खेतों में काम करते थे और पंकज की माता जी घर के काम करती थीं।

2 जी नहीं, पंकज की बहन दिनभर घर पर नहीं रहती थी। वह स्कूल जाती थी।

M

1 पंकज की अंग्रेजी इतनी अच्छी नहीं थी क्योंकि वह पढ़ाई में हमेशा मेहनत नहीं करता था।

2 आजकल पंकज कभी कभी अपनी बहन के लिए खाना पकाता है

3 पंकज का भाई गाँव में रहता है और वह अपने पिताजी के खेतों में काम करता है।

4 पंकज के पिताजी गाँव में अपने दोस्तों के साथ ज़्यादा समय बिताते हैं और पंकज की माताजी घर का काम इतना ज़्यादा नहीं करतीं।

N

Agreeing with	Imperfective tense verbs
मैं	रहता था
पिताजी	करते थे
वे	जोतते थे
वे (पिताजी)	करते थे
माताजी	करती थीं
वे	करती थीं
वे	करती थीं
नल	होते थे
माताजी	जाती थीं
मेरी बहिन	जाती थी
वह	करती थी
खाना बनाना	आता था
वह	पकाती है
खाना बनाना	आता था

Unit 6

A

	Masculine	Feminine
Singular	रहा है	रही है
Plural	रहे हैं	रही हैं

B

Masculine	Feminine	Translation
मैं सोच रहा हूँ	मैं सोच रही हूँ	*I am thinking*
तू सोच रहा है	तू सोच रही है	*You are thinking*
यह / वह सोच रहा है	यह / वह सोच रही है	*S/he is thinking*
हम सोच रहे हैं	हम सोच रही हैं	*We are thinking*
तुम सोच रहे हो	तुम सोच रही हो	*You are thinking*
आप सोच रहे हैं	आप सोच रही हैं	*You are thinking*
ये / वे सोच रहे हैं	ये / वे सोच रही हैं	*They are thinking*

C

Present continuous	Past continuous
कर रही हो	सो रही थी
कर रही हो	सो रही थी
कर रही (हूँ)	कर रही थी
मिल रही हूँ	लग रही थी
जा रही हैं	
कर रही हो	

D

1 कर रहा है

2 पढ़ रही हो

3 मिल रही हैं

4 कह रहे हैं

5 गा रही है; बजा रहा है

6 लग रही है

7 सो रहे हैं; पी रहा है

8 बना रहा है

E

1 कर रहा था

2 पढ़ रही थीं

3 मिल रही थीं

4 कह रहे थे

5 गा रही थी; बजा रहा था

6 लग रही थी

7 सो रहे थे; पी रहा था

8 बना रहा था

F

2 वह सितार बजा रही है।

3 बच्चे टी.वी. देख रहे थे।

4 अब बच्चे शतरंज खेल रहे हैं।

5 माता जी गाने नहीं सुन रहीं। OR माता जी गाने नहीं सुन रही हैं।

6 आयशा फ़ोन पर बात नहीं कर रही थी।

7 राम चित्र बना रहा था।

8 संजय सफ़र पर जा रहा है।

G

1 गायिका 2 व्यायाम 3 चित्रकार 4 नृत्य 5 संगीत 6 खिलाड़ी 7 संगीतकार 8 परिवार

H

Sports or games	Creative or performing arts	Other leisure activities
दौड़ना (running)	फ़ोटोग्राफ़ी (photography)	यात्रा (travel)
शतरंज (chess)	नाचना (dancing)	दोस्तों से मिलना (meeting friends)
तैराकी (swimming)	चित्र बनाना (drawing)	इंटरनेट सर्फ़िंग (web surfing)
खेल कूद (sports)	संगीत (music)	व्यायाम (exercise)
क्रिकेट (cricket)	गाना (singing)	चैट करना (chatting)
फ़ुटबॉल (football)	नृत्य (dance)	
	नाच (dance)	

I

1 संजय चार या पाँच दिनों के लिए दिल्ली जा रहा है।

2 जी नहीं, आयशा संजय के साथ नहीं जा रही क्योंकि वह ऋषिकेश जा रही है।

J

1 रमेश को सूफ़ी संगीत और उर्दू शायरी पसंद है।

2 आबिदा परवीन एक पाकिस्तानी कलाकार हैं, और वे बहुत अच्छा गाती हैं।

3 सुर-क्षेत्र एक टी.वी. कार्यक्रम था जिसमें इंडिया और पाकिस्तान के गायकों के बीच मुक़ाबला हो रहा था।

4 यह संगीत समारोह लाल क़िले के सामने होगा।

K

Verb	Subject	Tense	Number	Gender
कर रहा था	रमेश	Past	Singular	Masculine
कह रहा था	वह (रमेश)	Past	Singular	Masculine
बता रहा था	वह (रमेश)	Past	Singular	Masculine
जा रहा हूँ	मैं (संजय)	Present	Singular	Masculine
बना रहे थे	हम (संजय और रमेश)	Past	Plural	Masculine
जा रहे हो	तुम (संजय)	Present	Plural	Masculine
सोच रहा हूँ	मैं (संजय)	Present	Singular	Masculine
जा रही हूँ	मैं (आयशा)	Present	Singular	Feminine

L

1 नज़ारा 2 वक़्त 3 सिर्फ़ 4 शायरी 5 हिस्सा 6 कार्यक्रम 7 ख़ूबसूरत 8 आख़िर

Unit 7

A

Highlighted verbs: मिलूँगी; जाएँगी; आओगी; जाऊँगा; जाएगा; जाएगी; जाएँगे; ठहरेंगे; चलोगे

	Person	Masculine ending	Feminine ending
Singular	मैं	-ऊँगा	-ऊँगी
	तू / यह / वह	-एगा	-एगी
Plural	तुम	-ओगे	-ओगी
	हम / आप / ये / वे	-एँगे	-एँगी

B

बोलना (*to speak*)		जाना (*to go*)	
Masculine	**Feminine**	**Masculine**	**Feminine**
मैं बोलूँगा	मैं बोलूँगी	मैं जाऊँगा	मैं जाऊँगी
तू बोलेगा	तू बोलेगी	तू जाएगा	तू जाएगी
यह / वह बोलेगा	यह / वह बोलेगी	यह / वह जाएगा	यह / वह जाएगी
हम बोलेंगे	हम बोलेंगी	हम जाएँगे	हम जाएँगी
तुम बोलोगे	तुम बोलोगी	तुम जाओगे	तुम जाओगी
आप बोलेंगे	आप बोलेंगी	आप जाएँगे	आप जाएँगी
ये / वे बोलेंगे	ये / वे बोलेंगी	ये / वे जाएँगे	ये / वे जाएँगी

C

1 रात को हम होटल में खाना <u>खाएँगे</u> ।

2 अगले हफ़्ते वे लोग छुट्टियाँ मनाने शिमला <u>जाएँगे</u> ।

3 क्या तुम मुझ से मिलने दिल्ली नहीं <u>आओगे</u>?

4 रवि और शिव दोनों दस बजे हवाई अड्डे <u>पहुँचेंगे</u> ।

5 क्या वे वाराणसी जाने के लिए सुबह की या रात की ट्रेन <u>लेंगे</u>?

6 मैं पिताजी को उनके जन्म दिन पर महँगा तोहफ़ा नहीं <u>दूँगी</u> ।

D

1 होंगे 2 होगी 3 होगी 4 होंगे 5 होगे 6 होगा

E

Subjunctive	Future	Presumptive
आ जाए	जाऊँगा	गया होगा
हों	सकूँगा	मिला (नहीं) होगा
चलें	आएगा	जानते होंगे

F

1 करूँ 2 जाएँ 3 बैठे 4 करूँ 5 बताएँ; मिलूँ 6 दूँ 7 चलें 8 खाऊँ

G

Subjunctive verb form	Reason for using subjunctive
1 जाऊँ	Subordinating expression हो सकता है कि
2 चलो	Expression involving चाहना
3 सकें	Subordinating expression ताकि
4 आए	Subordinating expression संभव है कि
5 करें ।	Subordinating expression ज़रूरी है कि

H

1 c 2 a 3 e 4 b 5 f 6 d

I

1 आएँगे 2 जाएँगे 3 करूँ 4 रहेगी; सके 5 मनाएँगे 6 निकलो; हो

J

1 b 2 c 3 a 4 g 5 d 6 e 7 f

K

Items to take with you	Modes of transport	Places you might go to	People you might meet
सामान (*luggage*) गाइड बुक (*guide book*) नक़्शा (*map*)	रेल गाड़ी (*train*) विमान (*plane*) समुद्री जहाज़ (*ship*) हवाई जहाज़ (*aeroplane*) नाव (*boat*)	हवाई अड्डा (*airport*) स्टेशन (*station*) समुद्र तट (*beach*) द्वीप (*island*) पहाड़ (*mountain*)	पर्यटक (*tourist*) यात्री (*traveller*) गाइड (*guide*)

L

1 जॉन को भारत जाना चाहिए ताकि उसे हिन्दी बोलने के अवसर मिलें और जिससे उसकी हिन्दी भाषा का ज्ञान भी बढ़े।

2 वह संजय के साथ रह सकता है।

M

1 अब तक उसने तय नहीं किया कि वह कैसे जाएगा।

2 वह किसी हिन्दुस्तानी परिवार के साथ रहना चाहता है ताकि उसे हिन्दी बोलने का अच्छा मौक़ा मिले।

3 होटल में समस्या यह है कि ज़्यादातर टूरिस्ट लोग मिलेंगे जो आम तौर पर अंग्रेज़ी बोलते हैं।

4 आजकल जॉन बहुत हिन्दी फिल्में देखता है और गाने सुनता है। इसलिए उसने काफ़ी नए शब्द सीखे होंगे।

N

Subjunctive	Agreeing with	Future	Agreeing with
मिलें	बोलने के ख़ूब अवसर	होगा	सब
चाहो	तुम	बढ़ेगा।	ज्ञान

O

1 दोस्त 2 मौक़ा 3 परिवार 4 ज़्यादातर 5 समय 6 उम्मीद

Unit 8

A

	Masculine ending	Feminine ending
Singular	-आ	-ई
Plural	-ए	-ईं

B

उठना (*to get up*)		बोलना (*to speak*)	
Masculine	Feminine	Masculine	Feminine
मैं उठा	मैं उठी	मैं बोला	मैं बोली
तू उठा	तू उठी	तू बोला	तू बोली
यह / वह उठा	यह / वह उठी	यह / वह बोला	यह / वह बोली
हम उठे	हम उठीं	हम बोले	हम बोलीं
तुम उठे	तुम उठीं	तुम बोले	तुम बोलीं
आप उठे	आप उठीं	आप बोले	आप बोलीं
ये / वे उठे	ये / वे उठीं	ये / वे बोले	ये / वे बोलीं

C

Past participle	Infinitive	Transitive or intransitive	Agreement with subject or direct object or neither
1 हुए	1 होना	1 Intransitive	1 हम सब (subject)
2 आया	2 आना	2 Intransitive	2 मेरा भाई (subject)
3 गए	3 जाना	3 Intransitive	3 हम बाक़ी लोग (subject)
4 की	4 करना	4 Transitive	4 पूजा (direct object)
5 गाई	5 गाना	5 Transitive	5 आरती (direct object)
6 खाया	6 खाना	6 Transitive	6 खाना (direct object)
7 खाए	7 खाना	7 Transitive	7 चार-पाँच समोसे (direct object)
8 भरा	8 भरना	8 Transitive	8 अपना पेट (direct object)
9 छोड़े	9 छोड़ना	9 Transitive	9 पटाखे (direct object)
10 कहा	10 कहना	10 Transitive	10 neither

D

1 उठी 2 गई 3 आया 4 गए 5 दिए 6 रहे

E

1 ख़रीदे 2 पी 3 खाए 4 खाया 5 गई/गयी 6 मिला

F

मेरा नाम राजू है। मैं अपने माता-पिता और बहिन के साथ रहता हूँ। आज मैं (1) ___ देर से (2) उठा। उठने के बाद मैं (3) ___ (4) नहाया और फिर मैं (5) ने कपड़े (6) पहने । । मैं (7) ___ रसोई घर में (8) गया

और मैं (9) ने (10) देखा कि मेरे माता और पिता नाश्ता खा रहे थे। मैं (11) ने भी कुछ नाश्ता (12) खाया। "गीता कहाँ है?" मैं (13) ने (14) पूछा। "वह अभी तक सो रही है" माँ (15) ने (16) कहा। कुछ देर बाद गीता (17) ____ अंदर (18) आई और मैं (19) ने उसके लिए चाय (20) बनाई।

G

1 गया है / My brother has gone to India.

2 किया है / Have you finished your work?

3 हुई हैं / Two new films have been released.

4 खाया है / Has mother eaten dinner (food)?

5 की है / Grandmother has done her prayers.

6 देखा है / I've seen your daughter in the temple.

H

1 गया था / My brother had gone to India.

2 किया था / Had you finished your work?

3 हुई थीं / Two new films had been released.

4 खाया था / Had mother eaten dinner (food)?

5 की थी / Grandmother had done her prayers.

6 देखा था / I'd seen your daughter in the temple.

I

1 पुस्तकालय – The remaining words are places of worship.

2 शादी – The remaining words are festivals.

3 पूर्णिमा – The remaining words are related to worship.

4 धर्म – The remaining words are religions.

5 दिन – The remaining words are words for a 'festival' or 'celebration'.

J

1 परम्परा; पारम्परिक

2 संस्कृति; सांस्कृतिक

3 कहानी; कथा

4 रंग; रंगीन; रंग-बिरंगा

5 देश; विदेश

6 पूर्ण चन्द्रमा; पूर्णिमा

7 जुड़ा हुआ; सम्बंधित

8 अच्छाई; बुराई

9 सच; झूठ

10 जीत; हार

K

1 हिन्दू कैलेंडर के अनुसार भारत में लोग होली को फागुन पूर्णिमा पर मनाते हैं, और अंग्रेज़ी कैलेंडर के अनुसार फ़रवरी या मार्च के महीने में।

2 इन सभी कहानियों का मुख्य संदेश यह है कि अच्छाई और सच की जीत हमेशा होगी।

L

1 ग़लत। होली भारत में ही नहीं बल्कि पूरी दुनिया में भी मनाई जाती है।

2 ग़लत। गुलाल लगाने के साथ-साथ लोग एक दूसरे पर पिचकारियों से रंगीन पानी भी फेंकते हैं।

3 सही।

4 सही।

5 ग़लत। त्यौहारों के माध्यम से शिवानी अपनी भारतीय संस्कृति और जड़ों से जुड़ी हुई रह सकी है।

M

Perfective tense verbs	Agreeing with
कहा	No agreement, therefore defaulted to masculine singular.
मँगवाया	Direct object: पर्यावरण अनुकूल गुलाल
ले गई	Subject: मैं i.e. Shivani
खेली	Direct object: होली
बन चुका है	Subject: त्यौहार
हुई है	Subject: मेरी परवरिश

N

1 त्यौहार

2 चन्द्रमा

3 दोस्त

4 दुनिया

5 छात्रा

6 मज़ा

7 केवल

8 विचार

Unit 9

A

1 'Doer'

2 'About to'

3 'About to'

4 'About to'

5 Adjective

6 'Doer'

B

2 आपकी छुट्टियाँ कब शुरू होनेवाली हैं?

3 ये यात्री कल नहीं, परसों जानेवाले हैं।

4 बस चलानेवाला अब अपना खाना खानेवाला है।

5 उदयपुर से आनेवाली उड़ान सात बजे पहुँचनेवाली है।

6 माता जी चाय पीनेवाली हैं और उसके बाद टिकट ख़रीदने जाएँगी।

C

Noun	Adjective
दिल्लीवाला	अहमदाबाद वाली
बसवाला	नीली क़मीज़ वाला

D

1 दूधवाला / आनेवाला

2 बीस रुपया वाला / निकलनेवाली

3 पासवाली

4 घरवाले

5 रिक्शेवाले / टैक्सीवाले

6 सफ़ाईवाली

E

1 c 2 a 3 e 4 f 5 b 6 d

F

1 आधी रात।

6 सुबह के पाँच बजने में दस मिनट।

3 सुबह के दस बजने में पाँच मिनट।

4 दोपहर के पौने चार बजे।

5 दोपहर के चार बजने में दस मिनट।

2 रात के ठीक नौ बजे।

G

1 मुंबई जाने वाली गाड़ी सुबह के साढ़े सात बजे (पर) चलती है।

2 हमारा हवाई जहाज़ दोपहर के चार बजकर पच्चीस मिनट तक कोलकाता पहुँचेगा।

3 कल सुबह मैं सात या आठ बजे उठने वाली हूँ।

4 पर्यटक होटल में सुबह के ग्यारह बजे चेक-इन करेंगे।

5 माँ हमें हवाई अड्डे से ठीक नौ बजे लेने आएगी।

6 अगर यह बस ठीक समय पर चले तो हम रात के साढ़े ग्यारह या पौने बारह बजे पहुँचेंगे।

H

1 पहली रेल गाड़ी देर से आई और दूसरी जल्दी पहुँची।

2 पर्यटक अपनी छुट्टी के तीसरे दिन दिल्ली से आगरा जाएँगे।

3 क्या चौथी (वाली) मेरी सीट है या पाँचवीं (वाली)?

4 छठे दिन वह अपनी उड़ान पकड़ने के लिए हवाई अड्डे वापस लौटा।

5 वह सातवीं मंज़िल पर एक दफ़्तर में काम करती है।

I

1 दोनों

2 दस / दसों

3 दर्जनों

4 सौ / सैकड़ों

5 हज़ार / हज़ारों

6 लाख / लाखों

7 करोड़

J

1 d 2 a 3 f 4 b 5 g 6 c 7 e

K

परिवहन के साधन (Mode of transport)	स्थान (Location)	अन्य यात्रा संबंधित शब्द (Other travel-related words)
हवाई जहाज़ (aeroplane)	जानकारी काउन्टर (information counter)	पर्यटक (tourist)
कश्ती (boat)	प्रतीक्षालय (waiting room)	यात्रा (traveller)
रेलगाड़ी (train)	हवाई अड्डा (airport)	सामान (luggage)
घोड़ा (horse)	बस अड्डा (bus station)	नक़्शा (map)
विमान (aircraft)	बंदरगाह (sea port)	प्रस्थान (departure)

L

1 यात्री; यात्रा

2 बदलना; बदलाव

3 पुराना; इतिहास; ऐतिहासिक

4 आयात; निर्यात

5 मुख्य; प्रमुख

6 प्रस्थान; आगमन

7 शुरू; आरम्भ

8 पहुँचना; पहुँचाना

9 काम; कार्य

M

1 c

2 a

3 b

N

1 शुरू में इस स्टेशन का मुख्य कार्य भारत और विदेश के बीच सामान को भेजना और लाना था, लेकिन आज इसका मुख्य कार्य यात्रियों को अपने-अपने गंतव्यों तक पहुँचाना है ।

2 सी.एस.टी से यात्री ट्रेन पर भारत के सभी प्रमुख शहरों तक जा सकते हैं ।

3 अमृतसर वाली ट्रेन हफ़्ते में तीन दिन चलती है और रात के साढ़े बारह बजे निकलती है ।

4 हैदराबाद की ट्रेन रविवार को नहीं चलती ।

5 अमृतसर, चेन्नई, पुणे, मंगलुरु, लखनऊ, हैदराबाद ।

O

प्रिय जॉन

अगले महीने मैं दिल्ली से लंदन आ रहा हूँ। मेरी बेटी तेया भी मेरे साथ आ रही है, और क्योंकि यह तेया की पहली लंदन की यात्रा होगी वह बहुत ही उत्सुक है।

हमारी फ़्लाइट दिल्ली हवाई अड्डे से पाँच तारीख़ को निकलने वाली है, और प्रस्थान का समय सुबह के दस बजकर चालीस मिनट पर है। हालाँकि कभी कभी दिल्ली में कोहरे की वजह से सुबह की उड़ानें देर से निकलती हैं। अगर हमारी उड़ान सही वक़्त पर चले तो हम उसी दिन शाम को लंदन पहुँच जाएँगे। मुझे लंदन के रास्ते मालूम हैं, और हम आसानी से ट्रेन लेकर तुम्हारे घर आ जाएँगे। अगर तुम्हें दिल्ली से किसी भी चीज़ की ज़रूरत हो तो मुझे बता देना।

तुम्हारा दोस्त,

नरेश

Unit 10

A

1 e 2 c 3 b 4 a 5 f 6 d

B

फ़ुर्सत में मुझे अपने दोस्तों के साथ बाहर जाना और रेस्टोरेंट में खाना खाना <u>पसंद है</u>। मुझे हिन्दुस्तानी खाना <u>अच्छा लगता है</u> लेकिन मुझे जापानी खाना ज़्यादा <u>पसंद है</u>। मुझे फ़िल्में देखना भी <u>पसंद है</u> और मैं ख़ासकर बॉलीवुड और हॉलीवुड की फ़िल्में देखना <u>पसंद करती हूँ</u>। सच बात यह है कि मुझे हर तरह की फ़िल्में देखना <u>पसंद है</u>।

The speaker is female.

C

Past	Present
मुझे बहुत पसंद आए।	मुझे भेलपूरी ज़्यादा पसंद नहीं है।
मुझे गोलगप्पे बहुत अच्छे लगे	मुझे ये सबसे ज़्यादा पसंद हैं।

D

1 d 2 b 3 c 4 a

E

1 हैं 2 है 3 अच्छा लगता है 4 करती हैं 5 अच्छी लगती हैं 6 आई

F

I know	I don't know	Who knows?	I got to know/I found out	It seems
मैं जानती हूँ। मैं जानता हूँ। मुझे मालूम है। मुझे पता है।	मुझको नहीं मालूम। पता नहीं। मैं नहीं जानती। मैं नहीं जानता। मालूम नहीं।	किसको मालूम है? कौन जानता है? किसे मालूम है? किसको पता है?	मुझे मालूम हुआ। मुझे पता चला।	मालूम होता है।

G

2 उसको / उसे मेरे सवाल का जवाब पता है।

3 मेरे बच्चों को पता है कि फ्रिज में चॉकलेट रखी हुई है।

4 किसको / किसे पता है कि यह फ़िल्म कब ख़त्म होगी?

5 सब लोगों को पता था कि शहर में सबसे अच्छा खाना कहाँ मिलता था।

6 मेरे छोटे भाई को अमिताभ बच्चन की फ़िल्मों के बारे में सब कुछ पता है।

H

1 मुझको / मुझे एक कप गरम चाय चाहिए।

2 बच्चे नाश्ते के लिए अंडे खाना चाहते हैं।

3 उसको / उसे सिर्फ़ चावल क्यों चाहिए?

4 उसको / उसे कुछ नए पतीले चाहिए (चाहिएँ) क्योंकि वह घर पर खाना पकाना चाहता है।

5 क्या उन लोगों को कुछ चाहिए?

6 आज आपके माता पिता क्या खाना चाहते हैं?

I

I want water.	I want to drink water.	I want you to drink water.	I should drink water.
मुझे पानी चाहिए। मैं पानी चाहता हूँ।	मैं पानी पीना चाहता हूँ। मुझे पानी पीना है।	मैं चाहता हूँ कि आप पानी पिएँ।	मुझे पानी पीना चाहिए।

J

1 एक समोसा

2 दो समोसे

3 चाय

K

1 करना है

2 खाना है

3 करना है

4 सीखनी चाहिए

5 मिलना है

6 पढ़ना है

L

1 इस समोसे को खाओ, लेकिन ठंडे पानी को मत पियो।

2 मैं इस कमरे को साफ़ करूँगा और अपने कपड़ों को धोऊँगा।

3 इन चीज़ों को अलमारी में रख दो, फिर दरवाज़े को बंद कर दो।

M

1 मिर्च – the remaining words are fruits.

2 पकोड़ा – the remaining words are beverages.

3 गोश्त – the remaining words are vegetables.

4 आचार – the remaining words are different meals of the day.

5 सलाद – the remaining words are types of bread.

N

1 d 2 a 3 c 4 b 5 e 6 f 7 h 8 g

O

1 शिव ढाबा पिछले पंद्रह सालों से चल रहा है। वहाँ हर प्रकार का शाकाहारी खाना मिलता है।

2 जी नहीं, आप उनके यहाँ जाकर भी खाना खा सकते हैं या उन्हें होम डिलीवरी का ऑर्डर भी दे सकते हैं।

P

1 ग़लत। मनोज के ढाबे में अंदर और बाहर दोनों जगहों पर बैठने का प्रबंध है।

2 ग़लत। मनोज के ढाबे में पश्चिमी खाना भी मिलता है।

3 सही।

4 ग़लत। पप्पू का ढाबा रात भर खुला रहता है।

5 सही।

Unit 11

A

1 कल

2 बाज़ार में

3 हर जगह पर

4 ज़ोर-ज़ोर से

5 कहीं

6 जल्दी से

B

1 कल / रात को

2 आज / दोपहर / चार बजे

3 पिछले महीने / सोलह तारीख़ को / सुबह के वक़्त

4 भारत में / राजधानी दिल्ली के नज़दीक

5 इस हफ़्ते / हर सुबह / सात बजे के आसपास

6 उस बड़ी इमारत में / तीसरी मंज़िल पर / फ़्लैट नंबर अठारह में

C

1 ख़ुशी से / c

2 मन लगाकर / a

3 हिचकिचाकर / d

4 आसानी से / f

5 भाग्य से / b

6 आगे चलकर / e

7 प्यार से / h

8 होशियारी से / g

D

1 ध्यान से

2 आराम

3 आम

4 भाग्य से

5 आम तौर पर

6 मुश्किल

E

1 कभी

2 कहीं न कहीं

3 कहीं और

4 कभी कभी

5 कहीं

6 कभी भी

F

1 Any

2 Some

3 Any

4 Something

5 Some

6 No-one

G

1 कुछ

2 कुछ

3 किसी

4 कुछ

5 कोई

6 किसी

H

Adverb	Adjective	Postposition
बाहर / पीछे / नीचे / पहले / सामने / अंदर / आम तौर से / विशेष रूप से	सीधा / पहला / आम / विशेष	के बाहर / से पहले / के पीछे / के अंदर / के नीचे

I

1 ग्राहक; उपभोक्ता

2 व्यापार; व्यापारी; व्यापारिक

3 परम्परा; पारम्परिक

4 राष्ट्र; अंतर्राष्ट्रीय

5 ख़रीदना; ख़रीदार; ख़रीदारी

6 दिशा; पूरब; उत्तर

7 स्थान; स्थानीय; स्थित

8 नाम; नामक

9 बढ़ा; बढ़ोतरी

J

1 नोएडा दिल्ली की पूरब दिशा में उत्तर प्रदेश में स्थित है। वहाँ पारम्परिक पुरानी दुकानें और आधुनिक मॉल पास-पास हैं और उपभोक्ताओं को अच्छा विकल्प प्रदान करते हैं।

2 उन्हें इस बात की चिंता थी कि कहीं उनके सारे ग्राहक शॉपिंग मॉल की दुकानों के ग्राहक न बन जाएँ।

K

1 ग़लत। छोटी दुकानों के व्यापार में बढ़ोतरी होने लगी।

2 सही।

3 ग़लत। आम तौर से ग्राहक केवल छोटी दुकानों पर मोल-भाव कर सकते हैं।

4 ग़लत। शॉपिंग मॉल के अंदर कैफ़े, रेस्टोरेंट और सिनेमा की सुविधाएँ उपलब्ध हैं।

5 सही।

Unit 12

A

	Subject	Indirect object	Object	Adverb
1	हम	-	पंजाबी	हमेशा
2	माताजी	दादी	पत्र	आज
3	हम	बच्चे (बच्चों को)	गुजराती	हर हफ़्ते
4	आप	मैं (मुझे)	अपना नाम	अभी अभी
5	अंग्रेज़ी	लोग (लोगों को)	-	भारत में

B

1 हिन्दी और उर्दू संस्कृत से पैदा हुई हैं।

2 संस्कृत भारत की प्राचीन भाषा है।

3 संस्कृत और हिन्दी देवनागरी लिपि में लिखी जाती हैं।

4 उर्दू देवनागरी लिपि में नहीं लिखी जाती।

5 उर्दू की लिपि नस्तलीक़ कहलाती है।

6 नस्तलीक़ फ़ारसी और अरबी लिपि से मिलती-जुलती है।

C

भारत एक ऐसा देश है जहाँ <u>हर तरह के लोग</u> **ही** नहीं, <u>हर तरह की संस्कृतियाँ</u> **भी** दिखाई देती हैं। इस के अतिरिक्त, भारत में <u>बहुत सारी भाषाएँ</u> **भी** बोली जाती हैं। लेकिन शोधकर्ता कहते हैं कि सैकड़ों भारतीय भाषाएँ विलुप्त हो गई हैं। जो भाषाएँ <u>लिखी</u> **ही** नहीं गईं, जब वे विलुप्त हो जाती हैं, तो यह बहुत बड़ा नुक़सान होता है। यह देश के लिए <u>सांस्कृतिक नुक़सान</u> **तो** है, लेकिन <u>समाज के लिए</u> **भी** बहुत बड़ा नुक़सान है।

D

2 We too will go to the cinema to watch a Hindi film (i.e. we will also go).

3 Only Hindi is taught in my college (i.e. nothing else apart from Hindi is taught).

4 Hindi is only taught in my college (i.e. Hindi is not taught anywhere else).

5 In my college, not only is Hindi taught, but Urdu is also taught (i.e. both Hindi and Urdu are taught).

6 You know Hindi (emphasizing 'you', i.e. you already know Hindi) so what need do you have to go to the Hindi class?

E

1 e 2 d 3 a 4 g 5 b 6 f 7 c

F

1 Information

2 Yes/no

3 Information

4 Statement

5 Yes/no

6 Information

G

1 कौनसी

2 कब

3 किन

4 क्या

5 किससे; कहाँ

6 किसे; क्या

H

1 कहना; कहावत

2 गिनना; अनगिनत

3 मिलाना; मिश्रण; मिश्रित

4 विकास; विकसित

5 प्रभाव; प्रभावित

6 स्वाद; स्वादिष्ट

7 उचित; अनुचित

8 समान; समानता; के समान

9 भिन्न; विभिन्न

I

1 मातृभाषा

2 मातृभाषी

3 बहुभाषी

4 राजभाषा

5 दूरभाष

6 भाषाविज्ञान

J

1 विषय – The remaining words are words for 'language' or 'dialect'.

2 व्याकरण – The remaining words are related to spoken language.

3 अनुवाद – The remaining words are related to 'points of view or 'opinion'.

4 उच्चारण – The remaining words are related to written language.

5 वाक्य – The remaining words are related to forms of literature.

K

1 b

2 b (२२ भारतीय भाषाएँ और अंग्रेज़ी।)

L

1 भारत में अंग्रेज़ी भाषा का प्रयोग करने वालों की संख्या बढ़ रही है। इससे अंग्रेज़ी भाषा का प्रभाव भारतीय भाषाओं पर भी बढ़ रहा है।

2 हिंगलिश एक मिश्रित भाषा है जो बुनियादी तौर पर हिन्दी भाषा का ही एक रूप है जिसमें अंग्रेज़ी भाषा के शब्दों का प्रयोग किया जाता है।

3 कबीर की कहावत का मतलब यह है कि जैसे नदी का पानी बहता है वैसे ही एक भाषा भी बदलती रहती है।

4 कुछ हिन्दी मातृभाषियों का यह मानना है।

5 माता और मातृभाषा दोनों का आदर करना चाहिए। दोनों आदरणीय हैं।

Unit 13

A

2 वह <u>लड़की</u> उस घर में रहती है। वह <u>लड़की</u> मेरी बहिन है।

3 वह लड़की उस <u>घर</u> में रहती है। वह <u>घर</u> मेरा है।

B

1 b जो

2 c जो

3 a जिस

C

2 जिस दफ़्तर में गीता काम करती है, उस में मैं भी काम करती हूँ।

3 जो विद्यार्थी हिन्दी सीख रहा है उसका नाम राजू है।

4 जो किताब कमरे में पड़ी है वह मेरी है।

5 जिस कमरे में किताब पड़ी है वह मेरा है।

6 जिन लोगों को आम पसंद हैं उन्हें / उनको आम के मौसम में भारत जाना चाहिए।

D

2 वह दफ़्तर, जिस में गीता काम करती है, उस में मैं भी काम करती हूँ।

3 वह विद्यार्थी, जो हिन्दी सीख रहा है, उसका नाम राजू है।

4 वह किताब, जो कमरे में पड़ी है, मेरी है।

5 वह कमरा, जिस में किताब पड़ी है, मेरा है।

6 वे लोग, जिन को / जिन्हें आम पसंद हैं, उन्हें / उनको आम के मौसम में भारत जाना चाहिए।

E

1 उतनी 2 जिन 3 जब 4 जहाँ; वहाँ or जिधर; उधर 5 जिस; वह 6 वैसा

F

2 उन लोगों को वर्षा ऋतु में भारत नहीं जाना चाहिए जिन्हें बारिश पसंद नहीं।

3 सब लोग ख़ुश हो जाते हैं जब भारत में मानसून शुरू हो जाता है।

4 वहाँ (उधर) हमेशा सूखा रहता है जहाँ (जिधर) हम लोग रहते हैं।

5 वह मेरा दोस्त है जिस ने आज टी.वी. पर मौसम का पूर्वानुमान दिया।

6 वैसा मौसम मुझे भी पसंद है जैसा आप को पसंद है।

G

1 d 2 e 3 f 4 c 5 b 6 a

H

Air	Water	Land	Seasons	Points of the compass
तूफ़ान (tropical wind)	बरसात (rain)	पहाड़ (mountain)	पतझड़ (autumn)	पूरब (east)
आसमान (sky)	वर्षा (rain)	ज़मीन (land)	बहार (spring)	पश्चिम (west)
आंधी (storm)	बारिश (rain)	मिट्टी (soil, dirt)	ग्रीष्म (hot season)	उत्तर (north)
आकाश (sky)	बाढ़ (flood)	धरती (land)	बसंत (spring)	दक्षिण (south)
हवा (wind, air)				पूर्व (east)

I

1 लोगों को गर्मी और उमस से राहत मिली है। इस का कारण यह है कि बारिश होने से तापमान कम हो गया है।

2 सब से ज़्यादा गर्मी इलाहाबाद में थी।

J

1 ख़ुशख़बरी उन लोगों के लिए है जो मानसून आने का इंतज़ार कर रहे हैं।

2 ख़ुशख़बरी यह है कि शनिवार तक, यानी ६ जून तक, दक्षिण-पश्चिम मानसून केरल के तट पर पहुँच जाएगा।

3 इस साल दक्षिणी हवाओं की वजह से संभावना यह है कि मानसून देर से पहुँचेगी।

4 जून का महीना बहुत सूखा हो सकता है। अगले दो-तीन दिन तापमान ४० से ४५ डिग्री तक रहने की संभावना है, और लू चलने की भी संभावना है।

K

1 तापमान में गिरावट दर्ज की गई है, <u>जिससे</u> लोगों को गर्मी और उमस से राहत मिली है।

2 <u>जो</u> लोग मानसून का इंतज़ार कर रहे हैं <u>उनके</u> लिए ख़ुशख़बरी है।

3 लेकिन उत्तर भारत में, <u>जहाँ</u> तापमान सामान्य से ज़्यादा दर्ज किया गया है, ख़बर अच्छी नहीं है।

4 ख़ासकर राजस्थान के कुछ इलाक़ों में <u>जहाँ</u> लू चलने की चेतावनी भी जारी की गई है।

L

1 बारिश 2 मुताबिक़ 3 वजह 4 इंतज़ार 5 ख़ासकर 6 ख़बर

M

1 ख़ास (adj) (*special*)	→	ख़ासकर (*especially*)
2 गिरना (vi) (*to drop*)	→	गिरावट (*drop*)
3 अधिक (adj) (*more*)	→	अधिकतम (*maximum*) and अधिकतर (*most*)
4 संभव (adj) (*possible*)	→	संभावना (*possibility*)
5 राष्ट्र (m) (*nation*)	→	राष्ट्रीय (*national*)
6 दक्षिण (adj & m) (*south*)	→	दक्षिणी (*southern*)

Unit 14

A

2, 3, 6

B

Obligation construction	Agreeing with a direct object?	Direct object
1 देखनी है	Yes	फ़िल्म
2 जाना है	No	-
3 लेनी होगी	Yes	रेल गाड़ी
4 पहुँचना है	No	-
5 उठना है	No	-
6 करना है	Yes	काम
7 लिखने हैं	Yes	दो निबंध
8 देनी है	Yes	प्रस्तुति
9 मिलना है	No	-

C

2 उनको आज के अख़बार पढ़ने पड़ेंगे।

3 उसको जिम जाना है।

4 उसको अपनी गाड़ी बेचनी पड़ी।

5 उनको अपने दोस्तों से मिलना था।

6 हमें एक या दो इ-मेल भेजने होंगे।

D

2 गीता की ज़िन्दगी बहुत व्यस्त है। उसको हर दिन काम करना पड़ता है।

3 कल रात मुझे अच्छी नींद नहीं आयी, इसलिए आज मुझे जल्दी सोना होगा।

4 आप को कौनसी किताब पढ़नी होगी?

5 पिता जी को अपनी सेहत का ख़्याल रखना पड़ेगा।

6 राम को परीक्षा के लिए बहुत तैयारी करनी पड़ी।

E

Obligation with होना, पड़ना or चाहिए	Infinitive verb	Direct object
होना	जाना	No direct object
चाहिए	ख़रीदना	तोहफ़ा
पड़ना	सुनना	बातें
पड़ना	लिखना	जन्म दिन की तारीख़
चाहिए	पूछ लेना (compound verb)	No direct object
चाहिए	करना	No direct object

F

1 c 2 f 3 a 4 b 5 g 6 h 7 d 8 e

G

b आप को थोड़ी सी चाय पीनी पड़ेगी ।

c तुम्हें कुछ खाना खाना पड़ेगा ।

d आप को पंखा चलाना पड़ेगा ।

e तुम्हें भारतीय भाषाएँ भी सीखनी पड़ेंगी ।

f आप को सोना या आराम करना पड़ेगा ।

g तुझे डॉक्टर के पास जाना पड़ेगा ।

h आप को हर रोज़ वरज़िश करनी पड़ेगी ।

H

1 शरीर; शारीरिक

2 मन; दिमाग़

3 क्रिया; प्रक्रिया

4 स्वास्थ्य; स्वस्थ

5 लोकप्रिय; लोकप्रियता

6 प्रशंसा; प्रशंसक

7 लाभ; लाभदायक

8 दुनिया भर; पूरी दुनिया

I

1 योग का अभ्यास हज़ारों सालों से चल रहा है, और आज इसे दुनिया भर के लोग करते हैं।

2 भारत में योग का अर्थ है एक आध्यात्मिक प्रक्रिया, जिसमें योग करने वाले अपने शरीर, मन और आत्मा को एक साथ लाने की कोशिश करते हैं।

J

1 उसने योग के बारे में किताब में पढ़ा।

2 वह यह सलाह देना चाहता है कि हमें भी योग अभ्यास करना चाहिए।

3 योग अभ्यास करने से दिमाग़ से तनाव दूर हुआ, और साथ ही रात को अच्छी नींद भी आने लगी।

4 सब को योग करना चाहिए।

K

Obligation expressions	Form of obligation	Infinitive	Agreeing with
मुझे भी जिम जाना होगा।	होना	जाना	-
मुझे योग का अभ्यास करना चाहिए।	चाहिए	करना	योग का अभ्यास
आप को भी योग करना चाहिए।	चाहिए	करना	योग
मुझे जिम नहीं जाना पड़ता।	पड़ना	जाना	-
आपको भी योग ज़रूर करना चाहिए।	चाहिए	करना	योग

L

Sanskritic loanwords	Perso-Arabic loanwords	Translation
स्वस्थ	तंदुरुस्त	*healthy*
लाभ	फ़ायदा	*benefit, advantage*
विचार	ख़्याल	*idea, opinion*
केवल	सिर्फ़	*only*
वास्तव में	असल में	*in fact*
अर्थ	मतलब	*meaning*
विश्वास	भरोसा	*faith, belief*
प्रभाव	असर	*influence, effect*
मित्र	दोस्त	*friend*

M

Healthy living	Unhealthy living
नियमित रूप से व्यायाम करना	बहुत ज़्यादा टी.वी. देखना
(doing regular exercise)	*(watching too much TV)*
अच्छी नींद	ज़्यादा शराब पीना
(good sleep)	*(drinking too much alcohol)*
पौष्टिक आहार	सिगरेट पीना
(nourishing food)	*(smoking cigarettes)*
ताज़े फल	देर से सोना
(fresh fruit)	*(going to bed late)*
ताज़ी सब्ज़ियाँ	कंप्यूटर का ज़्यादा उपयोग
(fresh vegetables)	*(too much computer use)*

Unit 15

A

2 आओ; बैठो; verb stem + -ओ

3 आइए; बैठिए; verb stem + -इए or इये

B

Verb stem	तू	तुम	आप
खा (*eat*)	खा	खाओ	खाइए
रख (*put*), (*keep*)	रख	रखो	रखिए
जा (*go*)	जा	जाओ	जाइए
डाल (*put*), (*pour*)	डाल	डालो	डालिए
सुन (*listen*)	सुन	सुनो	सुनिए

C

2 खिलाओ 3 लीजिए 4 आइए; पीजिए 5 कीजिए; न कीजिए 6 मत पियो

D

सब से पहले लौंग, इलायची और दालचीनी को पीसकर उन्हें एक छोटे पतीले में डालो । फिर पानी डालो और उबालना शुरू करो । इस के बाद चाय की पत्ती और अदरक डालकर उबाल आने दो । अब स्वाद के अनुसार चीनी डालकर दूध भी डालो और कुछ देर तक उबालते रहो । अब मसाले वाली चाय तैयार है । कप में डालो, पियो और मज़ा लो ।

E

तुम request	आप request
डालो	डालिए
डालो	डालिए
करो	कीजिए (करिए)
दो	दीजिए
डालो	डालिए
रहो	रहिए
डालो	डालिए
पियो	पीजिए
लो	लीजिए

F

1 d 2 a 3 f 4 b 5 g 6 e 7 c

G

a The verb सकना

b The expression आप से निवेदन है कि... followed by the subjunctive.

c The expression मेहरबानी करके followed by a compound verb, and the subjunctive.

d The word ज़रा followed by a compound verb.

e A compound verb

f A compound verb

g The expression कृपया करके followed by a compound verb, and the super-polite –इएगा ending.

H

1 अपना खाना पकाकर जल्दी से खा लो।

2 खाना खाकर बर्तन धो लो।

3 बर्तन धोकर आराम करो।

The conjunctive participle is formed by adding the suffix -कर to the verb stem.

I

First action (Conjunctive participle)	Second action (Secondary verb)	Tense
खेलकर	जाती है	Present (imperfect)
पहुँचकर	बदलती है	Present (imperfect)
देखकर	बनाती है	Present (imperfect)
आकर	मँगवाया	Past (Perfect)

J

2 अख़बार पढ़कर उसने अपना काम ख़त्म किया।

3 दाल को आठ घंटे भिगोकर उसे पकाइए।

4 मैंने अपने हाथ धोकर खाना खाया।

5 फ़िल्म देखकर हम रेस्टोरेंट गए।

6 आप से मिलकर बाज़ार जाऊँगी।

K

2 बच्चे स्कूल से आकर अपना होमवर्क करते हैं। OR स्कूल से आकर बच्चे अपना होमवर्क करते हैं।

3 हम बाज़ार से सब्ज़ियाँ ख़रीदकर खाना तैयार करेंगे। OR बाज़ार से सब्ज़ियाँ ख़रीदकर हम खाना तैयार करेंगे।

4 राजू सिनेमा में फ़िल्म देखकर घर गया। OR सिनेमा में फ़िल्म देखकर राजू घर गया।

5 गीता ने घर जाकर टी.वी. देखा। OR घर जाकर गीता ने टी.वी. देखा।

6 हमें आप के घर आकर अच्छा खाना मिलेगा। OR आप के घर आकर हमें अच्छा खाना मिलेगा।

L

1 चाक़ू – the remaining words are cooking vessels.

2 ढक्कन – the remaining words are cutlery items.

3 गरम – the remaining words are tastes or flavours.

4 मसालेदार – the remaining words are herbs or spices.

5 आटा – the remaining words are vegetables or herbs.

M

Activity related to cooking and preparing food	Other kitchen activities
उबालना (*to boil*), तलना (*to fry*), काटना (*to cut*), पीसना (*to crush*), छीलना (*to peel*), कद्दूकस करना (*to grate*), भिगोना (*to soak*), पकाना (*to cook*), भूनना (*to cook thoroughly in a heavy-based pan*).	बर्तन माँजना (*to wash the dishes*), झाड़ू लगाना (*to sweep*), कचरा फेंकना (*to throw away rubbish*), चूल्हा साफ़ करना (*to clean the stove*).

N

Vegetables and pulses	Spices	Other items
काली साबुत उड़द की दाल, राजमा, टमाटर	हरी मिर्च, अदरक, जीरा, हल्दी पाउडर, लाल मिर्च पाउडर, गरम मसाला, हरा धनिया	क्रीम या मक्खन, नमक

O

1 इन्हें धोने के बाद प्रेशर कुकर में डालिए, फिर नमक और २ कप पानी के साथ उबलने रख दीजिए।

2 प्रेशर कुकर में सीटी बजने के बाद दाल को ५ या ६ मिनट धीमी आँच पर पकने दीजिए। उस के बाद गैस बंद करनी चाहिए।

3 मसाले को तब तक भूनिए जब तक कि मसाले से तेल बाहर न आ जाए।

4 यह आपकी पसंद पर निर्भर करता है। अगर आप ज़्यादा पतली दाल पसंद करते हैं तो और ज़्यादा पानी डाल दीजिए।

5 इसे नान, पराठे, चपाती या चावल के साथ खा सकते हैं।

P

Conjunctive participles	Imperatives	Imperatives involving compound verbs
निकालकर	धोइए	भिगो दीजिए
डालकर	कीजिए	रख दीजिए
छीलकर	चलाइए	कर दीजिए
डालकर	चलाइए	पकने दीजिए
डालकर	भूनिए	कर दीजिए
डालकर	दीजिए	पीस लीजिए
करके	डालिए	कर लीजिए
डालकर	सजाइए	काट लीजिए
	खाईए	भून लीजिए
	लीजिए	मिला दीजिए
		मिला दीजिए
		डाल दीजिए
		मिला दीजिए

Q

1 c 2 b 3 f 4 a 5 e 6 d 7 i 8 g 9 h

Unit 16

A

Modal verb construction	Verb stem	Tense
1 चल सकती हो	चल	Present imperfective (habitual)
2 आ पाऊँगी	आ	Future
3 आ सकता है	आ	Present imperfective (habitual)
4 देख सकते हैं	देख	Present imperfective (habitual)
5 देख चुकी हूँ	देख	Simple past (perfective)
6 देख सकते	देख	Present imperfective (habitual)
7 देख सकते हैं	देख	Present imperfective (habitual)

B

1 मैं नहीं आ पाऊँगी

2 वह तो मैं देख चुकी हूँ।

3 ज़रूर देख सकते हैं।

C

2 क्या आप गुजराती बोल सकते हैं / बोल सकती हैं?

3 गीता तबला बजा सकती है।

4 मेरा बेटा मज़ेदार खाना पका सकता है।

5 दादी माँ, क्या आप गाना गा सकती हैं?

6 यहाँ कौन उर्दू पढ़ सकता है?

D

2 राम और उसकी दोस्त कोमल ठीक समय पर सिनेमा कभी नहीं पहुँच पाते।

3 काम इतना ज़्यादा है कि मुझसे एक दिन में ख़त्म नहीं हो पाएगा।

4 कल रात वे फ़िल्म नहीं देख पाए / पाईं।

5 मौसम ख़राब होने की वजह से मैं पिकनिक पर नहीं जा पाई।

6 क्षमा कीजिए, मेरा भाई आपको ई-मेल नहीं भेज पाया।

E

2 कर चुके

3 पढ़ चुकी

4 हो चुकी

5 निकल चुकी

6 मिल चुका

F

2 फ़िल्म सात बजे शुरू हो चुकी थी।

3 मेरा सारा काम ख़त्म हो चुका है।

4 संगीता और दिनेश खाना खा चुके हैं।

5 क्या आपके दोस्त यह फ़िल्म देख चुके हैं?

6 दिनेश हमारे लिए दो टिकटें खरीद चुका है।

G

2 पढ़ लिया (है)

3 कर लिया (है)

4 देख लूँगी

5 कर दूँगी (कर देती हूँ)

6 दे दिए (थे)

H

1 लोकप्रिय; लोकप्रियता

2 कामयाबी; कामयाब

3 निर्देशक; निर्देशन

4 ख़तरा; ख़तरनाक

5 डाकू; चोर; पुलिस अफ़सर

6 दोस्त; दुश्मन

7 प्यार; प्रेम

8 आम; साधारण

9 गीत; संगीत

10 मदद; सहायता

I

1 कमाना

2 गिरफ़्तार

3 यादगार

4 संवाद

5 ज़बान

6 मुलाक़ात

J

Film genre	Cast or crew member
(action film) मार-धाड़ वाली फ़िल्म	(director) निर्देशक
(love story) प्रेम कहानी	(actor) अभिनेता
(romantic film) रोमांस वाली फ़िल्म	(actress) अभिनेत्री
(horror film) डरावनी फ़िल्म	(music director) संगीत निर्देशक
(comedy) हास्य फ़िल्म	(musician) संगीतकार
(tragedy) त्रासदी	(producer) निर्माता

K

Modal verbs	Compound verbs
कह सकते हैं	बन गयी
लगाया जा सकता है	बन गयी

L

1 ग़लत। निर्देशक का नाम बलदेव सिंह नहीं, रमेश सिप्पी है।

2 ग़लत। संजीव कुमार रिटायर्ड पुलिस अफ़सर ठाकुर बलदेव सिंह की भूमिका अदा करते हैं।

3 सही।

4 ग़लत। जय और वीरू एक दूसरे के दुश्मन नहीं, बल्कि एक दूसरे के जिगरी दोस्त हैं।

5 सही।

Unit 17

A

1 b 2 a (passive) 3 d (passive) 4 c 5 f 6 e (passive)

B

Passive verb	Infinitive	Meaning
1 माना जाता है	मानना	(It) is believed
2 (उत्पादन) किया जाता है	करना	Is done
3 किया गया था	करना	Was done/had been done
4 देखी गई है	देखना	Has been seen
5 (अनुमान) किया जाता है	(अनुमान) करना	It is estimated

C

1 d 2 c 3 h 4 f 5 b 6 g 7 e 8 a

D

2 चेन्नई में कई प्रकाशक हैं जहाँ उर्दू की किताबें छापी जाती हैं।

3 पूरी मुम्बई के लोगों के कपड़े धोबी घाट पर धोए जाते हैं।

4 आज रात के भोजन के लिए क्या पकाया जा रहा है?

5 कल से इस दुकान में बनारसी साड़ियाँ सस्ते दामों में बेची जाएँगी।

6 कारख़ाने में एक ऐसी मशीन है जिससे हर प्रकार के जूते बनाए जा सकते हैं।

E

1 उठाएँगे

2 उठेंगे

3 उबाल रही है

4 उबल रही है

5 रोकी

6 रुकी

7 बंद होगा

8 बंद करेगा

F

First causative	Second causative
दिखाना	करवाया (करवाना)
पढ़ा रही हैं (पढ़ाना)	बनवाया (बनवाना)
सिखाया गया है (सिखाना)	
बनाने (बनाना)	
खिलाया (खिलाना)	
पिलाई (पिलाना)	

G

1 सफ़ाईवाली

2 बढ़ई

3 नाई

4 धोबी

5 दर्ज़ी

6 प्रकाशक

H

1 केंद्र; केंद्रीय

2 स्थित; स्थिति

3 दूर; दूरी

4 खाना-पीना; व्यंजन

5 विक्रेता; बिक्री

6 ऊन; बुनना

7 उत्पाद; उत्पादक

8 हस्तशिल्प; शिल्पकार

I

1 बुज़ुर्ग

2 आगे जाकर

3 विदेश

4 पर्यटक

5 माल

J

1 दिल्ली-हाट में भारत के हर प्रदेश की बनी हुई हस्तशिल्प वस्तुएँ और खाने-पीने की चीज़ें बिकती हैं।

2 यह शाखा हर दिन सुबह साढ़े दस बजे खुलती है और रात के दस बजे बंद होती है। लेकिन शाम के सात से दस बजे तक केवल खाने-पीने के स्टॉल खुले होते हैं।

K

1 सही।

2 ग़लत। सलीम दिल्ली में नहीं रहता। वह कश्मीर का रहनेवाला है।

3 ग़लत। सलीम ख़ुद शालों को बुनता है और उन पर अपने बुज़ुर्गों से कढ़ाई करवाता है।

4 सही।

5 ग़लत। सलीम का माल विदेश में भी भिजवाया जाता है।

L

Passives	Causatives
ख़रीदी जा सकती हैं उठाया जा सकता है बनाई जाती हैं	करवाते हैं सिखाऊँगा भिजवाते हैं

M

1 हर 2 प्रदेश 3 वस्तु 4 जगह 5 स्वादिष्ट 6 समय

Unit 18

A

1 f 2 e 3 a 4 c 5 d 6 b

B

Direct लगना expression	Agrees with	Indirect लगना expression	Agrees with
लगे	ऐ.सी.	लगती है	गर्मी
लगा है	एक ऐ.सी. यूनिट	(अच्छा) लगता था	(घर पर) आना
लगती हैं	माँ / चाची	लग गया	ज़ुकाम
		लगता है	डर

C

1 लगता है

2 लगे हैं

3 लगता था; लगता

4 लगती है

5 लगेगी

6 लग रहे थे

D

1 पाँच मिनट लगेंगे / लग जाएँगे।

2 मुझे कम से कम दो साल लगेंगे / लग जाएँगे।

3 एक सौ रुपया से ज़्यादा लगेंगे / लग जाएँगे।

4 काफ़ी समय लगता है / लग जाता है।

5 शायद एक घंटा लगेगा / लग जाएगा।

6 ज़्यादा पैसे नहीं लगे।

E

1 सात बजे मैं खाना पकाने लगता हूँ।

2 बच्चे स्कूल से आकर कम्प्यूटर पर खेलने लगते हैं।

3 हमारी बेटी यूनिवर्सिटी जाने लगी।

4 भारत जाकर हम लोग हिन्दी बोलने लगे।

5 घर पहुँचते ही गीता टी.वी. देखने लगी।

6 मैं सुबह आठ बजे काम करने लगा / करने लगी।

F

1 b 2 d 3 f 4 c 5 a 6 e

G

1 b 2 f 3 a 4 c 5 e 6 d

H

1 मिलेंगी

2 मिले

3 मिला

4 मिलती-जुलती हैं

5 मिल सकती है

6 मिलते हैं

I

1 प्रतियोगिता; अंतिम

2 के ख़िलाफ़

3 जीत

4 हार

5 खिलाड़ी; पुरस्कार

6 विजेता

J

1 दस; दशक; दशमलव

2 प्रोत्साहन; प्रोत्साहित करना

3 बल्लेबाज़; बल्लेबाज़ी

4 दिलचस्प; दिलचस्पी

5 कामयाब; कामयाबी

6 विशेष; विशेषता

7 लोकप्रिय; लोकप्रियता

8 जीवन; जीवित

K

1 सही।

2 ग़लत। भारतीय टीम का अगला मुक़ाबला अगस्त में ही होगा, लेकिन न्यूज़ीलैंड में नहीं, भारत में ही होगा जब न्यूज़ीलैंड की टीम भारत का दौरा करेगी।

L

1 वे चाहते थे कि मिताली एक कामयाब क्रिकेटर बने।

2 मिताली को अपने माता-पिता के प्रेम और प्रोत्साहन से हौसला मिला।

3 वह अपने पिता को क्रिकेट खेलते हुए देखने जाती थी। तब से उसका शौक़ शुरू हुआ।

4 अगर महिला क्रिकेट को टी.वी. पर दिखाया जाए तो लोग इसे ज़्यादा देखेंगे और इससे ज़्यादा जुड़ेंगे।

5 आज की लड़कियों को ख़ूब क्रिकेट खेलना चाहिए और उन्हें मेहनत करनी चाहिए ताकि वे अपने सपने पूरे कर सकें।

M

Sanskritic loanwords	Perso-Arabic loanwords	Translation
विशेष	ख़ास	*special*
प्रतियोगिता	मुक़ाबला	*competition*
कारण	वजह	*reason*
महिला	औरत	*woman*
प्रश्न	सवाल	*question*
सफल	कामयाब	*successful*
जीवन	ज़िन्दगी	*life*
स्पष्ट	ज़ाहिर	*clear*
परिवार	ख़ानदान	*family*

Unit 19

A

1 Adjectival / Close the open door.

2 Adverbial / (Whilst) drinking tea I was reading the newspaper.

3 Adverbial / Whilst working we were watching T.V.

4 Adjectival / Where is the running child going?

5 Adverbial / I ate breakfast sitting (whilst seated) on the bus.

B

Participle type	Masculine singular	Masculine plural	Feminine singular and plural
Imperfective	बैठता हुआ	बैठते हुए	बैठती हुई
Perfective	बैठा हुआ	बैठे हुए	बैठी हुई
Imperfective	आता हुआ	आते हुए	आती हुई
Imperfective	जाता हुआ	जाते हुए	जाती हुई

C

Imperfective participle construction	Perfective participle construction
1 सोचते हुए	1 बैठे हुए
2 हँसते हुए	2 लिखे हुए
3 मुस्कुराते हुए	3 आए हुए
4 रखते हुए	4 पिए हुए

D

2 चित्रकार चित्र बनाते समय मुस्कुरा रहा था।

3 मंत्री के भाषण देते समय लोग हँस रहे थे।

4 मेरे आराम करते वक़्त मेरी सहेली का फ़ोन आया।

5 हमारे सिनेमाघर पहुँचते ही फ़िल्म शुरू हो गई।

6 फ़िल्म शुरू होते ही किसी के फ़ोन की घंटी बजी।

E

2 दिए बिना

3 खाए बिना

4 पढ़े बिना

5 देखे बिना

6 पिए बिना

F

1 d 2 e 3 a 4 b 5 f 6 c

G

2 मैं अपने लैपटॉप पर गाने डाउनलोड करती रहती हूँ।

3 कॉलेज में हम आधुनिक साहित्य पढ़ते रहते हैं।

4 लेखक नई किताबें लिखता रहेगा।

5 संगीतकार अपना सितार बजाता रहा।

H

1 मेरा दोस्त कविता लिखता जाता है।

2 मैं अपने लैपटॉप पर गाने डाउनलोड करती जाती हूँ।

3 कॉलेज में हम आधुनिक साहित्य पढ़ते जाते हैं।

4 लेखक नई किताबें लिखता जाएगा।

5 संगीतकार अपना सितार बजाता गया।

I

1 b 2 f 3 a 4 c 5 e 6 d

J

1 एक; एकल

2 प्रदर्शित करना; प्रदर्शनी; प्रदर्शन

3 नियम; नियमित रूप से

4 विवाद; विवादास्पद

5 नज़र; नज़रिया

6 सबूत; साबित

7 राष्ट्र; अंतर्राष्ट्रीय; राष्ट्रपति

K

1 सदी 2 प्राप्त 3 प्रदान 4 प्रशंसा 5 आधुनिक

L

1 लेख में लन्दन, पंढ़रपुर, इंदौर, मंबई और ज़्युरिक शहरों का ज़िक्र किया गया है।

2 मुम्बई में वे कॉलेज में पढ़ते थे और साथ ही वे फ़िल्मों के पोस्टर बनाने का काम भी करते थे।

M

1 उन्हें अंतर्राष्ट्रीय स्तर पर सबसे प्रसिद्ध भारतीय चित्रकार माना जाता था।

2 हुसैन की कुछ कृतियाँ काफ़ी विवादास्पद साबित हुईं इसलिए उन के ख़िलाफ़ भारत के कई इलाक़ों में प्रदर्शन हुए।

3 उन्होंने अपने चित्रों को स्टूडियो और आर्ट गैलरियों से बाहर ले जाकर भारत के अनेक गाँवों में प्रदर्शित किया।

4 हुसैन के देहांत के बाद भारत के राष्ट्रपति ने भाषण दिया।

N

Sanskritic loanwords	Perso-Arabic loanwords	Translation
जन्म	पैदाइश	birth
जीवन	ज़िन्दगी	life
मृत्यु / निधन	मौत	death
प्रसिद्ध	मशहूर	famous
अंत में	आख़िरकार	finally, in the end
शताब्दी	सदी	century
अवसर	मौक़ा	opportunity, occasion
दृष्टिकोण	नज़रिया	point of view

Unit 20

A

Conditional sentence	अगर *if* statement tense	तो *then* statement tense
1	Future	Future
2	Subjunctive	Present
3	Subjunctive	Present
4	Subjunctive	Future

B

1 a 2 b 3 c 4 e 5 f 6 d

C

2 अगर आप पार्टी के नेता बनते तो आप आम चुनाव में खड़े होते।

3 अगर आप चुनाव में खड़े होते तो आप जीतते।

4 अगर आपकी पार्टी चुनाव में जीतती तो आप इस देश के प्रधान मंत्री बनते।

5 अगर आप प्रधान मंत्री बनते तो आप देश के विकास के लिए कुछ करते।

6 अगर आप देश की तरक़्क़ी के लिए क़दम उठाते तो जनता की समस्याएँ कम होतीं।

D

Main verb	Secondary verb
1 (शुरू) होना	जाना
2 लड़ना	पड़ना
3 मारना	डालना
4 आना	निकलना
5 करना	देना (in the passive form: दिया जाना)

E

1 डालीं 2 बैठे 3 रखा 4 पड़े 5 उठा

F

1 Getting annoyed by his studies, the student ripped up all his books (in a reckless action).

2 We (mistakenly) put full faith in what the minister said.

3 We had already made complete arrangements for going on the journey (beforehand).

4 I don't know why, but after listening to my speech, everyone laughed (unexpectedly/ involuntarily, burst out laughing).

5 Seeing a mouse under my chair, I screamed out loudly (suddenly and intensely).

G

राजनीति (politics)	समाज (society)	राष्ट्रीय (national)	ग़ैर-क़ानूनी (illegal)
राजनैतिक (political)	सामाजिक (social)	राष्ट्रवादी (nationalist)	क़ानूनी (legal)
राजनीतिज्ञ (politician)	समाजवाद (socialism)	राष्ट्र (nation)	क़ानून (law)
	समाजवादी (socialist)	राष्ट्रवाद (nationalism)	
		राष्ट्रपति (President)	
		अंतर्राष्ट्रीय (international)	
प्रधान मंत्री (Prime Minister)	भ्रष्टाचार (corruption)	सरकार (government)	अन्याय (injustice)
मंत्री (minister)	भ्रष्ट (corrupt)	सरकारी (governmental / official)	न्याय (justice)
मंत्रालय (ministry)		ग़ैर-सरकारी (non-governmental)	न्यायालय (court)

H

1 प्रधान मंत्री

2 उम्मीदवार

3 समर्थन

4 लोकतांत्रिक

5 मतदाता

6 संसद

7 दल

8 बहुमत

9 गठबंधन

I

1 जी हाँ, पिछले आम चुनाव में यह पार्टी भारी बहुमत से जीती थी, और आनेवाले चुनाव में एक बार फिर से यह लोगों का समर्थन माँग रही है।

J

1 कृषि विकास को प्राथमिकता इसलिए दी जा रही है क्योंकि देश का विकास किसानों की तरक़्क़ी के बिना नहीं हो सकता।

2 ग़रीब छात्रों की उच्च शिक्षा के लिए प्रबंध किया जाएगा और लड़कियों को स्नातक स्तर तक की शिक्षा नि:शुल्क प्रदान की जाएगी।

3 यह सरकार कड़े क़ानून बनाएगी और भ्रष्टाचारियों को दण्डित भी करेगी।

4 गाँव के लोग शहर की तरफ़ भाग रहे हैं क्योंकि गाँव में रोज़गार पाने के अवसर कम होते हैं।

K

1 अहमियत

2 नि:शुल्क

3 नौकरशाही

4 राजनैतिक

5 आर्थिक

6 ग्रामीण

GLOSSARY OF GRAMMATICAL TERMS

Absolutive (see Conjunctive participle)

Agreement When a word changes to match a related word (in number, gender and/or case), it 'agrees' with that word. For example, adjectives agree with nouns they refer to, and verbs agrees with the subject or direct object of the sentence.

Auxiliary verb A secondary verb that follows the main verb. For example, in the phrases वह जाती है (*She goes*) and वह जाती थी (*She used to go*) the auxiliary verbs are है and थी, and are forms of the verb होना (*to be*).

Case 'Grammatical case' shows the grammatical relationship of words in a sentence. In Hindi, there are two main cases, the **direct case**, and the **oblique case** which is used before postpositions. For example, मैं (*I*) is in the direct case, whereas मुझ को (*to me*) is the oblique case of मैं before the postposition को.

Compound verb A verb form made up of two verbs. The first verb gives the basic meaning and the second conveys a particular nuance, which might not be related to the original meaning of the verb. For example, बैठो (*sit*) is a simple verb and बैठ जाओ (*sit down*), is a compound verb made up of the verbs बैठना (*to sit*) and जाना (*to go*).

Conjunctive participle (also known as the **absolutive**) A verb form used for linking two actions. It is sometimes translated as *having done* or *after doing*. An example using the conjunctive participle देखकर is फ़िल्म देखकर हम खाना खाने जाएँगे (*After watching the film, we'll go to eat.*).

Conjunct verbs These are made up of a noun or adjective followed by a verb, e.g. कोशिश करना (*to try*), and साफ़ करना (*to clean*).

Continuous tense (also known as the **progressive tense**) Describes ongoing actions, e.g. *she is/ was dancing.*

Direct object (see Object)

Imperfective tense (see Perfective tense)

Indirect object (see Object)

Indirect verb construction Hindi has many expressions which involve मुझको constructions, such as मुझको पसंद है (*I like*) and मुझको चाहिए (*I want*). These can be called *indirect verb constructions* or को-*constructions.*

Infinitive The basic form of the verb as is usually listed in a dictionary. In Hindi, all infinitives end in -ना, e.g. आना (*to come*) and जाना (*to go*).

Intransitive verbs (see Transitivity)

को-construction (see Indirect verb construction)

Noun-phrase This is usually made up of a group of words containing a noun along with its modifiers. For example, the noun कुत्ता (*dog*), and the words मेरा (*my*) and प्यारा (*cute*) as modifiers can form the noun-phrase मेरा प्यारा कुत्ता (*my cute dog*).

Object The person or thing in a sentence upon which the action of the verb is performed is the **direct object**, whereas the **indirect object** is usually the recipient of the direct object. The person or thing who performs the action of the verb is the **subject**. For example, in माँ बच्चे को दूध दे रही है (*the mother is giving milk to the child*), the subject is *the mother* the direct object is *milk*, and the indirect object is *the child*.

Oblique case (see Case)

Participle A form of the verb used in various tenses, or used as an adverb or adjective. The **perfective participle** is formed with the verb stem plus the ending -आ, -ए, -ई or -ईं, and the **imperfective participle** is the stem plus -ता, -ते, -ती or-तीं.

Perfective tense Describes a completed action in the past, e.g. मैं जल्दी उठा फिर मैंने नाश्ता खाया (*I got up early then I ate breakfast.*). In contrast, the **imperfective tense** relates to incomplete actions, and describes routine events, or an ongoing state or situation. For example, मैं हर रोज़ स्कूल जाती हूँ (*I go to school every day.*) or मैं भारत में रहता हूँ (*I live in India.*). The imperfective can be in the present or past tense, e.g. मैं हर रोज़ स्कूल जाती थी (*I used to go to school every day.*) or मैं भारत में रहता था (*I used to live in India.*).

Postposition A word that follows a noun, pronoun or noun-phrase, and provides information about location, time or other type of relationship. Examples include में (*in*), पर (*on*), के बाद (*after*), के बारे में (*about*). The English equivalent is a preposition. In Hindi, postpositions cause the noun, pronoun or noun-phrase to take the **oblique case**.

Stem The part of the verb to which an ending is added, e.g. the stem of the verb बोलना (*to speak*) is बोल.

Subject (see Object)

Transitivity Verbs that can have a direct object are known as transitive verbs, and verbs that cannot take a direct object are **intransitive verbs**.

HINDI–ENGLISH GLOSSARY

(adj) adjective

(adv) adverb

(caus) causative verb

(conj) conjunction

(f) feminine noun

(inv adj) invariable adjective

(m) masculine noun

(mp) masculine plural noun

(postp) postposition

(vi) intransitive verb

(vt) transitive verb

अ

अंतर्राष्ट्रीय (adj)	international
अंदाज़ा लगाना (vt)	to guess
(के) अतिरिक्त (postp)	in addition to
अद्भुत (adj)	wonderful, amazing
अधिकारी (m)	officer, official
अनमोल (adj)	priceless
अनुभव (m)	experience
अन्तर (m)	difference
अभियान (m)	campaign
अर्थ (m)	meaning
(के) अलावा (postp)	apart from
अवश्य (adv)	certainly
अहमियत (f)	importance

आ

(की) आँख लगना (vi)	to fall asleep, to nod off
आकर्षक (adj)	attractive
आदर (m)	respect
आदि (adv)	etc.
आधुनिक (adj)	modern
आनंद (m)	enjoyment, bliss
आयात (m)	import
आरम्भ (m)	beginning
आर्थिक (adj)	economic

इ

इतिहास (m)	history
इमारत (f)	building
इरादा (m)	intention
इलाज (m)	treatment, cure
इस्तेमाल करना (vt)	to use

ई

ईमानदार (adj)	honest

उ

उदार (adj)	generous
उम्मीदवार (m)	hopeful, candidate

ऐ

ऐतिहासिक (adj)	historical

क

कथा (f)	story
क़रीब (adv)	close to, approximately
कर्मचारी (m)	worker, staff
कलाकार (m)	artist
कवि (m)	poet
कविता (f)	poem, poetry
कश्ती (f)	boat
कान (m)	ear
कार्य (m)	work, function
कार्यक्रम (m)	programme

किसान (m)	*farmer*
क़िस्म (m)	*type*
कृपा (f)	*mercy, grace*
केन्द्र (m)	*centre*
क्षमा (f)	*forgiveness*
क्षेत्रीय (adj)	*regional*
ख	
ख़त (m)	*letter*
ख़बर (f)	*news*
खानपान (m)	*food and drink*
खिलाड़ी (m)	*player*
खिलाना (vt)	*to feed*
खिलौना (m)	*toy*
ग	
गर्व (m)	*pride*
गिनना (vt)	*to count*
ग्रामीण (adj)	*rural*
घ	
घंटी (f)	*bell*
घटना (f)	*event, incident*
घड़ी (f)	*clock, watch*
घोड़ा (m)	*horse*
च	
चखना (vt)	*to taste*
चित्रकार (m)	*painter, artist*
छ	
छात्र (m)	*student*
ज	
जड़ (f)	*root*
जनता (f)	*public, people*
ज़मीन (f)	*land, earth*
जागरूक (adj)	*aware*
जानकारी (f)	*information*
जारी (adj)	*current, in use*
जीत (f)	*victory*
जुड़ना (vi)	*to be fixed*
जेब (f)	*pocket*
जोड़ना (vt)	*to fix*
झ	
झूठ (m)	*lie, untruth*
ठ	
ठेला (m)	*cart, trolley*
ड	
डरना (vi)	*to fear*
डाँटना (vt)	*to reprimand, to scold*
ढ	
ढेर (m)	*pile, heap*
त	
तंग आना (vi)	*to become annoyed*
तंदुरुस्त (adj)	*healthy*
तक़रीबन (adv)	*almost*
तट (m)	*shore, coast*
तय करना (vt)	*to decide, to fix*
तरक़्क़ी (f)	*progress, development*
तापमान (m)	*temperature*
तारीख़ (f)	*date*
तैराकी (f)	*swimming*
तोहफ़ा (m)	*gift*
द	
दयालु (adj)	*kind*
दाढ़ी (f)	*beard*
दुःख (m)	*pain, grief*

दृश्य (m)	*scene, view*
दृष्टिकोण (f)	*perspective, point of view*
देहांत (m)	*death*
द्वीप (m)	*island*

ध

धर्म (m)	*religion*
ध्यान (m)	*attention, focus*

न

नक़्शा (m)	*map*
नज़ारा (m)	*scene, view*
नदी (f)	*river*
नागरिक (m)	*citizen*
नाच (m)	*dance*
नाव (m)	*boat*
नि:शुल्क (adj)	*free of cost*
निबंध (m)	*essay*
निर्माण (m)	*construction*
निर्यात (m)	*export*
निवासी (m)	*resident*
नींद (f)	*sleep, slumber*
नीति (f)	*policy*
नुक़सान (m)	*loss, damage*
नृत्य (m)	*dance*
नेता (m)	*leader*

प

पटाखा (m)	*firecracker*
पत्थर (m)	*stone*
पत्रिका (f)	*magazine, periodical*
परीक्षा (f)	*exam*
पर्यटक (m)	*tourist*
पर्व (m)	*festival*
पहाड़ी (f)	*hill*
पात्र (m)	*character*
पुरस्कार (m)	*award*
पूजा (f)	*worship*
पूर्णिमा (f)	*full moon*
पूर्वानुमान (m)	*forecast*
पृष्ठ (m)	*page*
पेट (m)	*stomach*
पैदा होना (vi)	*to be born*
प्रकार (m)	*type*
प्रक्रिया (f)	*process*
(के) प्रति (postp)	*towards*
प्रतीक्षा करना (vt)	*to wait*
प्रमुख (adj)	*main, principal*
प्रयोग करना (vt)	*to use*
प्रसिद्ध (adj)	*famous*
प्रस्तुति (f)	*presentation*
प्रस्थान (m)	*departure*
प्रार्थना (f)	*prayer*

फ

फाड़ना (vt)	*to tear*
फ़ुर्सत (m)	*free time, leisure time*

ब

बंदरगाह (m)	*port*
(की) बग़ल में (postp)	*next to*
बढ़ोतरी (f)	*increase*
बदलाव (m)	*change*
बरस (m)	*year*
बहस (f)	*argument, debate*

बहुमत (m)	*majority*
बाक़ी (adj)	*remaining*
बिकना (vi)	*to be sold*
बुज़ुर्ग (adj/m)	*elderly*
बेरोज़गारी (f)	*unemployment*

भ

भाग लेना (vt)	*to take part*
भाषण (m)	*speech*
भाषा-भाषी (m)	*native speaker*
भिगोना (vt)	*to soak*
भीड़ (f)	*crowd*
भूमि-गत (adj)	*subterranean, underground*
भ्रष्टाचार (m)	*corruption*

म

मंच (m)	*stage, platform*
मंज़िल (f)	*level, destination*
मंडी (f)	*market*
मंत्रालय (m)	*ministry*
मंत्री (m)	*minister*
मक़सद (m)	*purpose*
मज़दूर (m)	*labourer*
मज़ेदार (adj)	*enjoyable, tasty*
मनाना (vt)	*to celebrate*
मनोरंजन (m)	*entertainment*
मरीज़ (m)	*patient*
मशहूर (adj)	*famous*
(के) माध्यम से (postp)	*by means of*
मानना (vt)	*to believe, to accept*
मुस्कुराना (vi)	*to smile*
मेहनती (adj)	*hard-working*
मौक़ा (m)	*opportunity, occasion*

य

यानी (conj)	*that is, in other words*
योजना (f)	*plan*

र

रसोई घर (m)	*kitchen*
राजनीतिज्ञ (m)	*politician*
राशन (m)	*ration*
रिश्तेदारी (f)	*relationship*

ल

(के) लायक़ (postp)	*worthy (of)*

व

वक़्त (m)	*time*
वर्णन करना (vt)	*to describe*
वर्तमान (m)	*present (time)*
वस्तु (f)	*thing*
वाक़ई (adj/adv)	*really*
वादा (m)	*promise*
विकास (m)	*development*
विदेश (m)	*overseas*
विभाग (m)	*department*
विमान (m)	*aircraft*
विलुप्त (adj/adv)	*extinct*
विवरण (m)	*account, explanation*
विशेष (adj/adv)	*special*
विश्व (m)	*world, universe*
विश्वविद्यालय (m)	*university*
विश्वास (m)	*faith*
व्यंजन (m)	*dish*
व्यवस्था (f)	*arrangement*
व्यस्त (adj/adv)	*busy*
व्यायाम (m)	*exercise*

श

शतरंज (m)	chess
शरारती (adj)	naughty
शांत (adj)	peaceful
शायरी (f)	poetry
शिकायत (f)	complaint
शुभ-कामना (f)	good wish
शुरुआत (f)	beginning
शैली (f)	style
शोधकर्ता (m)	researcher

स

संख्या (f)	number, quantity
संपर्क करना (vt)	to contact
संविधान (m)	constitution
सजाना (vt)	to decorate
सदस्य (m)	member
समर्थन (m)	support
समाज (m)	society
(के) समान (postp)	equal to
सम्बंधित (adj)	related
सरकार (f)	government
सहयोग (m)	co-operation
साथी (m)	companion
सुखी (adj)	happy, content
सुझाव (m)	suggestion
सुरक्षा (f)	security
सूचना (f)	information
सेवा (f)	service
स्थित (adj)	situated
स्नान करना (vt)	to bathe
स्वस्थ (adj)	healthy
स्वादिष्ट (adj)	tasty

ह

हटाना (vt)	to move, to remove
हड़ताल (f)	(general) strike
हालाँकि (conj)	although
हासिल होना (vi)	to be acquired
हिस्सा (m)	part, portion
होशियार (adj)	intelligent

COMPARING CEFR AND ACTFL LANGUAGE PROFICIENCY STANDARDS

This table shows an approximate comparison of the CEFR Global descriptors and ACTFL proficiency levels.* For both systems, language proficiency is emphasized over mastery of textbook grammar and spelling. Note that the ACTFL system divides the skills into receptive (reading and listening) and productive (speaking and writing). For more information please refer to www.actfl.org; www.coe.int; www.teachyourself.com.

CEFR	ACTFL	
	Receptive	Productive
C2 Can understand with ease virtually everything heard or read. Can summarize information from different spoken and written sources, reconstructing arguments and accounts in a coherent presentation. Can express him/herself spontaneously, very fluently and precisely, differentiating finer shades of meaning even in more complex situations.	Distinguished	Superior
C1 Can understand a wide range of demanding, longer texts and recognize implicit meaning. Can express him/herself fluently and spontaneously without much obvious searching for expressions. Can use language flexibly and effectively for social, academic and professional purposes. Can produce clear, well-structured, detailed text on complex subjects, showing controlled use of organizational patterns, connectors and cohesive devices.	Advanced High/ Superior	Advanced High
B2 Can understand the main ideas of complex text on both concrete and abstract topics, including technical discussions in his/her field of specialization. Can interact with a degree of fluency and spontaneity that makes regular interaction with native speakers quite possible without strain for either party. Can produce clear, detailed text on a wide range of subjects and explain a viewpoint on a topical issue giving the advantages and disadvantages of various options.	Advanced Mid	Advanced Low/ Advanced Mid
B1 Can understand the main points of clear standard input on familiar matters regularly encountered in work, school, leisure, etc. Can deal with most situations likely to arise whilst travelling in an area where the language is spoken. Can produce simple connected text on topics which are familiar or of personal interest. Can describe experiences and events, dreams, hopes and ambitions and briefly give reasons and explanations for opinions and plans.	Intermediate High/Advanced Low	Intermediate Mid/ Intermediate High
A2 Can understand sentences and frequently used expressions related to areas of most immediate relevance (e.g. very basic personal and family information, shopping, local geography, employment). Can communicate in simple and routine tasks requiring a simple and direct exchange of information on familiar and routine matters. Can describe in simple terms aspects of his/her background, immediate environment and matters in areas of immediate need.	Intermediate Mid	Intermediate Low
A1 Can understand and use familiar everyday expressions and very basic phrases aimed at the satisfaction of needs of a concrete type. Can introduce him/herself and others and can ask and answer questions about personal details such as where he/she lives, people he/she knows and things he/she has. Can interact in a simple way provided the other person talks slowly and clearly and is prepared to help.	Novice High/ Intermediate Low	Novice High
0	Novice Low/ Novice Mid	Novice Low/ Novice Mid

*CEFR = Common European Framework of Reference for languages; ACTFL = American Council on the Teaching of Foreign Languages